「主体的・対話的で深い学び」の理論と実践

遠藤孝夫 編著

東信堂

目次／「主体的・対話的で深い学び」の理論と実践

序　言　――本書の意図・特質・概要
　………………………………………………………………遠藤　孝夫　3
　1．本書の意図 …………………………………………………………… 3
　2．本書の特質 …………………………………………………………… 4
　3．本書の概要 …………………………………………………………… 7

第1部　総論編：「深い学び」に関する政策的・理論的・心理学的検討 …………… 11

第1章　「主体的・対話的で深い学び」とは――その内容と課題
　…………………………………………………………… 田代　高章　13
　1．はじめに ……………………………………………………………… 13
　2．前提としての「生きる力」と「学力」理解の継承 ………………… 14
　3．新学習指導要領全体の特徴 ………………………………………… 16
　4．授業改善の視点：「主体的・対話的で深い学び」について ……… 24
　5．おわりに ……………………………………………………………… 35

第2章　アクティブラーニングを構成する諸理論からみる
　　　　「主体的・対話的で深い学び」の実践上の注意
　………………………………………………………………馬場　智子　39
　1．はじめに ……………………………………………………………… 39
　2．学問に基づく教育研究 ……………………………………………… 40
　3．問題基盤型学習 ……………………………………………………… 43
　4．協同学習と協働学習 ………………………………………………… 47
　5．「主体的・対話的で深い学び」を学校で実践する際の留意点 …… 53

第3章　対話的な学びに伴う「想起」の学習促進効果
　　　　――教育実践への応用に向けて
　……………………………岩木信喜・髙橋功・田中紗枝子・山本奬　58
　1．はじめに ……………………………………………………………… 58

2．想起の学習促進効果 …………………………………………… 58
　3．想起効果の特徴：複合要因の分析 …………………………… 60
　4．仲間との相互テストの有効性：予備的検討 ………………… 67
　5．学習法としてのテストに関する実施上の留意点 …………… 70
　6．まとめと今後の課題 …………………………………………… 72
　7．おわりに ………………………………………………………… 74

第2部　各論編：「深い学び」による授業改善の実践と
　　　　その教育効果の検討 …………………………………… 79

第4章　新しい教育課題における「深い学び」の視点に立った授業実践
　　　とその教育効果──プログラミング教育を事例として
　　　………………………………………………………… 宮川　洋一　81
　1．はじめに ………………………………………………………… 81
　2．本章におけるプログラミング教育の位置付け ……………… 82
　3．実践のデザイン ………………………………………………… 86
　4．「主体的・対話的で深い学び」の実践と検証 ………………… 88
　5．おわりに ……………………………………………………… 100

　　コラム1　道徳教育とアクティブラーニング──哲学対話を取り入れる試み
　　　　………………………………………………… 宇佐美　公生　104

第5章　教科書がない授業における「深い学び」の授業実践と
　　　その教育効果──中学校の保健体育を事例として
　　　………………………………………………………… 清水　将　107
　1．はじめに ……………………………………………………… 107
　2．資質・能力の構造と教科保健体育に期待される学び方 …… 109
　3．よい体育授業とは …………………………………………… 111
　4．体育の授業づくり …………………………………………… 112
　5．体育の授業改善 ……………………………………………… 114
　6．主体的・対話的で深い学びの観点からの授業改善 ………… 116
　7．体育の特性を活かした主体的・対話的で深い学び ………… 122
　8．おわりに ……………………………………………………… 124

第6章　「メタ認知」を活用した「深い学び」の授業実践と
　　　　その教育効果――理科教育を事例として
　　　　　………………………………………………………久坂　哲也　127
　　1．はじめに ……………………………………………………………… 127
　　2．中学生は理科の学習を通して何を学んだと考えているか ……… 129
　　3．理科における「深い学び」の実現に向けて ……………………… 130
　　4．科学的探究活動とメタ認知 ………………………………………… 131
　　5．実践事例1：理科の予想場面に着目した授業実践と評価 ……… 135
　　6．実践事例2：理科の考察場面に着目した授業実践と評価 ……… 141
　　7．おわりに ……………………………………………………………… 148

　　コラム2　VR（バーチャルリアリティー）コンテンツの教育への活用――
　　　　　　理科教育におけるVR教材の開発と授業実践 …… 名越　利幸　152

第7章　特別な支援を必要とする生徒への「深い学び」の授業実践と
　　　　その教育効果――高等学校の数学指導を事例として
　　　　　………………………………………………………中村　好則　159
　　1．はじめに ……………………………………………………………… 159
　　2．特別な支援が必要な生徒が多く在籍する高校の数学指導の現状 ……… 160
　　3．「対話型アクティブ・ラーニング」による数学指導 ……………… 162
　　4．「対話型アクティブ・ラーニング」による数学指導の短期的効果と
　　　　長期的効果 …………………………………………………………… 170
　　5．「対話型アクティブ・ラーニング」による数学指導の有効性 …… 187
　　6．おわりに ……………………………………………………………… 190

第8章　算数・数学科における「深い学び」と授業改善の視点
　　　　　………………………………………………………立花　正男　194
　　1．はじめに ……………………………………………………………… 194
　　2．深い学びとはなにか ………………………………………………… 194
　　3．算数・数学の授業の問題点 ………………………………………… 196
　　4．座標の学習における深い学び ……………………………………… 200
　　5．見取図の読み取りについての調査 ………………………………… 202

6．深い学びの授業の実践例 …………………………………………… 208
　7．おわりに …………………………………………………………… 219

　コラム3　学びを深く──9年間の学部GPによる授業研究から
　　　　　　見えてきたこと ……………………………………… 山崎　浩二　222

第9章　国語教育における「深い学び」による授業改善の視点
　　　　──古典教材『竹取物語』の教科書表記から考える
　　　　………………………………………………………… 田中　成行　225
　1．はじめに …………………………………………………………… 225
　2．古典教材『竹取物語』の原文引用の課題と意義 ………………… 227
　3．中・高の教科書の内容の比較と原文引用箇所の提案 …………… 239
　4．『竹取物語』と共に「歌の力」を学ぶ『古今和歌集』
　　　仮名序の学習の提案 …………………………………………… 252
　5．おわりに …………………………………………………………… 259

　コラム4　社会科教育に関連して──『山びこ学校』から考える
　　　　　　……………………………………………………… 土屋　直人　262

　あとがき ……………………………………………………………… 264
　索　引 ………………………………………………………………… 266
　執筆者紹介 …………………………………………………………… 268

「主体的・対話的で深い学び」の理論と実践

序　言——本書の意図・特質・概要

遠藤　孝夫

1．本書の意図

　AI（人工知能）に代表される技術革新によって、今後10〜20年程度で現在ある職業の約半分は消滅するとの予測（オックスフォード大学のM.オズボーン准教授）もある通り、いま私たちは急激な社会変革の中に生きている。そのなかで、日本の教師たちは、日増しに対応が難しくなる児童・生徒と向き合いながら、教科指導、生徒指導、進路指導、部活動指導など、実に多様な教育活動に従事している。日本の教師は世界で最も多忙であるとの国際比較調査もあり、教師の「働き方改革」が叫ばれている。そのうえ、教師たちは、新たな大きな教育課題に直面している。「主体的・対話的で深い学び」による授業改善という教育課題である。本書は、こうした教師たちに向けて、あらためて「主体的・対話的で深い学び」による授業改善とは何か、またいかにして可能となるのか、その原理となる基本的な考え方（理論）と具体的な授業展開の方法を提案しようとするものである。

　「五段階教授で汗水流し今日もお腹がヘルバルト」

　これは、明治30年代の小学校の教師によって詠まれた川柳である。当時の日本は、1889（明治29）年に制定された教育勅語を基軸とする天皇制教育が確立されつつあった時期にあたる。その際に、新たな教授法として導入されたものが、ドイツの教育学者ヘルバルトに端を発する、いわゆる「五段階教授法」であった。現在の〈導入―展開―まとめ〉という授業展開のルーツにも位置づけられる五段階教授法は、行政ルートを通じて日本全国の小学校に普及・定着されていった。この川柳には、不慣れな五段階教授法を用いた指導案作成と授業に悪戦苦闘する小学校教師の涙ぐましい姿が、ユーモラスに描かれている。

明治後期における五段階教授法の普及においては、「品性の陶冶」というヘルバルト教育学の究極的な目的は忘れられ、国家が定める教育目的や教育内容を盲目的に受容し、それをいかにして五段階に分けて教育するか、ということのみが小学校教師の行うべき仕事とされていた（竹中、1987）。五段階教授法の伝達講習会は活況を呈する一方で、教科書の国定化（明治37年から実施）とも相まって、明治末期の小学校教育は定型化・硬直化という大きな問題を抱えることとなった。

　この歴史的事実は、抗いがたい勢いで教育改革や授業改善が実施される時には、人間形成のあり方や教育目的は軽視され、推奨される教育改革や授業改善の方法だけを表面的に受け入れることに汲々となり、それがいつの間にか自己目的に転化してしまう危険性を教えている。同時に、自己の教育活動がいかなる人間形成を実現したのか、または実現しなかったのかを、厳しく問い続けようとする教師の姿勢が如何に重要であるかも教えている。本書は、こうした教育史的知見も根底に据えながら、「主体的・対話的で深い学び」による授業改革という我が国の学校教育上の喫緊の課題に、主として岩手大学教育学部に集う教員たちが取り組んだ成果を著したものである。日本全国の学校における授業の質的改善に資することが、本書と執筆者一同の心からの願いである。

2．本書の特質

　ここ10数年来、大学における授業改善の新しい方向性として「アクティブ・ラーニング」が提唱され、実践化もされてきている。2014（平成26）年11月の文部科学大臣による次期学習指導要領に関する諮問以降になると、全ての学校における「アクティブ・ラーニング」が、にわかに教育論議の中心テーマとなった。2016（平成27）年12月の中央教育審議会答申および翌年3月告示の学習指導要領では、それまでの「アクティブ・ラーニング」に代えて、「主体的・対話的で深い学び」という用語が登場した。新学習指導要領は小学校では2020年度から、中学校では2021年度からそれぞれ完全実施を迎えるこ

とから、いま我が国の教育界は、「主体的・対話的で深い学び」一色の状況となっている。

では、大学以下の学校における「主体的・対話的で深い学び」(アクティブ・ラーニング)による授業改善に関するこれまでの研究(授業実践も含め)は、どのような状況にあるのだろうか。これまでの研究とそこでの議論には、大きく見ると次のような傾向や問題点がある。

第一に、個々の教科や領域における授業方法の改善に限定した研究や議論がなされているという点が挙げられる。たしかに、学校現場での教育活動が教科や領域の単位で展開されるものである以上、個々の教科や領域に即して「主体的・対話的で深い学び」をいかに具体化するかを問うことの必要性と重要性はある。

しかし、留意すべきことは、これからの学校教育は、「社会に開かれた教育課程」として、学校全体としての「カリキュラム・マネジメント」の下で遂行することが求められており、またそれらが全て子どもたちに必要な資質・能力を育成することを究極的な目的として行われるべきであるということである。つまり、個々の教科や教育領域に閉じた研究や教育実践だけでは限界があるということである。何のために「主体的・対話的で深い学び」による授業改善が必要なのか、このことが絶えず問われる必要がある。こうした「そもそも論」が軽視されることになれば、子どもとその人間形成は置き去りにされ、「主体的・対話的で深い学び」は単なる授業テクニックの次元だけで論じられることになる。そこには、「手段の自己目的化」という我々が常に陥りやすい危険性が立ち現れる。

第二に、従来の「主体的・対話的で深い学び」による授業改善に関する研究や議論においては、新たな授業改善が実際にどんな成果を導いたのか、導かなかったのか、つまり「教育効果の検証」という側面が決定的に欠落しているということである。「主体的・対話的で深い学び」による授業改善の理論的研究や授業提案は枚挙に暇がないが、「エビデンスに基づく教育改革」(この意味内容が持つ問題性はここでは問わない)が標榜される時代にありながら、「主体的・対話的で深い学び」がいったいどれだけ「深い学び」を実現した

のか（実現しなかったのか）、またその要因や今後の改善課題は何か、という側面まで検証した先行研究は皆無に近い状況となっている。短期的な「教育効果」の測定の困難さやその危険性は十分承知しつつも、近年の心理統計学の急速な発達のみならず、音楽・ダンスといった芸術活動による教育効果の検証研究（リッテルマイヤー、2015）という動向まで踏まえるならば、「主体的・対話的で深い学び」の教育効果の検証は早急に取り組むべき重要課題であると考えられる。

　そこで、以上のような現状認識を踏まえ、本書では、「主体的・対話的で深い学び」による授業改善の研究に取り組むにあたって、以下のような二つの観点を特に重視することとした。またそのことが本書の大きな特質ともなっている。

　まず第一は、「主体的・対話的で深い学び」による授業改善とは何か、この考え方が生まれた政策的背景、理論的背景、そして心理学的背景とは何であるのかを明らかにし、どの教科や教育領域の研究・実践を行う場合でも、共通の理論的土台としようとしたことである。しかも、基礎的で理論的な検討にあっては、理論のための理論に終始するのではなく、あくまでも学校現場における授業改善に役立つことを強く意識した。「主体的で対話的で深い学び」による授業改善は、基礎的で理論的な土台を踏まえることにより、はじめて次代を担う子どもたちに必要な資質・能力を真に育成するものとなるはずである。本書は、「主体的・対話的で深い学び」による授業改善が単なる授業テクニックの次元にとどまるのではなく、基礎的・理論的な知見と個々の授業実践との有機的結合を実現したい、との強い願いから執筆されている。本書の構成でいえば、第1部総論編に収められている3編の論稿は、この第一の観点から位置づけられたものである。

　本書全体の特質となるもう一つの観点は、新たに構想された授業がどのような教育効果をもたらしたのか、あるいはもたらさなかったという、教育効果の検証まで視野に入れて研究を進めようとしたことにある。教育効果の検証に用いられた統計手法は、一定程度の統計処理に関する予備知識があれば、十分に活用できるものとなっている。本書の構成でいえば、第2部各論編に

収められた論稿は、必ずしも全てではないものの、「主体的・対話的で深い学び」による授業改善の効果検証まで視野にいれながら執筆されている。こうした意味で、授業改善とその教育効果の検証まで意図していることが、本書の画期的特質と考えている。なお、教科横断的な教育領域や特別支援教育における「主体的・対話的で深い学び」の授業改善も欠かせない重要な検討課題となる。具体的には小学校で必修化される「プログラミング教育」と、特別な支援を必要とする生徒が在籍する高等学校における数学教育について論究していることも、本書の特質として付言しておきたい。

3．本書の概要

　最後に、本書を構成する各章とコラムについて、その概要を簡潔に記しておこう。
　まず第 1 章は、「主体的・対話的で深い学び」とは何か、その内容と課題とは何かについて、教育課程改革の大きな流れはもとより、個々の学校における教育課程全体の視点（カリキュラム・マネジメント）も重視しながら分かりやすく解説している。その意味で、第 1 章は、本書全体の基礎的理論部分であると同時に、「主体的・対話的で深い学び」の具体的な授業実践に際しても、基礎的知見として踏まえておくべき内容となっている。
　第 2 章は、「主体的・対話的で深い学び」の理論的基盤であるアメリカのアクティブ・ラーニングの諸理論を分析することを通して、「主体的・対話的で深い学び」を実践する際に留意すべき観点を、混同されることが多い「協同学習」と「協働学習」の違いも含めて指摘している。
　第 3 章は、心理学上の豊富な研究成果を踏まえながら、一度学習したことを思い出すという「想起」という活動が、実は学習を促進する効果を有することを明らかにしている。「主体的対話的で深い学び」が、「活動あって学びなし」に終わらせないためにも、「想起の学習促進効果」という心理学上の最新の知見が活用されることを期待したい。
　第 4 章からは、第 1 章から第 3 章までの総論編の知見を踏まえた、各教科

や教育領域ごとの各論編である。

　まず第4章は、2020年度から小学校で必修化されるプログラミング教育を事例として、小学校の既存教科・領域とも関連づけながら、「主体的・対話的で深い学び」となりうる教材開発を行うとともに、その授業実践の教育効果まで検証したものである。

　第5章は、教科書がない授業における「主体的・対話的で深い学び」の授業実践の検討として、中学校の保健体育の実技指導を取り上げ、「問いを引き出す工夫」と生徒同士の「かかわり合いの仕方」の2点に留意しつつ授業を構想し、その授業実践による教育効果の検証まで行ったものである。

　第6章は、自己学習力を高める点で効果が期待される「メタ認知」という認知機能を活用して、理科の授業を「主体的・対話的で深い学び」となるよう授業実践を行うとともに、その教育効果の検証を行ったものである。

　第7章は、特別な支援を必要とする生徒が多く在籍する高等学校において、「主体的・対話的で深い学び」をどのように具体化するかという課題意識に基づき、「対話型アクティブ・ラーニング」による数学の授業実践に着目して、その教育効果（短期と長期）を検証したものである。

　第8章は、2002（平成14）年4月から実施された学習指導要領の基本理念「生きる力」の意味や必要性が、必ずしも十分に理解されていなかったとの苦い反省を踏まえ、算数・数学科の授業における「深い学び」とは何かについて、具体的な指導場面に即して分かりやすく解説している。

　第9章は、中学校の国語学習における「深い学び」を実現するため、古典教材の定番「竹取物語」を事例として、文学作品の原文の正確な読み取りと意味の学び合いという授業実践を提案する。提案授業を通して、文学作品に描かれた心情世界の奥深さを学び取る中学生の姿も紹介されている。

　以上の各章の論考に加え、本書には4つのコラムの文章も収録されている。それらは、いずれも短い文章ではあるが、道徳教育、理科教育、数学教育、そして社会科教育に関連づけて、「主体的・対話的で深い学び」とは何かを考えるヒントが盛り込まれている。

　本書の概要は以上の通りである。各章とコラム欄の全ては、次代を担う子

どもたちに学ぶ喜びを実現したい、教師を支援したいとの熱い思いの下で執筆されている。ささやかな研究成果ではあるが、本書が日本全国の学校における授業改善に少しでも貢献することを願うばかりである。

参考文献

亀岡正睦（2017）『「主体的・対話的で深い学び」を実現する算数授業デザイン ――「ALふきだし法」の理論と方法――』明治図書。
上條春夫編（2015）『教科横断的な資質・能力を育てるアクティブ・ラーニング 小学校 主体的・協働的に学ぶ授業プラン』図書文化社。
教職員支援機構編著（2018）『主体的・対話的で深い学びを拓く ――アクティブ・ラーニングの視点から授業を改善し授業力を高める』学事出版。
澤井陽介（2017）『授業の見方 ――「主体的・対話的で深い学び」の授業改善――』東洋館出版社。
竹中暉雄（1987）『ヘルバルト主義教育学 ――その政治的役割――』勁草書房。
日本教育方法学会編（2016）『アクティブ・ラーニングの教育方法学的検討』図書文化社。
松下佳代編著（2015）『ディープ・アクティブラーニング 大学授業を深化させるために』勁草書房。
溝上慎一（2014）『アクティブラーニングと教授学習パラダイムの転換』東信堂。
「読み」の授業研究会（2017）『国語の授業で「主体的で対話的で深い学び」をどう実現するか：新学習指導要領2017の改訂を読み解く』学文社。
リッテルマイヤー（2015）『芸術体験の転移効果』（遠藤孝夫訳）東信堂。

第1部　総論編:「深い学び」に関する
　　　　　　　政策的・理論的・心理学的検討

第1章　「主体的・対話的で深い学び」とは
——その内容と課題

田代　高章

1．はじめに

　2014（平成26）年11月20日に、文部科学大臣から中央教育審議会（以下、中教審と略記する）に諮問（「初等中等教育における教育課程の基準等の在り方について」）が出されて以後、2年にわたる審議を経て、中教審は、2016（平成28）年12月21日に答申（「幼稚園、小学校、中学校、高等学校及び特別支援学校の学習指導要領等の改善及び必要な方策等について」）をまとめた。

　この中教審答申をうけ、翌年の2017（平成29）年3月31日に、「幼稚園教育要領」（2018年度より全面実施）、「小学校学習指導要領」（2020年度より全面実施）、「中学校学習指導要領」（2021年度より全面実施）が改訂告示された[1]。また、2017（平成29）年4月28日には、「特別支援学校幼稚部教育要領」、「特別支援学校小学部・中学部学習指導要領」が改訂告示された。さらに、2018年（平成30）年3月30日に、「高等学校学習指導要領」（2022年度より年次進行で実施）が改訂告示され、2019（平成31）年2月4日に、「特別支援学校高等部学習指導要領」が改訂告示された。

　このような教育課程改革の流れの中で、中教審への諮問（2014年11月）では、まず、今後の新しい時代の変化を見据え、これからの社会を生きる上で必要な「資質・能力」を確実に育んでいくことが強調された。これまでの教育内容を重視してきた傾向に対して、学習者である子どもたちにとって、学習を通じてどのような力がつくのかという目標概念をいっそう明確にすることを求めるものであった。その点を捉えて、今回の改革の特徴は、「コンテンツ・ベース（内容重視）」から「コンピテンシー・ベース（資質・能力重視）」への重点移動であるといわれたりする。

　そして、「資質・能力」を育むための学習指導のあり方として、基礎的な

知識・技能の習得とともに、それらを実社会や日常生活の中で活用しながら、自ら課題を発見し、その解決に向けて主体的・協働的に探究していくことが、あらためて強調されている。

特に、中教審の諮問文では、「『何を教えるか』という知識の質や量の改善はもちろん、『どのように学ぶか』という、学びの質や深まりを重視することが必要であり、先に挙げたような、課題の発見と解決に向けて主体的・協働的に学ぶ学習（いわゆる「アクティブ・ラーニング」）や、そのための指導の方法等を充実させていく必要があるとした。

このことから、「アクティブ・ラーニング」が特に注目され、学習指導改善の視点として「アクティブ・ラーニング」に関する書籍や論文が数多く出されることとなった。

しかし、2016（平成28）年12月の中教審答申では、「アクティブ・ラーニング」に代えて、「主体的・対話的で深い学び」という用語が用いられている。以後、学習指導要領改訂においても、主に「主体的・対話的で深い学び」という用語で統一されている。

本章では、今日の学習指導要領改訂の全体的特徴を概観するとともに、授業改善の視点である「アクティブ・ラーニング」、すなわち、「主体的・対話的で深い学び」について、その内容と指導課題について解説し、そのうえで、「主体的・対話的で深い学び」を教育実践に生かすための一助としたい。

2．前提としての「生きる力」と「学力」理解の継承

今日、文部科学省（以下、文科省と略記する）が教育課程改革を進めるに際して変わらない大前提が、教育理念としての「生きる力」と「学力」理解である。

2016（平成28）年12月の中教審答申をうけた今回の学習指導要領改訂においては、社会情勢のさらなる変化に対応するという背景がある。2008（平成20）年改訂の学習指導要領で言われた「知識基盤社会」という現代社会についての現状認識は、今回の2016（平成28）年12月の中教審答申でも踏襲さ

れている[2]。

　ただし、近年の社会の発展はめざましく、2016年12月中教審答申でも指摘されるように、社会のグローバル化や高度の情報技術産業の発展を見据え、特に、AIやIoTなど、「第4次産業革命」の到来という将来社会を念頭においた教育課程改革という特質を有している。

　しかし、そのような急激な社会変化においても、全人的な力である「生きる力」（確かな学力、豊かな人間性、健康・体力の「知」「徳」「体」を意味する）を子どもたちに育むという目的に関しては、それが明示された1998（平成10）年の小・中学校学習指導要領改訂（高校は翌年改訂）以来、今日に至るまで文科省の立場に変化はない。

　また、めざすべき学力観について、中教審「21世紀を展望した我が国の教育の在り方について」（第一次答申：1996〔平成8〕年7月19日）では、次のように明記されていた。

　「これからの子供たちに必要となるのは、いかに社会が変化しようと、<u>自分で課題を見つけ、自ら学び、自ら考え、主体的に判断し、行動し、よりよく問題を解決する資質や能力</u>であり、また、自らを律しつつ、他人とともに協調し、他人を思いやる心や感動する心など、豊かな人間性であると考えた。たくましく生きるための健康や体力が不可欠であることは言うまでもない。我々は、こうした資質や能力を、変化の激しいこれからの社会を［生きる力］と称することとし、これらをバランスよくはぐくんでいくことが重要であると考えた。」（下線──筆者）

　そして、1998（平成10）年改訂の学習指導要領が全面実施となる2002（平成14）年に文科省が公表した資料「新しい学習指導要領のねらいの実現に向けて」では、「<u>知識・技能は重要であるが、単なる知識の量のみではなく、学ぶ意欲、思考力、判断力、表現力まで含めて学力ととらえる必要がある。</u>」と明記する（下線──筆者）。

　このことから、「知識・技能」「思考力・判断力・表現力等」「学ぶ意欲」という3つの類型の総体で「学力」を捉えるという構造が明確になる[3]。そして、2003（平成15）年の中教審答申「初等中等教育における当面の教育課

程及び指導の充実・改善方策について」(10月7日)でも、この学力理解については基本的に変わらない。

その後、2007(平成19)年6月の学校教育法一部改正で、「生涯にわたり学習する基盤が培われるよう、<u>基礎的な知識及び技能を習得させるとともに、これらを活用して課題を解決するために必要な思考力、判断力、表現力その他の能力をはぐくみ、主体的に学習に取り組む態度を養う</u>ことに、特に意を用いなければならない。(下線──筆者)」(第30条第2項)という新設規定によって、あらためて「知識・技能」「思考力・判断力・表現力等」「主体的に学習に取り組む態度(≒学ぶ意欲)」の3つを学力として示した。これを、文科省では、いわゆる「学力の3要素」と呼んでいる。

3.新学習指導要領全体の特徴

上記のような「生きる力」と「学力」理解を前提に、今回の新学習指導要領では、端的には、今後のより激しい社会の変化に対応するための教育課程改革という色彩が強い。

その新学習指導要領の構造を端的に示すのが、以下の中教審で示された図式である（**図1-1参照**）。

この図を見れば分かるように、教師が何を教えるか、ということよりも、まず、学習者である子どもたちが、学校教育を通じて「何ができるようになるか」が強調され、次いでそのために「何を学ぶか」、「どのように学ぶか」という観点が強調されている。

今回の新学習指導要領では、今まで以上に、カリキュラムという用語の意義に即して、学習者中心の発想が強く、将来、子どもたちが社会に出たときに何ができるようになっているのか、子どもたちにとっての学校での学びの経験の意味が問い直されている。

今回の教育課程改革の特徴を示す主なキーワードを挙げるとすれば、①「社会に開かれた教育課程」、②「資質・能力」の育成、③アクティブ・ラーニングの視点を具体化した「主体的・対話的で深い学び」、④「カリキュラム・

マネジメント」であろう。

　そこで、今回の新学習指導要領全体の特徴に関して、まずは、全体を貫く理念である「社会に開かれた教育課程」、育成をめざす教育目標としての「資質・能力」、学校体制そのものの問い直しを図る「カリキュラム・マネジメント」の3つについて解説し、学習方法に関わる「アクティブ・ラーニングの視点（「主体的・対話的で深い学び」）」については、節をあらためて述べる。

図1-1　中央教育審議会答申「幼稚園、小学校、中学校、高等学校及び特別支援学校の学習指導要領の改善及び必要な方策等について」概要　2016年12月21日より

(1)「社会に開かれた教育課程」

　これについて、2016年12月中教審答申では、以下のように記す。

　　「よりよい学校教育を通じてよりよい社会を創るという目標を学校と社会とが共有し、それぞれの学校において、必要な教育内容をどのように学び、どのような資質・能力を身に付けられるようにするのかを明確にしながら、社会との連携・協働によりその実現を図っていくという『社会に開かれた教育課程』を目指すべき理念として位置付ける」（下線―筆者）

そして、そのための重要な3つの観点を、次のように示している。

> 「① 社会や世界の状況を幅広く視野に入れ、よりよい学校教育を通じてよりよい社会を創るという目標を持ち、教育課程を介してその目標を社会と共有していくこと。
> ② これからの社会を創り出していく子供たちが、社会や世界に向き合い関わり合い、自らの人生を切り拓いていくために求められる資質・能力とは何かを、教育課程において明確化し育んでいくこと。
> ③ 教育課程の実施に当たって、地域の人的・物的資源を活用したり、放課後や土曜日等を活用した社会教育との連携を図ったりし、学校教育を学校内に閉じずに、その目指すところを社会と共有・連携しながら実現させること。」

このように、「社会に開かれた教育課程」は、上記の③の観点に示されるように、教育課程における目標を家庭や地域社会と共有すべく、学校の教育課程を地域社会に開くという意味を持つ。

また、もう一方で、上記の①、②の観点に示されるように、学習者である子どもの生涯発達という観点を見据えて、時系列的に、やがて子どもが社会に出た際にも使える力を育むという、将来の社会へつなげるという意味も含む。

それは、同答申の次の文章からもうかがえる。

> 「『社会に開かれた教育課程』の観点から、子供たちが卒業後に社会で生活する姿を描き、それぞれの学校において、各部段階を通じてどのような子供たちを育てようとするのか、そのためにはどのような教育を行うことが適当か等の基本的な考え方を明確にした上で教育課程編成に必要な考え方を示すことが必要」

このように、学校の教育課程を通して学んだことが、子どもが大人になった将来の社会においても十分に使える、機能することが求められている。特

に、グローバル化や情報化が進む将来の社会においては、不確実性、多様性、創造性がキーワードとなる未知の社会であり、それに対応して新たな価値や社会を開発・創造できる力が必要となる。

新学習指導要領は、そのような情報科学技術の進化を伴う将来のグローバル社会の形成に耐えうる人材の育成をめざし、学校と家庭や地域などが教育目標を共有しつつ、多様な協働のもとで学校教育課程の実現を図ろうとする点が大きな特徴である。

換言すれば、今回の新学習指導要領は、学校―家庭―地域の全体で子どもの育ちを支えるヨコの次元と、個々の子どもの成長・発達を念頭に、幼・小・中・高、さらには高等教育までの校種を接続し、さらに将来の就業も含め、生涯を通じて自分の生き方を磨き、社会を創造していく担い手を育てるという連続性をもったタテの次元との、両面を意識したカリキュラムイメージとして捉えることができる。

そのため、教員以外の人材協力やコミュニティ・スクールの拡充など、これまで以上に、学校と生活や社会とのつながりが強調されている。

⑵ 教育目標としての「資質・能力」の明確化

新学習指導要領では、将来のグローバル社会に対応できる人材育成という観点から、そのような社会で有効に機能しうる「力（「資質・能力」）」は何かという観点が強調されている。

特に、近年、AI 等の高度情報技術の進展に対応した「Society5.0」型社会を見据えた人材育成の視点が、情報教育のみならず広く学校教育全体で強調されている[4]（2018 年 6 月の文科大臣懇談会での報告書より）。

これまでも OECD は、国際的に 15 歳段階でのリテラシー（読解、数学、科学）を調査した PISA 調査を実施してきている。現在は、PISA 調査の前提をなす「キー・コンピテンシー」の見直しが検討されている。たとえば、OECD の「2030 PROJECT」では、子どもたちが自律的に、社会を創造し、自分の未来を創りあげていくためのコンピテンシーについて検討してきている。OECD の「キー・コンピテンシー」は、これまでは「道具を相互作用的に用いる力」、「異

質な他者と交流する力」、「自律的に行動できる力」の三つで整理されてきたが、OECDの「2030 PROJECT」では、「新たな価値を創造する力」「対立やジレンマを克服する力」「責任ある行動をとる力」というように、従来の「キー・コンピテンシー」よりも、より実質的な内容を提示している。

　わが国でも、これまで、内閣府の「人間力」[5]（2003年）、厚生労働省の「就職基礎能力」[6]（2004年）、経済産業省の「社会人基礎力」[7]（2006年）などが挙げられてきた。

　そして、上記のような能力が、これからの社会人として求められる能力として検討され、キャリア教育を通じて、高等教育のみならず初等中等教育でも、校種間を越えてその関連を踏まえることが求められてきた。それらの状況を踏まえて、中教審は、答申「今後の学校におけるキャリア教育・職業教育の在り方について」（2011〔平成23〕年1月）の中では、「基礎的・汎用的能力」を提起していた[8]。

　このように、将来の社会を見据えて、社会に出ても使える力につながるために、まずは学校教育で子どもたちが「何ができるようになるか」が強調される。それが今回の改革で重視される「資質・能力」である。

　「資質・能力」重視の点を捉えて、特に、「コンテンツ（内容）・ベース」から「コンピテンシー（資質・能力）・ベース」への重点移動といわれることもある[9]。

　もっとも、2016年12月の中教審答申では、「教育課程の考え方については、ともすれば、学ぶべき知識を系統的に整理した内容（コンテンツ）重視か、資質・能力（コンピテンシー）重視かという二者択一的な議論がなされがちであるが、これらは相互に関係し合うものであり、資質・能力の育成のためには知識の質や量も重要となる。」と両者の一体的な把握こそが重要であるとされる。

　「資質・能力」について、新学習指導要領では次の三つの柱で整理している。

「資質・能力」の三つの柱
　①「何を理解しているか、何ができるか」（生きて働く「知識・技能」の習得）
　②「理解していること・できることをどう使うか」（未知の状況にも対応できる「思考力・判断力・表現力等」の育成）

③「どのように社会・世界と関わり、よりよい人生を送るか」(学びを人生や社会に生かそうとする「学びに向かう力・人間性等」の涵養)

さらに、2016年12月中教審答申および新学習指導要領における学習指導要領解説「総則編」において、「資質・能力」の具体例は、以下の3つの観点から整理されている。

ア) 教科等を越えた全ての学習の基盤として育まれ・活用される「資質・能力」
　→例えば、言語能力、情報活用能力、問題発見・解決能力等
イ) 伝統的な教科等の枠組みの中で育む「資質・能力」
　→学習指導要領における各教科等の冒頭に示す目標に対応
ウ) 現代的な諸課題に対応して求められる「資質・能力」
　→例えば、主権者として求められる力、健康・安全・食に関する力、新たな価値を生み出す豊かな創造性、地域創生等に生かす力、持続可能な社会を創る力など)

そして、これらの「資質・能力」が各学校で有効に形成できているかを明確な根拠(エビデンス)に基づいて検証するために、学習評価の重要性が強調される。

さらに、各教科等における「見方・考え方」をうまく活用しながら「資質・能力」の育成につなげることを求めている。そして、各教科等における質の深い学びを実現するための授業改善の視点が、次節以降で述べる「主体的・対話的で深い学び」である。

(3)「カリキュラム・マネジメント」

この20年近くの間に、よく使われるようになった言葉が、新学習指導要領でも明記される「カリキュラム・マネジメント」である。

「資質・能力」を中心とする教育目標、各教科等の「見方・考え方」を基礎にする教育内容、それらと関連しつつ質の深い学びを実現するための「主体

的・対話的で深い学び」という授業改善の視点、さらに学習活動や教育活動全体の検証改善を図るための「評価」、それらを一体として、組織的かつ継続的に学校全体で教育課程を運用実現していくための「カリキュラム・マネジメント」の視点が強調されている。

新学習指導要領では、「カリキュラム・マネジメント」の内容を、以下のように記述している。

> 「各学校においては、児童や学校、地域の実態を適切に把握し、教育の目的や目標の実現に必要な教育の内容等を教科等横断的な視点で組み立てていくこと、教育課程の実施状況を評価してその改善を図っていくこと、教育課程の実施に必要な人的又は物的な体制を確保するとともにその改善を図っていくことなどを通して、教育課程に基づき組織的かつ計画的に各学校の教育活動の質の向上を図っていくこと（以下「カリキュラム・マネジメント」という。）に努めるものとする。」（「小学校学習指導要領」より）

「カリキュラム・マネジメント」は、「資質・能力」という目標を学校や子どもの実態把握から設定し、それに基づいて教育実践の計画を立てて実践し、その実践の有効性を検証し、さらに改善に努めるという、学校ぐるみでの教育の質の改善をめざすための用語である。

もともとは、目標管理経営型の企業経営の実現のために、PDSサイクル、あるいはPDCAサイクルを中核とする経営学用語に由来する。

この点に関して、わが国では、かつて「教育課程経営」という用語を用いた場合もあった。学校における教育計画という性質を持つ「教育課程」において、その中心をなすのは、学習指導要領に規定された教科内容と教科書であり、それを教材を介していかに効果的・効率的に伝えるか、そのための学校の年間計画の作成という意味で狭く理解される場合もある。その場合は、国が定めた教育基準に即した学校の管理統制の側面が強くなりがちであった。

しかし、近年では、戦後占領政策からの一時期の経験主義カリキュラムの考え方が教育課程改革にも反映されてきており（たとえば、生活科の新設、総

合的な学習の時間の新設)、根本的な「教育の目的」(教育基本法第1条)からは当然ではあるが、学校教育活動全体が、「人格の完成」に向けて、学習者である子どもの成長発達にとって意味ある活動であるかの視点が重視されるようになってきた。

そのため、子どもにとって何ができるようになるのか、子ども自身が学ぶことの意義を実感できるようになっているか、それらを含んで、子どもの学習経験の総体をカリキュラムと定義づけるという考え方が主流になりつつある[10]。

その影響もあり、今日では、①将来の社会を創る主体であり、学習の当事者でもある子どもの視点を第一に教育活動を捉え直すこと、また、②校種・学年・教科等の専門に狭く閉じられることなく、地域社会との関わりも含めて、広く学校全体の教育活動のあり方との関連においてカリキュラムを学校教員全体で自由に創造すること、が強調される。このような時代変化が「カリキュラム・マネジメント」という用語が使われる背景にある[11]。

特に、1998 (平成10) 年の学習指導要領改訂において、「教育課程の大綱化、弾力化」や「学校の裁量拡大」などが強調され、学校の自主性や自律性、創意工夫を生かした学校改善の取り組みが求められるようになったこと、また、それらの効果を評価するために、学校評価が求められる動きなども相まって、2000年代に入って以降、「カリキュラム・マネジメント」が強調されるようになっている。

その意味では、「カリキュラム・マネジメント」は、本来、管理職のみが行う、学校としての目標達成ありきの子ども不在の管理統制型学校経営のため、というよりも、学習者自身が学びの意味を実感し、自らの成長発達を自覚できるようになるための、それに向けての授業の質の改善、学校教育の質の改善をめざして、継続的で組織的で創造的な改善努力を進めるための運用の在り方を示す用語である。したがって、管理職が学校管理監督者として責任を負う立場にあることは当然としつつ、新学習指導要領で強調される「カリキュラム・マネジメント」では、管理職のみならず、全教職員が主体となって関わるという特色を持つ。

なお、これらの学習および授業の質や、教育活動全体の成果について、学習評価、教育評価、学校評価といった「評価」に基づく検証改善が求められている。その際、学習評価に関しては、これまでの目標に準拠した評価（絶対評価）を踏襲しつつ、個人内評価や自己評価も含めて、たんなる数値的な評価としての客観的テストのみならず、思考力・判断力・表現力等の評価方法であるパフォーマンス評価、ポートフォリオ評価等、多様な評価の工夫も強調されている。

4．授業改善の視点：「主体的・対話的で深い学び」について

(1)「アクティブ・ラーニングの視点」から「主体的・対話的で深い学び」へ

現在の教育課程改革で強調される「主体的・対話的で深い学び」は、中教審の諮問「初等中等教育における教育課程の基準等の在り方について」（2014〔平成26〕年11月20日）において示された「アクティブ・ラーニング」という用語を、授業および学習の質の改善のために、より具体化・明確化した概念である。

そもそも「アクティブ・ラーニング」が強調されたのは、かつての授業における知識の伝達・注入の弊害を取り除き、1998（平成10）年の改訂学習指導要領以来、「総合的な学習の時間」の創設で特に強調された、自ら主体的に思考し判断する問題解決的な学習観への転換を、学校現場でより促進するという趣旨が伺える。

「アクティブ・ラーニング」自体は、もともと大学教育の質的転換として、中教審の答申の中で提起され、注目されてきたという経緯がある（中教審答申「新たな未来を築くための大学教育の質的転換に向けて～生涯学び続け、主体的に考える力を育成する大学へ～」〔2012（平成24）年8月28日〕）。同答申では、「従来のような知識の伝達・注入を中心とした授業から、（中略）学生が主体的に問題を発見し解を見いだしていく能動的学修（アクティブ・ラーニング）への転換」が提言されている。それは、次のように、「教員による一方向的な講義形式の教育とは異なり、学修者の能動的な学修への参加を取り入れた教

授・学習法の総称。（中略）発見学習、問題解決学習、体験学習、調査学習等が含まれるが、教室内でのグループ・ディスカッション、ディベート、グループ・ワーク等も有効なアクティブ・ラーニングの方法である。」と規定された。

このため、2014（平成26）年の中教審の諮問以後、「アクティブ・ラーニング」は教授・学習法という、単なる形式的な指導方法の型と矮小化されることにもなった。特に、「教室内でのグループ・ディスカッション、ディベート、グループ・ワーク等」が例示されたこともあって、協同的な活動を行えば足りるという傾向や風潮が一部に生まれた。

中教審の2016年12月の最終答申に向けての議論では、「アクティブ・ラーニング」が、ある特定の形式的な活動型の授業指導方法に矮小化されることのないように整理された。そして、2016年中教審答申では、「アクティブ・ラーニング」の視点に基づく授業改善について、「形式的に対話型を取り入れた授業や特定の指導の型を目指した技術の改善にとどまるものではなく、子供たちそれぞれの興味や関心を基に、一人ひとりの個性に応じた多様で質の高い学びを引き出すことを意図するものであり、さらに、それを通してどのような資質・能力を育むかという観点から、学習の在り方そのものの問い直しを目指すものである。」と明記して、日々の授業を改善し子どもの学びの質を高めていく視点として、「アクティブ・ラーニング」というよりも、「主体的・対話的で深い学び」という言い方を強調している。

(2) 「主体的・対話的で深い学び」とは

教育課程改革および新学習指導要領に即して、「主体的・対話的で深い学び」をどのように実現するかが、学校実践上の大きな関心事であり、実践課題でもある。

現在の教育課程改革で強調される「主体的・対話的で深い学び」とは、端的にいえば、学校教育における質の高い学びを実現し、学習内容を深く理解し、これからの社会を創るために求められる資質・能力を身に付け、学校教育修了後も、他者とともに生涯にわたって学び続ける主体的で自立的な人間

形成につなげていくための視点を意味している。

それを踏まえて、2016年12月の中教審答申では、「主体的・対話的で深い学び」について、それぞれ、「主体的な学び」「対話的な学び」「深い学び」に分けて、以下のような具体的内容を示している。

① 「主体的な学び」について

これについて、2016年12月の中教審答申では、次のように明記されている。

> 　学ぶことに興味や関心を持ち、自己のキャリア形成の方向性と関連付けながら、見通しを持って粘り強く取り組み、自己の学習活動を振り返って次につなげる『主体的な学び』が実現できているか。
> 　子供自身が<u>興味を持って積極的に取り組む</u>とともに、<u>学習活動を自ら振り返り意味付けたり、身に付いた資質・能力を自覚したり、共有したり</u>することが重要である。(下線──筆者)

中教審答申の記載に基づきながら、「主体的な学び」の実現に向けて、ここでは授業改善において必要な視点として、「学習意欲」と「メタ認知」の2つを取り上げる。

1. 「学習意欲」について

まず、主体的な学習意欲の喚起についてである。

学習動機づけの研究では、学習を意欲的に進めるために、賞罰や報酬による外発的動機づけよりも、対象それ自体への興味や好奇心などを誘因とする内発的動機づけが重視される傾向にある。

たとえば、動機づけ理論の代表的研究者であるアメリカのデシ(E. Deci)は、大学生がパズルを解く際に、報酬を与えた被験者は、無報酬の被験者と比較してパズルの解答に興味を示さなくなったという実験結果から、外発的な報酬が、被験者の内発的動機づけを低めることを検証している。一方で、被験者の有能さの情報が提供されることが被験者の動機づけを高めることも示し

ている。

　それらの実験結果も踏まえながら、デシは、動機づけを高める要因として、「自律性（自己決定性）（autonomy）」、「有能感（competence）」、「関係性（relatedness）」の三つが相互に関連し合う場合を挙げる[12]。

　また、わが国でも、動機づけに関する研究として、鹿毛雅治は、学習意欲を高める要因として「内容必然的学習意欲」「自己必然的学習意欲」「状況必然的（関係必然的）学習意欲」の三つの観点を挙げる[13]。

　さらに、学習動機の二要因モデルを挙げる市川伸一は、学習内容の重要性と学習の功利性の大小から、以下の六つの志向を分類提起する（図1-2参照）[14]。

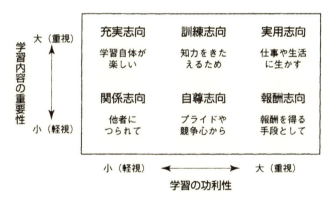

図1-2　市川伸一（2001）『学ぶ意欲の心理学』PHP研究所、48頁。

　これらの先行研究を踏まえて、子どもたちの学習意欲を喚起しうる条件を簡潔に整理すると、以下の3つの次元で捉えることができる。

①内容の次元 →学習対象や学習内容が面白そう。興味がわく。好奇心をくすぐる。何かに役立ちそう。生活に生かせる。もっと深く知りたい。
②自己の次元 → 自分なりに自信がついた。自分でもやればできるという意識と、そこから生まれる自尊感情や自己肯定感。
③関係の次元 → 学級の仲間や周りの人、教師や親から励まされ支えられる。先

生が自分を認め理解してくれるので好きだから。

①は、各教科等の内容に関わることである。いかなる教材や題材を教師が提示するか。子どもの興味や関心を引き起こす発問をどのように考えるかなどに関わる次元である。

②は、子どもに対する日常的な教師の肯定的な評価や、仲間の共感的な態度などが関わってくる。たとえば、百マス計算といった定型的熟達化のドリル学習が有効であるのは、目に見えて時間が短縮され、自分なりの成果を子ども自ら実感し、それを褒める教師の評価言が、子どもに自信を持たせ、さらなる学習意欲を引き出すことにつながる点にもある。

③は、学級経営（学級づくり）とも関係する。自分の意見を自由に言えない、間違った場合に教室に嘲笑が起こる、あるいは冷たい空気が流れる、などといった教室空間では、子どもは萎縮し、積極的に意欲を持って学習に取り組むのも困難となろう。間違いも堂々といえる雰囲気、間違いも認め合える学級空間の形成は、「主体的な学び」の前提条件でもあろう。特に、協同学習（協働）学習が成立する場合には、グループ内で、お互いを認め合い、学び合える人間関係の構築が、学習意欲を生み出す学習空間にとって不可欠といえる。

2.「メタ認知」について

メタ認知そのものは、主に心理学分野で研究が進められてきた。メタ認知研究は、欧米を中心に、特に1970年代以降に初めて「メタ認知」という言葉が用いられて以降、発展してきたとされる。

わが国で近年、メタ認知研究を進めている三宮真智子は、J. H. Flavell や T. O. Nelson と L. Narens の論に依拠しながら、メタ認知の分類を行っている[15]。

それによれば、「メタ認知」は、大きく①「メタ認知的知識」と②「メタ認知的活動」に分けられる。

①「メタ認知的知識」は、さらに①－ⅰ「人間の認知特性についての知識」、①－ⅱ「課題についての知識」、①－ⅲ「方略についての知識」に分けられる。

①－ⅰは、「自分の認知特性についての知識（ex. 私は英文読解が得意だが英

作文は苦手)」、「個人間の認知特性の比較に基づく知識(ex. AさんはBさんより理解が早い)」、「人間の一般的な認知特性についての知識(ex. 目標をもって学習したことは身につきやすい)」で構成される。

①―ⅱは、「課題の性質が認知活動に及ぼす影響についての知識(ex. 計算課題では数字の桁数が増えるほど計算のミスが多くなる)」である。

①―ⅲは、「効果的な学習方略の使用に関する知識(ex. 相手がよく知っている内容にたとえることで、難しい話を理解しやすくする)」などとされる。

また、②「メタ認知的活動」は、②―ⅰ「メタ認知的モニタリング」と、②―ⅱ「メタ認知的コントロール」に分けられる。

②―ⅰ「メタ認知的モニタリング」は、「自己の認知についての気づき(予想、点検、評価など)」である。

②―ⅱ「メタ認知的コントロールは、「認知についての目標設定、計画、修正など」と整理される。

このメタ認知を学習の質の向上に生かせるのが、特に、授業における「ふり返り」の場面である。

「メタ認知」の機能を最大限に子どもたちに働かせるためには、単純に、子どもに、今日の授業で学んだ内容を確認することでは不十分である。ふり返る対象は、その授業で学習した事項全般というよりも、子ども自身がその時間に自分が学習したことに関して、学習事項の中で、自分自身で理解し分かったことは何か、逆に、理解ができなかった、あるいは不十分なことは何か、ということである。

自分で自分の学習の成果や課題を自己認識する場面、すなわち学びを自覚化する場が、「ふり返り」である。分かったこと、理解できたことが自分自身で確認できれば、それがその子ども自身の自信につながり、もっと知りたい、もっと分かりたいという、次なる学習への意欲につながっていくであろう。

また、理解できない、分からない、あるいは理解が曖昧だった場合は、それがその子ども自身の弱点であり、課題となる。その弱点や課題を克服するために、家庭学習や補習や宿題など、復習と学び直しのために自分自身はどう行動すれば良いか、自分で見通しを持ち、学校内外で自己学習を計画・実

践する機会とするのが「ふり返り」となる。

　つまり、自分自身の学習状況を自分でモニターし、自分の学習状況の善し悪しを自分で判断し、その先の学習への見通しを自ら自律的にコントロールしていくことができる力を身に付けるのが、授業において「ふり返り」の時間を設ける最大の意義である。

　このように自分で自分の状況をモニターし、その後の状況改善に向けて、見通しをもってコントロールできる力こそが、これからの自分の生き方を自ら創造し、自分たちの生きる社会を皆で協同して創造していける自己学習力が形成されていくことになろう。

　授業において、「メタ認知」を、知能の一部と理解し、子どもの「メタ認知能力」の発達を具体的に構想することが求められている。

　たとえば、メタ認知的コントロールの力を育成するためにも、授業の冒頭において、学習の見通し、すなわち、めあて（目標）を提示し、それが子ども各自に自覚化されているかを確認することが求められる。

　また、メタ認知的知識をもとに、授業の「ふり返り」において、子どもが各自で、あるいは他者との関わりの中で、わかったこと、わからなかったことなど、先述の通り、自己の学習状況をモニタリングしたり、そこから自己課題解決のための目標設定や具体的な学習計画を立てたり、その実行の妥当性を評価し、次の目標設定と実行の改善に生かしたりして、学習に関する自己評価に生かすことも必要となる。

　そのような「メタ認知能力」の形成を踏まえた授業展開の構想を、子どもの「メタ認知能力」の発達レベルに応じて、各教科等で具体化することが今後の大きな課題である。

② 「対話的な学び」について

　これについて、2016年12月の中教審答申では、以下のように明記する。

> 　子供同士の協働、教職員や地域の人との対話、先哲の考え方を手掛かりに考えること等を通じ、自己の考えを広げ深める『対話的な学び』が実現できているか。

> 身に付けた知識や技能を定着させるとともに、物事の多面的で深い理解に至るためには、<u>多様な表現を通じて、教職員と子供や、子供同士が対話し、それによって思考を広げ深めていくこと</u>が求められる。（下線──筆者）

　もともと「学び」に関しては、学習を「行動の変容」と規定した心理学における行動主義の考えがあり、それに対して、ピアジェが子ども認知発達を認知のシェマの同化、調節、均衡化を経た変容の過程と捉える発達論がある。それは、学習は学習主体による対象の意味の構成という「構成主義」の考えへと導く。また、ヴィゴツキーの「発達の最近接領域」の考えは近年では、学習は、言語や道具を媒介するのみならず、大人や子ども相互も含めて、他者との媒介（関わり）を通じて、より高い水準に達するという理解を基礎に、学びの深まりにおける他者との協同的な性格を強調してきている。さらにデューイは、外界との相互作用による経験の絶えざる再構成を学習と捉え、学習の他者との関わりや協同性を重視する。また、社会構成主義の立場から、学習は他者との社会的な相互行為によって成立するという考えを基礎にする[16]。
　このように子どもにとっての「学び」は、その協同的な性格から、学習を共有しうる他者の存在こそが重要であるという考えが土台となる。
　たとえば、佐藤学は、学びを、「自分との関係」、「他者（仲間）との関係」、「（学習）対象との関係」の対話的な実践として捉え、対話を単に他者との関わりのみという狭い概念では捉えていない[17]。
　このような、学習の協同的性格や、学習の対話的な関わりの意義を踏まえると、「対話的な学び」で求められるのは、単なる他者と関わる外形的な活動面だけを意味するものではなく、「対他者との対話的学び」、「対自己との対話的学び（自己内対話）」、「対対象（学習対象）との対話的学び」という、三重の複合的性格を持つといえる。
　他者との関わりが、対学習対象の理解を深めるための契機となり、他者との関わりを通して、自己の内的対話、すなわち外界からの対象を自己内で反省的（内省的）に思考し、理解し、捉え直すことによって、対象の理解を深めたり、そこから知識を構成し直し続けることが求められている。

上記の中教審答申における、「先哲の考え方を手掛かりに考えること等を通じ、自己の考えを広げ深める」とは、他者と関わる活動という単なる活発な外形的な対話のみを意味することを越えて、他者や対象との関わりを通して、自己内対話が活性化され、自分自身の内部で思考や理解が常に更新され深まることを含意するものといえよう。つまり、様々な他者や学習対象との接するなかで、静かに自分の中で思考を巡らす（自己内対話としての個人思考）ことも、「対話的な学び」の構成内容であるといえるであろう。

ただし、ここで注意すべきは、他者との対話による学びは、学習内容理解という認知的な力を高めるだけではないということである。

他者と学び合うことを通じて、他者の人間理解、協力・協同の必要性、他者との関係づくりを可能にするなど、いわゆる社会性や情動性も含む非認知的な力を高める機能も有する。

この後者が、「資質・能力」の三つの柱における「学びに向かう力・人間性等」に関わるところである。

③ 「深い学び」について

これについて、2016年12月の中教審答申では、次のように明記されている。

> 習得・活用・探究という学びの過程の中で、各教科等の特質に応じた『見方・考え方』を働かせながら、知識を相互に関連付けてより深く理解したり、情報を精査して考えを形成したり、問題を見いだして解決策を考えたり、思いや考えを基に創造したりすることに向かう『深い学び』が実現できているか。（下線──筆者）」

2014年11月の中教審の諮問で示された「主体的・協働的に学ぶ学習（いわゆる「アクティブ・ラーニング」）」という表現は、学校現場で狭く受け止められたことから、2016年12月の中教審最終答申で、「主体的・対話的で深い学び」とされた。このように、「主体的・対話的」とセットで「深い学び」を強調したことから、「深い学び」は、まさに学習の本質部分であるといえる。

中教審答申では、各教科等の「見方・考え方」を働かせることと、単に思

考し理解するというだけでなく、問題の解決策を考え創造することまで求めている。正解のある問いのみならず、正解の無い、あるいは正解を出すことが困難な問いに対しても、最終的には自分なりの考えや、問いへの解を創造する力を求めている。

　それらを含めて、日常的な生活や社会ともつながりうるような（いわゆる「オーセンティックな（真正な）」）、考え甲斐のある、かつ問いへの解を求めて探究しうる「意味のある問い」を、子どもにどのように提示するか、あるいは子ども自身が自覚できるかが課題になってくる。

　その点では、子ども自身が学習課題を自覚し、自分なりの予想や仮説をたて、実際に文献調査、情報収集活動、フィールドワーク、実験・実習、体験活動等を通して、自ら探究し、情報を整理分析し、分かった事実や理解したことなどを文字・言語等で表現し発表し、共有し合うことという一連の学習プロセスが必要となる。それを通して、自分の学びの成果を確認し、次の学習や他の教科等の学習と関連付け、自分の生き方にも生かせるようなスパイラルな学習の連続性の中で、子どもたちの学びは深まっていくと考えられる。

　たとえば、総合的な学習の時間における、「探究的な学習」のスパイラル（課題の設定―情報の収集―整理・分析―まとめ・表現）の実現は、深い学びの典型ともいえる。

　また、深い学びに関しては、学力の3要素との関係でいえば、思考力・判断力・表現力・問題発見解決力の活性深化と関わってくる。つまり、子どもたちの思考が活性化し、既得の知識や技能を活用しながら、多様な見解から、明確な根拠をもって自分なりに理解し、それを他者に表現できるか、また、他者との学び合いを通して、いかに自己の理解を修正・変容し深められるかが、授業づくりの視点にもなってくる。

　たとえば、論理的思考力（根拠をもって思考する）、批判的思考力（多面的・多様な側面から思考できる）、創造的思考力（独自の新たな発想で思考できる）などの発展で、子どもの思考力を伸ばすことを考えることもできる。

　別の角度からは、カリキュラム研究で注目されるウィギンズとマクタイが提起する、学習のためのカリキュラム構成において重視される「理解の6側

面」の考えも、「深い学び」の成立条件を考える際の参考になるであろう[18]。

その6側面とは、①「説明することができる（出来事、行為、観念について、見識のある正当化された記述を提供するような、洗練された適切な理論と例証）」、②「解釈することができる（意味を与えるような解釈、語り、言い換え）」、③「応用することができる（新しい状況と多様で現実的な文脈において、効果的に知識を用いる能力）」、④「パースペクティブを持つ（批判的で洞察に富んだ見方）」、⑤「共感することができる（他の人の感情や世界観の内部に入る能力）」、⑥「自己認識を持つ（自分の無知を知り、自分の思考と行動のパターンがどのように理解を形づくるだけでなく偏見を持たせるのかについて知るという知恵）」である。

最後の「自己認識」については、自分へのメタ認知的知識に関わるものであり、メタ認知的活動（モニタリングとコントロールを含む）につながる要素でもある。

⑶ 「主体的・対話的で深い学び」の実現に向けて

上記のような「主体的な学び」「対話的な学び」「深い学び」の3つの具体的な視点は、子どもの学びの過程としては、一体として相互に関連し合うものである。しかし、特に、教科内容の本質的な理解とそこに至る思考のプロセスこそが、学びにとって重要であることを踏まえれば、「主体的・対話的で深い学び」の中でも特に、「深い学び」の視点をどのように実現するかが鍵となる。

授業改善の視点としては、三つの具体的な視点の固有性も踏まえながら、各教科・領域における単元や題材のまとまりのなかで、子どものたちの実態に即して、「知識・技能」「思考力・判断力・表現力等」「学びに向かう力、人間性等」という教科横断的な共通の資質・能力の三つの柱を基軸に、「資質・能力」の形成に向けて、それぞれの視点の趣旨が生かされるような授業づくりが求められる。

それらを実現するためには、各学校において、「目標（「資質・能力」）」――「内容（「見方・考え方」とのつながりを踏まえた教科内容・単元）」――「方法（「主体的・対話的で深い学び」の具体化）」――「評価（学習評価を中心に、数値的客観評価

のみならずパフォーマンス評価も）」といった教育課程全体の視点を踏まえた「カリキュラム・マネジメント」が求められる。

「主体的・対話的で深い学び」に関していえば、各教科内容の本質に関わる「見方・考え方」を基礎に、子どもに育みたい「資質・能力」の形成に向けて、子どもの発達を踏まえながら、学んだ結果だけではなく、結果に至るまでの学びのプロセス全体を含めて、個人思考と集団思考を組織しながら、内容の深い理解につながる授業をどこまで充実させられるかが、学習指導を構想する際の重要な視点となるであろう。

5．おわりに

2016年12月の中教審答申をうけた新学習指導要領は、将来の社会とのつながりを一層重視するという点、何のためにどのような力を子どもたちがつける必要があるのかを各教科等・校種を越えて、教育目標の一貫性・統一性を図る点に大きな特色がある。

そのなかで特に、教育実践上は、「主体的・対話的で深い学び」の実現をどのように図るかは、各学校現場、各教師にとっては最大の課題である。

もちろん、「主体的・対話的で深い学び」は、今回の教育課程で突然現れたというものではなく、これまでの我が国の教育実践における蓄積があり、その延長上にあることも事実である。

また、一方で、今回の教育課程改革において、「主体的・対話的で深い学び」を実現する前提である「資質・能力」の重視という全体的な骨組みに対して、そのような「資質・能力」重視の根底にある経済界の要請に特化した改革が、本当に学習者である子ども重視と結びつくのかという批判がありうる。また、「アクティブ・ラーニング」が特定の型に偏って実践化されたことを中教審答申でも問題視して、「主体的・対話的で深い学び」という言い方への変更がなされたが、そもそも多忙化した学校現場で、教員の創意工夫で、子どもの実態に応じた多様な実践が本当に構築できるか、それを支える教育条件整備は十分かの懸念もありうる。

本章は、教育課程改革全体の輪郭と、「主体的・対話的で深い学び」の概要を総論的に整理してきたが、この実現は、各教科等における具体的な実践の展開とセットで考えられるべきものであろう。それらの実践の具体的な構想とモデル提示がこれからの課題である。

　また、様々な教育課程改革に関する批判をどのよう受け止め、どのように応えていくかも根源的な課題として残されている。

　これからの教育課程改革とその具体的な実践化が、学校教育の主人公であり、学習権の主体である子どもたちにとって、その最善の利益につながることが何より望まれる。

注

1　すでに2015（平成27）年3月27日に、文部科学省は、「道徳」に係る小学校、中学校、特別支援学校小学部・中学部学習指導要領の一部改正を告示し、「特別の教科道徳」として、2018（平成30）年4月1日から、小学校、特別支援学校小学部一部改正学習指導要領が施行され、2019（平成31）年4月1日から、中学校、特別支援学校　中学部一部改正学習指導要領が施行されることになっている。

2　「知識基盤社会」は、中教審答申「我が国の高等教育の将来像（答申）」（2005〔平成17〕年1月28日）において強調されており、同答申では、「知識基盤社会」を「新しい知識・情報・技術が政治・経済・文化をはじめ社会のあらゆる領域での活動の基盤として飛躍的に重要性を増す」社会としており、その特質としては、「例えば、1. 知識には国境がなく、グローバル化が一層進む、2. 知識は日進月歩であり、競争と技術革新が絶え間なく生まれる、3. 知識の進展は旧来のパラダイムの転換を伴うことが多く、幅広い知識と柔軟な思考力に基づく判断が一層重要となる、4. 性別や年齢を問わず参画することが促進される」ことが挙げられている。

3　もっとも研究者の間では、戦後、学力の内容について、学力論争が展開された。例えば、教育評価論から学習によって達成された結果を学力とみる沢田慶輔（「学力について」『教育学研究』18巻5号、1950年）、学習によってものにした生活力の総体を学力とみる大田堯（「学力の問題」『教育学研究』18巻5号、1950年）、計測可能な到達度によってあらわされる学習によって発達した能力を学力とみる勝田守一（『能力と発達と学習』、1964年）、主観的な態度面も含む三層構造で学力をとらえる広岡亮蔵（「学力、基礎学力とはなにか」『別冊 現代教育科学』第1号、1964年）など、多くの研究者が論を展開してきた。議論の分岐点は、知識や思考力などの他に、主観的・態度的な側面（数値的測定は困難）まで学力に含むかにあった。

4　Society5.0 は、AI 時代の到来を前提に、サイバー空間（仮想空間）とフィジカル空間（現実空間）を高度に融合させたシステムにより、経済発展と社会的課題の解決を両立する、人間中心の社会とされる。この詳細については、「Society 5.0 に向けた人材育成 〜 社会が変わる、学びが変わる 〜」平成 30 年 6 月 5 日、Society 5.0 に向けた人材育成に係る大臣懇談会を参照のこと。

5　内閣府「人間力戦略研究会報告書」（平成 15 年 4 月）：「本研究会においては、経済の活性化の観点から、特に人間力の職業生活面を中心に検討を行うこととしたい。」とし、以下の能力を想定する。
①知的能力的要素：「基礎学力［主に学校教育を通じて修得される基礎的な知的能力］」、「専門的な知識」、「論理的思考力」、「創造力」など。
②社会・対人関係力的要素：「コミュニケーションスキル」、「リーダーシップ」、「公共心」、「規範意識」、「他者を尊重し切磋琢磨しながらお互いを高めあう力」など。
③自己制御的要素：先の二つの要素を十分に発揮するための「意欲」、「忍耐力」、「自分らしい生き方や成功を追求する力」など。

6　厚生労働省「若年労働者の就職能力に関する実態調査」結果（2003〔平成 15〕年 12 月に企業に対して行った厚生労働省調査の結果）（2004 年 1 月発表）では、次の 5 つの能力を措定している。①「コミュニケーション能力」、②「職業人意識」、③「基礎学力」（読み書き、計算・数学的思考、社会人常識）、④「ビジネスマナー」、⑤「資格取得」

7　経済産業省「社会人基礎力に関する研究会　-中間とりまとめ-」（2006〔平成 18〕年 1 月）では、以下の 3 つの力と、それに基づく具体的な 12 の能力要素を提起している。①「前に踏み出す力」（アクション）：「主体性」「働きかけ力」「実行力」、②「考え抜く力」（シンキング）：「課題発見力」「計画力」「創造力」、③「チームで働く力」（チームワーク）：「発信力」「傾聴力」「柔軟性」「状況把握力」「規律性」「ストレスコントロール力」

8　2011 年 1 月答申では、社会的・職業的自立や社会・職業への円滑な移行に必要な力として、以下の 5 つを挙げる。①基礎的・基本的な知識・技能、②基礎的・汎用的能力、③論理的思考力・創造力、④意欲・態度　及び価値観、⑤専門的な知識・技能。また、「基礎的・汎用的能力」の具体的内容は、1．人間関係形成・社会形成能力、2．自己理解・自己管理能力、3．課題対応能力、4．キャリアプランニング能力である。

9　関連する文献に、たとえば、安彦忠彦『「コンピテンシー・ベース」を超える授業づくり』図書文化、2014 年。石井英真『今求められる学力と学びとは――コンピテンシー・ベースのカリキュラムの光と影』日本標準、2015 年。奈須正裕、江間史明『教科の本質から迫るコンピテンシー・ベイスの授業づくり』図書文化、2015 年。などがある。

10　戦後占領期の教育改革は、一般に「戦後新教育」とも言われる。当時は、アメリカの教育哲学者ジョン・デューイによる子ども中心の、問題解決学習や生活と教育の結合など、経験主義カリキュラムの影響が、わが国にも大きく影響を与えた。

経験主義カリキュラムの発想から、カリキュラムの定義も子どもの側から、学びの経験の総体を指すという見解へと移行しつつある。佐藤学『教育方法学』岩波書店、1996 年、105-109 頁参照。

11　日本教育方法学会編『教育方法学研究ハンドブック』学文社、2014 年 134-141 頁、386-393 頁参照。田中統治・根津朋実編『カリキュラム評価入門』勁草書房、2009 年、1-27 頁参照。

12　E.L.Deci, R.M.Ryan（Ed.）"Handbook of Self-determination Research" 2004 pp.6-8. E.L.Deci 著／石田梅男訳『自己決定の心理学』誠信書房、1985 年、23-60 頁参照。もっとも、デシも、外発的な動機が内発的な動機に転化する場合も認めており、外発的動機が、必ずしも学習にとって無意味であるとは考えられていない。

13　鹿毛雅治「内発的動機づけと学習意欲の発達」『心理学評論 38』1995 年、146-170 頁。

14　市川伸一『学ぶ意欲の心理学』PHP 研究所、2001 年、24-61 頁参照。

15　三宮真智子『メタ認知』北大路書房、2008 年、7-12 頁参照。

16　OECD 教育研究革新センター編、立田慶裕・平沢安政監訳『学習の本質』明石書店、2013 年、43-80 頁参照。

17　佐藤学「学びの対話的実践」佐伯胖他編『学びへの誘い』東京大学出版会、1995 年、49-91 頁参照。

18　G. ウィギンズ、J. マクタイ著、西岡加名恵訳『理解をもたらすカリキュラム設計』日本標準、2012 年、99-125 頁参照。

第2章　アクティブラーニングを構成する諸理論からみる
　　　　「主体的・対話的で深い学び」の実践上の注意

　　　　　　　　　　　　　　　　　　　　　　　　　馬場　智子

1．はじめに

　本章では「主体的・対話的で深い学び」が今回の学習指導要領改訂で導入された背景を分析する前提として、その理論的基盤となった「アクティブ・ラーニング」という概念が包含する学習方法を分析する。

　「アクティブ・ラーニング」は、アメリカで確立したのち日本に導入された概念である。「アクティブ・ラーニング」が日本で制度的に導入される以前から実践と理論の分析を行っている西岡は、日米における「アクティブ・ラーニング」の政策や理論の動向を比較し、アメリカでは主として高等教育で科学技術教育での概念理解を促進するものとして構想されたのに対し、日本では「新しい能力」育成に有効なものとして着目され、初等・中等教育に広がったという違いがある一方で、学習者間の協働性や問題基盤型学習等の潮流は共通している、としている（西岡 2017、29-30頁）。したがって「主体的・対話的で深い学び」の内実を分析するためには、そもそもアクティブ・ラーニングという概念がどのようなものなのかを確認しておく必要がある。アメリカでアクティブ・ラーニングと呼ばれる実践の基盤となる理論は、1．学問に基づく教育研究、2．問題基盤型学習、3．協同学習と協働学習、の大きく3つに分類できるとされている（西岡 2017、25頁）。以下、3つの理論の内容を分析し、これまで高等教育でなされてきた実践から見いだされている課題を参照して「主体的・対話的で深い学び」を学校で実践する際の留意点は何かを考察する。

2．学問に基づく教育研究

(1) 定義

　第一は、1950年代に科学技術分野の高等教育において始まった「学問に基づく教育研究（Discipline-Based Education Research: DBER）」である。DBERとは、科学教育の方法や内容の研究を、母体となる物理学や化学、工学といった専門分野の理論や研究成果に基づいて行なうというものである。換言すると、科学教育のカリキュラムや教授法等を教育学の領域だけで研究するのではなく、各専門分野の中でも研究すべきであるという考え方である。したがって、教育内容や方法を検討する際には、まずその内容が専門分野の知識として正しい内容となっているのか、ということを重視している。

　現在DBERは、高等教育での成果を踏まえ、初等・中等教育、特に高校の科学教育での実践や研究も行われている（National Research Council（Singer, S. R.（eds.），2012, p.9）。

(2) 学問に基づく教育研究を導入した科学教育への批判と新たな観点の導入

　確認しておく必要があるのは、ここでいう科学教育が必ずしも科学技術分野に進む生徒・学生のみを対象にするものとは考えられていない、という点である。National Research Councilは科学技術分野を専攻する者にとっての科学教育は「客観的な推論やモデル構築を行い、分野を超えた協働ができるようなコミュニケーション能力を持って社会的課題を解決すること、また、社会と科学技術の関連を学ぶこと（同上, p.7）」であり、一方で人文社会分野を専攻する者にとっては「一市民として、あるいは政治・経済分野等社会の担い手として、社会生活に関わる科学的知識や理論を理解すること（同上, p.8)」であるとし、両者にとって科学教育は必要不可欠であること、また、社会と科学技術の関連はいずれの分野に進んでも学ぶべき内容であることを示している。

　このような全ての人々を対象とした科学教育が求められる背景には、自然災害への対策、社会開発とそれにともなう環境問題への対応、次世代にも影

響する生命科学に関わる意思決定（臓器移植や遺伝子に関わる研究等）といった、人文社会科学の知と科学技術の知を融合して取り組むべき問題に直面しているという状況がある。

では、科学技術研究の一つとして科学教育を行なうという発想はどのようにして生まれたのであろうか。次にDBERの歴史的変遷を概観する。アメリカでは1957年のスプートニク・ショックを契機として、国際競争力を獲得するためには科学技術分野の人材を充足することが不可欠であるという政府の方針が打ち出された。その一環として、国立科学財団（National Science Foundation: NSF）は新たな科学教育カリキュラムの開発に予算を投入し、幅広い分野の科学者がその開発に従事した（同上, p.20）。NSFはアメリカ合衆国の科学・技術を振興することを目的として1950年に設立された連邦機関である。

National Research CouncilはDBERに関する研究の母体となっている学問を、物理学、化学、工学、生物学、地学、天文学、と分類し、各分野での開発過程について述べている。たとえば最も早く研究が行われた物理学では、スプートニク・ショックの後宇宙開発等に深く関わっている物理学者のプレゼンスが高まり、科学教育カリキュラムの中でも重要な役割を担ったことがその背景にある（同上, pp.20-21）。当時のDBERは、確固たる理論があるものというよりも、各分野の科学者がカリキュラム開発に参加して探究学習を核とした優秀な科学者・技術者養成を行い、国力を高めることを目指す、という状態にとどまっていた。

専門家を養成するという取り組みには一定の成果が挙がったものの、一方で環境破壊等の科学技術の発展に伴う社会問題が顕在化するなか、市民の声が国家開発や政策に十分反映されず、説明がないことへの批判が高まってきた。このような声を吸収する形で、「科学を広い視野に据えて総合的に理解し、しかもその理解を基礎にして当の問題解決に主体的に取り組んでいく市民」（鶴岡、1979）を育成するための科学教育、という考え方が広がっていく。このような議論を受けて全米科学教師協会（National Science Teachers Association: NSTA）は、

1980年代の科学教育の目標は、科学・技術・社会がいかに相互に影響を及ぼし合っているかを理解し、さらにこれらの知識を用いて日常生活における諸問題に対して適切に意思決定できる科学的教養ある市民を育成することである（柞磨1996、110頁）

と教育目標を掲げ、以降アメリカの科学教育は科学・技術・社会の相互作用や関連性について具体的な社会問題を通じた教育活動を行ない、児童生徒が科学の関わる社会問題（遺伝子組み換え作物の導入、脳死判定の基準策定、エネルギー問題等）の民主的な意思決定に積極的に参加するために必要な能力を身につける事を目指した教育に転換する事となる。

　その後、1970年代から1990年代にかけてDBERは「学生・生徒の科学技術への関心を高めるのに適切な題材や教授法を特定し、結果を測定する」事や、「科学技術と社会との関係性を視野に入れた、科学教育の内容をより広範で包括的にするための方法を明らかにする」ことなどを目的とした実践や研究を進め、科学理論の一分野としての地位を確立したのである（National Research Council（Singer, S. R.（eds.）），2012, p.2）。

　このような経緯で現在、アメリカの科学教育には、先端技術に対する知識獲得という目的に自分が学んだ科学的知識や技術が社会のなかでどのように生かされているのか、あるいは、どのような問題をもたらしているのかを批判的な観点から思考する能力を育成するという面が新たに追加されているといえる。現在、こうした教育はSTS教育、あるいはSSI教育として世界各国で実践されている。STS教育は、1970年代から開始され、社会における科学の役割を理解する事を目指すものである（内田・鶴岡2014、37-38頁）。一方SSI教育は科学技術が関連する社会的ジレンマ（エネルギー問題、遺伝子組み換え生物の扱いなど）に関する理性的な議論が行えるようなスキル開発を目指しており、STSと類似しているが、違いとして社会参画能力と議論する能力の育成により重点が置かれている点が挙げられる。また、市民性育成や社会正義へのコミットメントがより強くなるという指摘もされている（小川2013、

34頁)。

　DBER は、発足当初は高度な科学技術の専門知識を教える事を主眼とした科学教育を志向する理論であったが、社会的要請を反映して、現在のように現実社会と専門知識の関係性も視野に入れた科学教育の方法やカリキュラムを開発するものへと変化していったのである。

3. 問題基盤型学習

(1) 定義

　第二は、「問題基盤型学習（Problem-Based Learning: PBL）」をはじめとする、現実の状況における問題解決を重視する実践である。PBL は、1970年代にカナダのマクマスター大学医学部において創始され、医学教育改革の中で各国の医学教育で導入されるようになった、実学との結びつきが強い手法である（池田・徐 2016、20頁）。学習者自身が中心となって学びに取り組む小集団による教育手法で、池田は PBL の内容を以下のように説明している。

　　まず、特定の仕事の中で見られるような状況設定課題に対し、学習者はピア（peer, 同輩、同級生）によって構成された小集団の中で議論と自己学習（self-study）をくりかえしながら、結論を探求する。PBL では、与えられた課題に対し、学習者自身が、課題に含まれる問題の確定、学習事項の策定、他者との討議と意見交換、自己学習に基づく情報の収集と整理、収集した情報の持ち寄り（シェア）と吟味、グループ内での情報の統合という一連の作業に関与し、最終的な答えを得る。通常、各グループに「チューター（tutor）」と呼ばれる指導者・相談者が配置されるが、学習プロセスの進行は学生自身によって運ばれる（同上、20-21頁）。

(2) 問題基盤型学習の事例からみた実践上の留意点

　では、上述の内容は授業においてどのような形で展開されているのか。表 **2-1** で、全学の約 2,000 の開講科目のうち 9 割に PBL を導入しているオランダのマーストリヒト大学における PBL 授業の 7 つのステップを事例として

表 2-1　PBL 授業の 7 つのステップ

> 1. Discuss the case and make sure everyone understands the problem
> （事例について議論し、グループ全員が課題は何なのか理解できていることを確認する）
> 2. Identify the questions that need to be answered to shed light on the case
> （この事例の中で、取り組むべき課題を明らかにする）
> 3. Brainstorm what the group already knows and identify potential solutions
> （各メンバーが既に分かっている知識と、取りうる解決策のアイデアを出し合う）
> 4. Analyze and structure the results of the brainstorming session
> （3. の結果を分析し、構造化する（それぞれの策の関連性を整理する等））
> 5. Formulate learning objectives for the knowledge that is still lacking
> （現在欠けている情報や知識から、何を学ぶべきかを明確化する）
> 6. Do independent study, individually or in smaller groups: read articles or books, follow practical or attend lectures to gain the required knowledge
> （個人／小グループで調査する：文献を読んだり、実習や講義に参加したりして必要な知識を得る）
> 7. Discuss the findings
> （調査の結果明らかにしたことについて議論する）

取り上げる[1]。

　ここで重要なのは、PBL は単に「実社会に使える知識を得る」ことを目的にしているわけではないという点である。池田・徐は PBL では「外部表象化された〈知識や技能〉を学習者が内部に取り込む（＝命題的知識の習得）ことよりも、学習の生起する文脈やチュートリアルの中での相互作用が重視される（同上、21 頁）」と分析している。むしろ、メンバー同士の議論や、その結果今何が問題となっており、何を解決するべきか、という課題そのものを発見することに重点が置かれていることは上述の 7 つのステップからも明らかである。表 2-2 に、実際にマーストリヒト大学で実践された PBL 課題の例を示す。

表 2-2　マーストリヒト大学で使用されている PBL 課題の実例

> 例）　ヨーロッパの公衆衛生
>
> 　ドイツ・アーヘン市の保健サービス局がマーストリヒト市の保健サービス局に、ベルギー・リエージュ市の GP（総合医）から開放性結核の症例 1 例の報告があったと知らせてきました。患者は 39 歳の電気技師（男性）で、高度な技術設計・施行をする会社に雇われています。最近、アーヘンとマーストリヒトの病院に現場を持ち、公共交通機関を利用して行き来していたとのことです。この患者の報告から何日かのち、こんどは、マーストリヒト在住の電車通勤者に、開放性結核症例が報告されました。
>
> 　あなたは、つぎのような疑問について検討します。結核はどのように広がるのか。何がリスクファクターか。結核の広がりをふせぐために、国内で、また、国をまたがってどのような手段が必要か。

出典：https://www.maastrichtuniversity.nl/education/why-um/problem-based-learning、翻訳（池田・徐、2016）。

　先に述べたように、PBL において学生は単に集めた情報を発表すればよいのではなく、与えられた大きな問いに対して「どんな情報が必要か」「その情報はどうすれば入手できるか」という所から考えなくてはならない。この課題の場合は「開放性結核の特質は何か、それによってどのようなリスクが想定されるか」を調べたり、「アーヘン・マーストリヒト・リエージュそれぞれを行き来する際はどんな経路が用いられるか」を確認したりする必要がある、などの具体的な課題を自らが着想することが求められている。

　必要とした情報を集め、自分の意見を言語化した後に、レポートや討論という形で他者に向けて発信し、更なる改善を行なう。今回であれば、「結核が疑われる患者の数の確認」「ベルギー、ドイツとオランダにおける結核対策の連携」「各病院での院内感染の現状把握」など、迅速に行われるべき施策が複数想定されるため、どのような手続きでそれを進めていくかを議論する過程が必要になる。こうした過程には唯一解はなく、なぜ各グループがその解に至ったのかを説明できることこそが、PBL では最も重要なのである。

それは学習者にとって学習であると同時に、能動的な探究者となって「より よい『問題』を発見しそれを叙述するという学術の基礎訓練につらなるもの（同上、21頁）」でもある。つまりPBLは、受動的な従来型の講義から、学習者が能動的に学ぶという方法の転換によって、学問的知識に加え、思考力や表現力を育成することを目指した方法であるといえる。

次に、PBLを実践する際の課題を分析する。1点目に、PBLに限らず学生が主体となる学習の場合、「学生による討論など活動の成果が、教員が想定した目標や内容と大きく異なってしまうこと」や「複数のグループに分けると、グループ間で学習内容や学習への参加度に差異が出てしまうこと」といった課題が想定される。マーストリヒト大学の場合は、①PBLチューター研修、教育スキルワークショップの研修を、新任から学部を統括する立場の教員までを対象に実施する、②1グループを12〜15名とし、グループごとにチューターを配置する（チューターを務めるのは教員や博士課程の大学院生）、③科目を統括するコーディネーター教員のもと、各チューターが情報を共有し、上述のような課題が見られる場合チューターが最低限の助言を行なう、という制度を取っている（同上、23-24頁）。ここから、PBLは必ずしも学習者の自由に任せることを意味しておらず、むしろ授業時間外の学びについても助言を行なうなど、体系立てた教育が求められるということがいえる。

2点目に、設定される問題を、いかに現実の社会とリンクさせるか、また、学生が社会に即した問題意識を発揮できるか、という課題が指摘される。佐藤は、日本の高等教育では産業界と大学の連携・協力体制が不十分なため、学生が実社会での問題を認識したり社会での経験をもとに探したりというPBLに必要な経験が不足していると述べている（佐藤2011、5頁）。先に指摘した通り、PBLでは学習者自身が問題を発見することにも重点が置かれている。したがって、問題を設定する、あるいは問題に取り組ませる前の体験をどのように設定するかについては、高校生以下の場合、大学生と比較しても社会での経験が少ないため、より学校外との連携が必要になってくる。

3点目に、大学における科目間交流の少なさもPBLを実施する際の問題として指摘される。佐藤によれば、PBLではより実際的で複雑な問題を扱うの

で、単一の科目で1つの問題に取り組むために必要な知識領域を網羅することは難しく、複数の科目の教員が連携する必要があるが、日本の大学は科目間の交流が少ないため、PBL を採用しづらくなっているとしている（同上、7頁）。

ここから、学校で PBL を実践する際には、①学習者一人ひとり（あるいは各グループ）の到達度や必要な支援の内容を見極めるため、1つの授業でも複数の教員が関わる、②設定課題に現実味を持たせるために外部との連携を充実させる、③関わる複数の教員間で連携を取りながら教科横断型の授業の中で行なう、といった点に留意する必要があるといえる。

4．協同学習と協働学習

第三は、教室内での学習者同士の協力を重視する潮流である。このなかには「協同学習（cooperative learning）」や「協働学習（collaborative learning）」などが含まれるが、両者の相違点について述べておきたい。なぜなら、日本ではしばしば両者が混同されることがあるが、多くのアクティブ・ラーニングに関する先行研究では、共通点はあることを認めつつも両者の違いを明確に定義しており、その効果も異なることが示されているため[2]である。

(1) 協同学習

協同学習とは、学習者が小集団を形成し、1つの目的に向かって役割を分担して協力しながら学ぶという手法である。協同して学ぶという発想は、アメリカでは伝統的に個別学習を重視する傾向があったことなどから、1970年代までは学校現場にあまり受け入れられなかった。しかし「1964 年の公民権法（Civil Rights Act）制定に代表される人種差別廃止の趨勢と、1965 年の初等中等教育法（Elementary and Secondary Education Act）改正および 1970 年の障害者教育法（Education of the Handicapped Act）に代表される障害児教育の動向とにより（中略）自分とは異なる人々を受け入れられるよう子どもを教育する（福嶋 2015、14 頁）」という社会的要請が高まった。特に、初等中等教育法

は連邦政府が国家全体での教育の質を担保するということを目的にして、貧困家庭の児童に対する教育支援事業を開始するなど各州の教育に介入をはじめる契機となった法律であり、後に連邦政府が定めた教育水準の達成を各州・地方に求め、それを達成できない場合に学校に制裁を科す2002年の「落ちこぼれをつくらない法（No Child Left Behind Act：NCLB）」といった、個別の学習成果よりも全体の成果を重視する変化へとつながっていく。

現在も引き継がれている「協同学習」という概念とその定義は1974年にDavid W. Johnson が兄（Roger T. Johnson）とともに、相手への偏見が少なくなる、学習への動機が高まる、自己評価が向上するなどの協同の教育的意義を実証し、提起したものである（Johnson, D. W. & Johnson, R. T., 1974）。Johnson & Johnson によれば、協同学習を効果的に実践するには**表2-3**に示す5つの要素が必須であるとされる。

表2-3　協同学習の基本的構成要素

①積極的相互依存 (positive interdependence)	グループの全員が成功しない限り自分の成功もないということが了解された関係
②対面的促進的相互作用 (face-to-face promotive interaction)	膝を突き合わせた助け合い・励まし合い
③個人の責任 (individual accountability / personal responsibility)	グループの中で自分に与えられた役割を果たすという責任
④社会的スキルの適切な使用 (appropriate use of social skills)	他のメンバーとうまく付き合うための社会的スキルの使用
⑤グループの改善手続き (group processing)	グループ活動を改善するために持つ振り返り、フィードバック

出典：福嶋　2015、15頁。

また、これまで日本でも協同学習の実践は数多く行われてきた。杉江は、日本における協同学習の歴史について概観[3]し、その端緒は及川平治が提唱した「分団式動的教育法」にあるとしている（杉江　1997、26頁）。分団式動

的教育法とは、最初に一斉授業を行い、その後教材ごとに形成的評価を行ってグループを分け、なおかつそのグループを可動式にするという方法である。及川は明石女子師範付属小学校で教鞭をとりながら、1912年に『分団式動的教育法』、1915年には『分団式各科動的教育法』を著し、実践と理論化を行った。杉江は、

> 及川は『競争の間には猜忌、羨望の心が伴ひ易くて往々学校の目的を破ることがないとも限らぬ』(p.200)と、競争と比べての協同の必要性を説いており、分団の活用以外の箇所で、ペアでの学習や、磨き合うための競争的協同に触れ、学級での協同を通して同時的な総合的習得を促す必要性にも言及している（同上、26-27頁）

と述べている。当時日本では、学校は一斉授業を行う個人の競争の場と捉えられていた。しかし大正期に入って国際的なデモクラシーの影響を受けたこと、時を同じくしてルソーやデューイなどの研究が紹介され児童中心主義の影響を受けた新教育が興ったことから、及川の研究の理論的背景にもその影響がみられるとしている（同上、26頁）。

しかしながら、及川の「分団式動的教育法」について、彼の参照している資料や執筆過程を中心に分析した橋本は、及川の教育目的が第一に「社会効率主義」にあったとし、「子どもの解放と自己実現を求める『児童中心主義』や学校を社会改革の手段とみなす『社会改造主義』のそれとは本質的に異なる（橋本2005、225頁）」としている。ここで橋本のいう社会効率主義（social efficiency）は、バグリー（Bagley, William C.）によって倫理教育の文脈で主張されたものであり、「学校が生徒に対して、所属するコミュニティに奉仕するために自己の欲求や願望を抑えるよう教え、社会に奉仕する市民を育成すること（Kridel, C. (ed.), 2010, p.790）」を意味している。社会効率主義に基づく教育の中では、子ども一人ひとりの関心を発揮することよりも、社会に奉仕することが重視される。つまりは、自己の欲求よりも他者を優先する意識を身につけさせることを目的とした集団での学びであって、子どもが活動し、能

動的に学ぶという形式をとってはいても、必ずしも子どもの関心や実態を中心としたものであったとは限らないと指摘している。

その後も、主として都市部、あるいは師範学校の付属学校等では協同による教育の実践が進められていくこととなる。しかしながら、第二次世界大戦に入り、その実践はいったん途絶えた。戦後、分団教育あるいは小集団教育は、民主的教育方法であるとされ、全国の学校で実践が進むこととなる。1950年代以降に、小集団を学習指導に組み込むことで、一斉授業のみの児童よりもテストの成績が優れることを示した奈良ほか（1958）、主要五科目の平均が全国平均より高くなったとする林（1965）など、学習効果に関する実証的研究が行われるようになった[4]。しかし、その後の経験主義から系統主義への学習指導要領の変化にともない、児童同士の活動を主とした小集団学習への批判がなされ、教師中心の系統主義的学習の形がとられるようになる。1960年代になると相沢保治の「自主的協同学習」や末吉悌次・信川実の「自発協同学習」が提唱され、70年代には高旗正人がグループ・ダイナミクスの成果を取り入れ、実証的研究を重ねて実践化を図る「自主協同学習」を進めており、協同学習に関わる実践ならびに研究は現在まで脈々と続いていることがわかる。

つまり、協同学習の部分を取ってみれば、アクティブ・ラーニングが日本に導入されるはるか以前より実践が蓄積されているということがいえるだろう。しかしその目的を分析すると、実践者あるいは研究者が基盤とする理論によって違いがみられた。現在、アクティブ・ラーニングの中で主として参照される、Johnson & Johnson によって定義された「協同学習」のもつ「多様性の受容」とは必ずしも一致しない場合があることもうかがえる。また、橋本が指摘しているように、子どもがグループで活動することの目的が集団への奉仕に据えられているような場合、むしろ規律を内面化する、個人を一定の基準に沿わせるような働きがあるということが明らかになった。

⑵　協働学習

協働学習の理論的基盤としては、2013 年までの協働学習論を総括した The

International Handbook of Collaborative Learning において、認知心理学と発達心理学を中心に研究が進められてきたと記されている（Hmelo-Silver, C. E. et al. (eds.), 2013, p.5）。本書は協働学習の理論的背景や概念の基盤として参照されることが多く、そのなかでは、ピアジェの構成主義、ヴィゴツキーの最近接発達領域（発達の最近接領域）、レイヴ＆ウェンガーの状況的学習論などが説明されている。

　ピアジェは、発達主体がもつ認識の構造がどのようなものであるかによって、同じ知識を得ても認識の仕方は変わってくるということ、また、発達主体の認識の構造も、新たに得た知識や周囲の変化に影響を受けて変わっていく、という構成主義[5]を唱えた（佐藤 1992）。ヴィゴツキーの「最近接発達領域」とは、子どもが独力で問題解決にあたることのできる領域（「現下の発達領域」）と、大人や他の有能な仲間との協同で問題解決にあたることのできる領域（「潜在的発達領域」）との間にある領域を示している（ヴィゴツキー著・土井・神谷訳 2003）。つまりある子どもが「～ができる」という内容を考える際に、一人でできている内容に加えて、他の人との協力を得ればできる内容も含めて、個人の力を捉えようとする考え方である。レイヴ＆ウェンガーの「状況的学習論」とは、学習は、社会的文脈から切り離された、既に確立された知識や技術を教わることではなく、状況（situation）の中で生じると考える学習観である（レイヴ＆ウェンガー著・佐伯訳 1993）。ここでいう「状況」とは、所与の環境だけを指すのではなく、人と人の関係性など、学習者自身によって変わっていくものも含んでいる。レイヴ＆ウェンガーは徒弟制による技能の伝授を例に挙げており、ひとつひとつの手順を分けて教えるのではなく、全体を通して各手順の意味を理解し、実行できるようにする学び方も、教師―生徒間の授業とは形が異なるが、観察・実践を通した学びがあるとした。ピアジェが、個人の中で認識の枠組みがあるという前提で論を展開するのに対し、ヴィゴツキーやレイヴ＆ウェンガーは個人の存在そのものも社会との関係性で捉えようとする違いはあるものの、これらの理論からは、そもそも人が「理解する」「学ぶ」ということ自体が個人のなかだけでは完結しないという点、言い換えれば周囲の人や環境の影響なしには成立せず、

学んだことの意味は社会との関係で変化してくるとみなすという共通点がみてとれる。

　しかし福嶋は「『ハンドブック（筆者注 : The International Handbook of Collaborative Learning を指す）』の描く学説史が、心理学史的な性格を色濃く持っている（福嶋 2017、286 頁）」とし、協同学習と協働学習の違いを分析した主要な論者として、ブラッフェを挙げている。高等教育における協働教育の実践に基づいて理論を構築してきた彼の学説もまた、協働教育の特質を見るために重要であると述べている。

　ブラッフェの理論は『ハンドブック』には記されていない。そこで本節では、ブラッフェの理論で協働学習の特質をどのように捉えているかを分析する。ブラッフェは、高等教育における協働学習について

> 高等教育機関は知識の店のようなものではなく、文化再適応（reacculturation）を行う場であり、文化再適応を進めるためには大学教員は学生に知識ではなく、学生同士（students peer）の相互依存を促すことが求められる。さらには、高等教育においては、知識のもつ権威や、教室という空間に存在するとされる権威について、常に問い直し続けなければならない。これらのことが遂行されて初めて、協働学習が実現する（Bruffee, K. A., 1993, p.xii）

と定義している。文化再適応とは、これまで自身が持っていた文化と異なる新しい文化を取り入れる、あるいは、異なる文化を持つ者同士が交渉しあう、ということを指している（同上, p.287）。事例を挙げると、たとえば比較教育学を専攻する著者と、理科教育研究を行う研究者あるいは生物学を専攻する研究者が、互いに異なる学問的背景をもちながら効果的な環境教育のあり方について議論をする、という営みは文化再適応の一種である。ブラッフェは、協働学習の重要性は異なる文化や考え方の交流と既存の価値観の問い直しにこそあるとしているのである。

　つまり協働学習は、個人同士が競い合うのではなく協力関係の中で学習するという点では協同学習と共通しているが、学習そのものが他者あるいは周

囲の環境との関係性から成り立つものであり、なおかつ、既に持っていた考え方への問い直しを行なうことが主眼にある。さらには、異なる意見を持つ相手との議論から、新しい考えや価値観を生み出すことにより重心があるということがいえる。

　また、初等・中等教育において応用を考える際には、ブラッフェの指摘する「知識の持つ権威や教室に存在する権威への問い直し」に特に留意する必要があるのではないだろうか。なぜなら、児童生徒が、「正解」を出そう、あるいは教員の考えに沿おう、とする力が働いてしまうと、見かけだけは同じでも、協働学習の核となる部分が抜け落ちた実践になってしまう恐れがあるためである。ここから、協働学習を実践する際には、学習者が多様な考えを持ち、表現することを促す１つの方法として、（教員自身も答えを持たない）開かれた問いを設定することが有効なのではないか、と分析できる。

　ここまでで、「主体的・対話的で深い学び」の理論的基盤となった「アクティブ・ラーニング」は多様な学習・教育方法を包含する非常に広範な概念であることを改めて確認した。また、PBLにおける「ピアによる議論」は協働学習でも共有される活動であり、現在のDBERに包含された知識技術と社会の関連性を扱うという内容はPBLにも共通する等、それぞれの方法が相互に関連性を持っているといえるだろう。

5．「主体的・対話的で深い学び」を学校で実践する際の留意点

　最後に、これらの理論を踏まえた「主体的・対話的で深い学び」の実践上の留意点について述べる。最も重要なのは、日本において混同されることの少なくない「協同学習」と「協働学習」を明確に区別し、「多様性の受容」を実現する必要があるという点である。一言で協同学習といってもその目的は、子どもを主体とした教育を進めることにあるもの（主体的・対話的で深い学びに近い）や、むしろ規律を内面化させ「隠れたカリキュラム」で子どもを集団に合わせようというもの（主体的・対話的で深い学びと対立的）などさまざまある。特に、個人に規律を内面化させ、集団に合わせることを目的

とすると、協働学習の目的と大きく異なったものとなる可能性も指摘される。集団活動を通じた主体的・対話的で深い学びの実現には、1つの意見や正解（と見える内容）に個々の意見を収束させるのではなく、異なる意見を出し合うことへの価値を認め、時に自明に見える状況への問い直しを促進するといった内容が必要であるといえる。

　二つ目は、学習内容と社会問題の関連性を意識した教育を行なう、という点である。これは一つ目の留意点とも深く関わっている。社会問題を扱うというのは、社会で役立つことだから学ぶとか、通例（あるいは常識）とされていることを学ぶ、ということを指しているのではない。第4節で、学習者が多様な考えを表現することを促す1つの方法として、（教員自身も答えを持たない）開かれた問いを設定することが有効であると分析したが、現在社会問題となっているものには、その要因が複雑であり、なおかつ複数の解決策が示されているものの唯一解がないという場合が多い。たとえば「生体臓器移植をどの臓器にも認めるべきか」という問いは、科学技術の進歩（生体臓器移植が可能となった）から生じたものである。また、技術的に可能となったからといって、即認められるというものではなく、移植を行うことによる社会的影響（どういう要件を満たせば移植を認めるか、臓器売買に結びつかないか、など）が明らかにされていないことから、2018年現在明確な答えは出されていない。唯一解がないということは、あらかじめ正解の用意された問いに比べ、多様な意見が出しやすい活動にもつながる。また、こうした問いを学校で扱う際には、単なる意見の出し合い・調べたことの見せ合いに留まらないようにするために、DBERの知見を用いて各教育段階の子どもの理解に合わせた学問的背景を正しく理解できる方法・コンテンツを用いることも必要となってくるだろう。

　三つ目は、グループ活動の際は、児童生徒の活動を主体としながら、各グループの到達度や必要な支援内容を見極めるため複数の教員が関わる、という点である。第3節で述べたPBLの実現には、グループごとに配置されたチューターが進捗状況によって支援を行うという指導が不可欠であった。高等教育においてもこのような支援が求められるということは、学び始めたば

かりの初等教育では特に、こうした複数教員の協働による支援が不可欠なものであるということを示している。具体的には、根拠を示して論じる際の方法（帰納法や演繹法の基礎）や、どうすれば必要な資料を得ることができるか、また、論理的に議論を進める方法などを、グループ活動の前に時間を設けて教えるとともに、グループ内で課題が見られる点を各教員が事前の授業に基づいて助言したり、議論の補助をしたりという支援が想定される。

注

1　以下、マーストリヒト大学の PBL 実践に関して特に注釈のない部分は、https://www.maastrichtuniversity.nl/education/why-um/problem-based-learning を参照。
2　たとえば、Prince, M.（2004, July）Does Active Learning Work? A Review of the Research. *Journal of engineering education*, Volume 93, Issue 3, pp223–231. など。
3　本節で述べた日本の協同学習実践の歴史的経緯について、特に注釈のない部分は杉江（1997）を参照。
4　奈良正路他（1958）『小集団協力学習』明治図書、林三雄（1965）「小集団の共同学習についての研究：心理療法とグループ・ダイナミックスと教科指導との統合」『富山大学教育学部紀要』13、25-39 頁、など。
5　ピアジェは、著書『発生的認識論』で人が何かを認識する仕組みを次のように説明している。「認識が主体の内部構造の中であらかじめ決定されているものとみなされることはできないし——なぜなら、主体の内部構造は実際のたえざる構成によって生じるものだからだ——、客体のあらかじめ存在する性格の中で前もって決定されているものとみなされることもできない——なぜなら、その性格は、客体の構造という必要な媒介を通してはじめて、認識される（ピアジェ著・滝沢訳、1972、11 頁）。」この前提には、人が何かを知覚し認識する際、先天的な理性があって外界を把握できるとする立場（理性主義）と、人は後天的に与えられた環境によって理性を構築していくとする立場（経験主義）との対立がある（同上、5頁）。ピアジェはそのどちらでもなく、人の認識は「発達に先立つ諸段階の過程で、あらかじめ環境の中でつくられるものでもないし、主体自体の内部でつくられるものでもない（同上、79頁）」とし、主体と客体が影響を与え合っていると考察している。この考え方は、後の構成主義（ピアジェの概念と区別して「社会構成主義」と呼ばれることもある）に影響を与えている。

参考文献

池田光穂・徐淑子（2016）「学習者から探求者へ── オランダ・マーストリヒト大学における PBL 教育 ──」『大阪大学高等教育研究』5、19-29 頁。
内田隆・鶴岡義彦（2014）「日本における STS 教育研究・実践の傾向と課題」『千葉大学教育学部研究紀要』第 62 巻、31-49 頁。
ヴィゴツキー , L. S.（土井捷三・神谷栄司訳）（2003）『「発達の最近接領域」の理論──教授・学習過程における子どもの発達』三学出版。
小川正賢（2013）「地域に根差した科学教育：世界の動向から考える」日本科学教育学会『研究会研究報告』vol.27、no.4（6 月号）、31-34 頁。
佐藤公治（1992）「発達と学習の社会的相互作用論(1)」『北海道大學教育學部紀要』、59、23-44 頁。
佐藤修（2011）「大学における PBL 実現の課題」『日本情報経営学会誌』32 (1)、3-8 頁。
杉江修治（1997）「日本の協同学習の理論的・実践的展開」『中京大学教養論叢』38、(4)、25-65 頁。
柞磨昭孝（1996）「理科教育における STS 教育に関する研究」『広島県立教育センター研究紀要』23、108-121 頁。
丹沢哲郎（2006）「アメリカにおける科学的リテラシー論の過去と現在」長崎栄三（研究代表者）『科学技術リテラシー構築のための調査研究　サブテーマ 1　科学技術リテラシーに関する基礎文献・先行研究に関する調査報告書』、1-9 頁。
鶴岡義彦(1979)「' Scientific Literacy'について―米国科学教育の動向に関する一考察」『筑波大学　教育学研究集録』2、159-168 頁。
西岡加名恵（2017）「日米におけるアクティブ・ラーニング論の成立と展開」『教育学研究』第 84 巻、第 3 号、25-33 頁。
橋本美保（2005）「及川平治『分団式動的教育法』の系譜──近代日本におけるアメリカ・ヘルバルト主義の需要と新教育」『教育学研究』第 72 巻、第 2 号、220-232 頁。
ピアジェ , J.（滝沢武久訳）（1972）『発生的認識論』白水社。
福嶋祐貴（2015）「R.E. スレイヴィンの協同学習論に関する検討 : 学校改革プログラム Success for All への発展に焦点を合わせて」『日本教育方法学会紀要』第 41 巻、13-23 頁。
──（2017）「K.A. ブラッフェによる協働学習の理論と実践──「文化再適応」としての協働学習と「ブルックリン・プラン」の検討──」『京都大学大学院教育学研究科紀要』第 63 号、285-297 頁。

Bruffee, K. A. (1993) Collaborative Learning: Higher Education, Interdependence, and the Authority of Knowledge. Baltimore, MD: The Johns Hopkins University Press.
Hmelo-Silver, C. E. et al. (eds.) (2013) The International Handbook of Collaborative

Learning, New York, NY: Routledge.

Johnson, D. W. & Johnson, R. T. (1974) Instructional Goal Structure: Cooperative, Competitive, or Individualistic. *Review of Educational Research*, No.44, pp.213-240.

Kridel, C. (ed.) (2010) Social Efficiency Tradition. In Encyclopedia of Curriculum Studies, 1, Thousand Oaks, CA: SAGE Publications, Inc.

レイヴ，J. & ウェンガー，E. （佐伯胖訳・福島真人解説）（1993）『状況に埋め込まれた学習：正統的周辺参加』産業図書。

Maastricht University, Problem-Based Learning, retrieved September 18, 2018, from: https://www.maastrichtuniversity.nl/education/why-um/problem-based-learning.

National Research Council (Singer, S. R. (eds.)) (2012) Discipline-Based Education Research: Understanding and Improving Learning in Undergraduate Science and Engineering, Washington, D. C. : National Academies Press.

第3章　対話的な学びに伴う「想起」の学習促進効果
　　　　——教育実践への応用に向けて

岩木信喜・髙橋功・田中紗枝子・山本奬

1．はじめに

　対話的な学びとは、子ども同士の協働や教師等との議論を手がかりに、自らの知識を定着させ、考えや理解を広げ深める学習を指す。学級や小集団での活動がイメージされることも多いが、その最小単位は一対一であり、隣席の児童・生徒間の話し合いや相互支援はこれまでもしばしば行われてきた。教師が主導する意図的な取り組みに加えて、考査前に問題を互いに出し合うなど自発的な取り組みが見られることも多い。あまりにも身近で単純な取り組みであるために、より大きなサイズでの対話的な学びへの過程にすぎない、あるいは学習のきっかけにすぎないように思われることもある。しかし、このよく知られた取り組みの過程では、学習を促進させる"想起"という重要な機能が働いている。本章は、対話的な学びにともなう"想起"がもたらす学習効果と、それが主体的な学びや深い学びを実現させる可能性について紹介しようとするものである。

2．想起の学習促進効果

　人間行動の複雑さを考えれば、自信をもって法則や原理といい得るような要因を指摘することは相当に困難であるが、学習における"想起"の影響力は例外の一つと考えてよいであろう。ある材料を学習した後で内容を（たとえばテストによって）想起すると、その情報はかなり時間が経過したあとでも想起されやすい（Karpicke & Roediger, 2008; Spitzer, 1939）。この現象の報告はAbbott（1909）の研究にまでさかのぼることができ、これまでに非常に多くの研究の蓄積がある（Karpicke et al., 2014; Roediger & Karpicke, 2006b）。アメリカで

は、強い証拠に裏打ちされた学習技術として実践ガイドにも掲載されている（Pashler et al., 2007）。

　想起された学習内容があとで想起されやすくなる現象は"テスト効果（testing effect）"と呼ばれることが多い（Roediger & Karpicke, 2006b）。学習内容の想起を促す典型的な手続きがテストであるためである。しかしながら、想起はテスト事態に限定されるわけではない。教師が児童・生徒に前回の授業を振り返らせようとするとき、仲間と討論をするとき、学んだことをまとめるときなど、意図的な想起を伴う学習状況は多様に存在する。また、この現象を引き起こす必須の要素は"retrieval（想起／検索）"である。これは記憶表象を復元する処理のことであるから、Karpickeら（2014）は"想起に基づく学習（retrieval-based learning）"がより的確な表現であるとしている。本章では、テストによる記憶想起がもたらす学習促進効果を指して"想起の学習促進効果"、あるいは、簡略に"想起効果"と表記する。

　学習した内容を想起すると、その情報はあとで想起されやすくなる。この点だけに注目すると、読者はいくつかの懸念を抱くかもしれない。暗記学習と何が異なるのか。単なる暗記法の一種であり、やはり時間が経てば忘れやすいだろうし、学習時とは異なる状況でその知識を応用すること（学習の転移）も難しいのではないのか。したがって、想起のような活動に時間を割く暇があるなら、むしろ情報を解釈し、文脈に位置づけ、他の情報との意味的な関連づけ（精緻化）に時間を使った方が建設的ではないのか。これらはもっともな指摘であるが、想起効果にはどれも当てはまらないのである。本章では、(a) テストによる想起がもたらす学習促進効果の主な特徴を説明し、(b) 学習者がペアになって行う相互テストの有効性について取組みの一例を手短に紹介する。そのあと、(c) 学習法としてのテストの実施上の留意点をいくつか解説し、最後に (d) 今後の課題を述べる。なお、本章では想起効果に関する解説文がないようなのでその現象面を中心に紹介したが、紙幅の関係でメカニズムに関する研究はほとんど割愛した。

3．想起効果の特徴：複合要因の分析

　想起効果は、大きく"直接効果"と"間接効果"に分類される。学習内容を想起するだけでその後に別の活動をしなくても現れる効果は直接効果と呼ばれる。想起された情報がのちに想起されやすくなる現象はいくつかある直接効果の一つである。他方、学習後の想起に続けてさらに再学習の機会が与えられると（学習→想起→再学習）、その再学習は再学習を繰返した場合（学習→<u>再学習→再学習</u>）よりも効果的になる。これは想起後に行われる再学習という別の活動において発現する効果なので、想起の間接効果と呼ばれる現象の一つである。通常の学習ではテストのあとで解答を確認する（想起以外の活動をする）ので、そこでは直接効果と間接効果の両効果が合成的に生じていることになる。

　まず、想起効果の特徴を述べる前に、想起効果を測定する典型的な実験手続きを確認しておく（図 3-1 を参照）。(a) 参加者にある材料を学習させ、(b) その一部を再学習させるか（再学習条件）、再学習の代わりに初期テストよって想起させる（想起条件）。そして、(c) 一定の保持期間（5 分、1 日、7 日、一月など）をおいてから、(d) 最終的にどれくらい記憶を想起できるか、つまりどれくらい学習が定着しているかを調べるための最終テストを実施する。大切なポイントは、学習材料の経験量（回数や時間）を両条件で等しくなるように統制する点にある。このような統制をすることで、最終テストの成績に違いがあれば、その差異の原因は学習材料を想起したかどうかにあると判断できるのである。ただし、次に紹介する研究例のように結果的に再学習条件の方が有利になる手続きの場合もある（それにもかかわらず想起条件における方がよい成績であることを示せばよい）。

⑴　想起した学習内容はあとで想起されやすくなる（直接効果）

　ここでは、Roediger & Karpicke（2006a）の実験 2 を紹介する。想起効果の基本現象なので、少し詳しく手続きを述べる。この実験では事実に関する 270 単語程度のテキスト（例：ラッコの生態）を材料として用いた。学習条件は 3

つ設定され、180名の参加者が60名ずつランダムに割り当てられた。どの条件の参加者も、はじめに5分間テキストを熟読（Study: S）し、平均的にはこの5分間に3回以上繰返して読むことができた。その後、参加者は条件（群）ごとに異なる処遇を受けた。3つの群というのは、白紙を渡されて手がかり情報なしに10分間の自由再生テスト（Test: T）を3回行った群（STTT）、再学習を2回してからテストを1回行った群（SSST）、および、再学習を3回行った群（SSSS）である。なお、テストでは反応に対して正誤（right/wrong）のフィードバックや正答フィードバックは与えられなかったので、参加者には想起後の再学習の機会はなかった。学習とテストの各活動の合間に2分間の挿入課題（掛け算問題）を実施した。また、最終テストには2条件（群）あり、各学習条件60名の内の30名は5分後に最終テストを受け、残りの30名は一週間後に最終テストを受けた。したがって、実験計画は3（学習条件：STTT、SSST、SSSS）×2（保持期間：5分、一週間）の参加者間計画である。次の点に注意していただきたい。初期テストの正想起率は7割程度であったので、想起条件においては学習材料全体の7割程度しか再経験できなかった。他方、再学習条件においては全ての情報が再経験されている。つまり、経験量という観点で見れば、結果的に想起条件よりも再学習条件の方が有利であった。

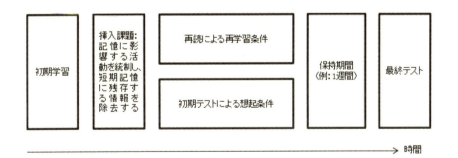

図 3-1　手続きの概要

さて、図3-2はその結果である。左側の3つの棒グラフは5分後の最終テストの成績である。成績は、SSSS > SSST > STTTとなっており、再学習の量が多いほど成績がよいことがわかる。これは、上述の通り、再学習条件の方が想起条件よりも経験量が多いことが効いていると考えられている。他方、右側の棒グラフは一週間後の成績である。傾向がきれいに逆転しており、テスト（想起）回数が多い方が成績は良い（SSSS < SSST < STTT）。5分後の最終テストの成績を基準にして一週間後にどれくらい忘却が生じたかを見ると、忘却率は再学習を繰返したSSSS条件では52％であるが、それはテストが多いほど低下し、SSST条件では28％、STTT条件では14％であった。このように、テストによる想起は忘却を緩やかにし、のちの想起の可能性を再学習条件よりも高めるのである。

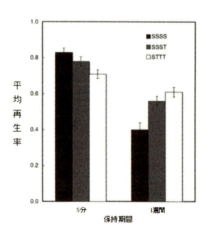

図3-2　学習セッションの5分後、および、1週間後の最終テストの平均再生率
注）エラーバーは1標準誤差を示す。Roediger & Karpicke（2006a）の実験2から転載した。

ここで、想起という行為について一つ注意すべき点を述べておく。情報の"生成"が記憶の定着にプラスに働くことはすでに知られていて、教育心理学においては学習方略として推奨されている。いわゆる生成効果（generation effect）である（Slamecka & Graf, 1978）。しかし、最近の認知心理学研究では、

課題の達成に必要な情報を意図的に検索することと、何らかの手がかりから情報を生成すること（たとえば、単純な連想）との間には、重要な差異があることが明らかにされている。Karpicke & Zaromb（2010）の実験では3条件（群）が設けられ、異なる参加者が割り当てられた。どの条件でも第1フェーズにおいて40の単語対のターゲットだけ（例：love）を2秒ずつ呈示して参加者に観察させた（記憶するようには教示しない偶発学習事態）。5分の挿入課題ののち、第2フェーズにおいて条件ごとの処遇が行われた。読み条件では、各単語対（heart—love）が4秒間呈示され、黙読するように教示された（再度、偶発学習）。生成条件と想起条件では、手がかり語と一部欠損のあるターゲット語（heart—l_v_）が呈示された。両条件の違いは教示だけであり、生成条件では心にはじめに浮かんだターゲット語をキーボードで入力するように教示され、想起条件では第1フェーズで見た単語を想起して入力するように教示された。このように、生成条件でも想起はしているものの連想語の生成としての想起である。他方、想起条件の方は以前の経験に関するエピソード記憶からの情報の意図的検索である。この第2フェーズにおける生成条件と想起条件の正答率（ターゲットと反応が一致した試行の割合）に差はなかった。つまり、実験的処遇を行った時点では両条件の成績は揃っていたということである。そして、挿入課題を5分したのち、ターゲットを自由再生させる最終テストが実施された。最終テストの成績は、読み条件≒生成条件＜想起条件であった。Karpicke & Zarombは、学習したときのエピソード記憶（学習の文脈）から適切な情報を意図的に検索することが想起効果を発現させる重要なポイントとしている。

(2) 想起は学習の転移を促進する（直接効果）

　これは、想起効果に関する重大な懸念に対する回答である。テストによる想起は結局、柔軟性を欠く知識を単純な暗記によって獲得させるに過ぎず、そのような知識は学習状況とは異なる状況には応用できないだろう、つまり、重要な教育目標の一つである学習の転移を達成できないだろうというもっともな懸念である。しかし、この判断は誤りである。学習状況に似た状

況への近転移については、様々な学習材料で繰返し確認されている（Carpenter 2012）。また、学習時のテストが穴埋め形式で最終テストが選択肢からの択一式（多肢選択テスト）というようにテスト様式が変更されても想起効果は現れる（Kang et al., 2007）。

　他方、学習内容とは大幅に異なる領域への遠転移こそ、学習したことを後の生活で活用するという意味では教育に求められる最も重要な目標の一つである（Barnett & Ceci, 2002）。これを実験的に再現することはかなり難しいが、テストによる想起の繰返し条件が再学習の繰返し条件と比べて遠転移を促進することを示す事実がある。ここでは、Butler（2010）の実験3を紹介する。彼の実験では、参加者は事実に関する1000語程度の比較的長い文章を読んで学習した（たとえば、コウモリの飛行技術や呼吸器官の仕組みなど）。その後、ある文章については読みによる再学習を3回繰返し、別の文章についてはテストを3回繰返して受けた。テストにおいては、1問ごとに正答フィードバックも与えられた。この学習フェーズの一週間後、学習した知識を異なる領域に転移させる必要のある遠転移テストが最終テストとして実施された。たとえば、コウモリのエコロケーションに関する知識を潜水艦のソナーの理解に応用するような問題であるとか、コウモリと鳥の羽の構造的差異に関する知識をコウモリの羽をモデルにした軍事用エアクラフトと従来型エアクラフト（ジェット戦闘機）の翼の差異の理解に応用するような問題である。これらの推論課題は異領域の知識の活用を求める遠転移課題である。最終テストの平均正答率は想起条件（68%）の方が再学習条件（44%）よりも有意に高く、効果量も十分に大きかった（Cohen's d = 0.99）。つまり、想起によって遠転移が促進されることが示された。Butlerは、記憶の想起がより大きな転移を生む重要なメカニズムと考えている。

　もう一つ研究例を見ておく。学習材料の概念的関連づけ（精緻化）をもたらすために教育現場で使用される手続きの一つに概念地図法（concept mapping）がある。テキストに記載されている諸概念を文脈に沿って関連づけながら紙にまとめる方法であり、まさに精緻化を促す方法である。この方法とテストによる想起とを比較した研究にKarpicke & Blunt（2011a）がある。結

果は明瞭であり、想起条件の方が概念地図法による再学習条件よりも学習した情報そのものに関する最終テストの成績が優れていた。もちろん、学習材料の経験量（時間）は統制されていた。さらに重要なことであるが、想起条件の優位性は、最終テストとして異領域への遠転移を求める推理課題を用いても再現され、加えて、最終テストとして概念地図法を用いても、つまり、概念地図法条件に有利な状況を作っても再現されたのである。これらの結果は、学習内容を精緻化させる一般的な教育法としての概念地図法以上に、テストによる想起が遠転移をもたらすことを示している。

　以上のように、テストによる想起は学習の転移には寄与しない暗記の手段ではないのかという懸念は杞憂であることがわかっていただけたかと思う。また、情報を符号化する際に関連づけをさせる精緻化方略の方がテスト（想起）よりも学習法として優れているという見方についても再考が必要であろう（Karpicke & Blunt, 2011b）。後述の項目（Brewer & Unsworth, 2012）で見るように、学習方略としての精緻化とテストを二者択一で捉えるのではなく、それらの両方を用いた方がよい。

(3) 想起はその後の再学習の効率を高める（間接効果）

　想起がもたらす再学習の促進現象（test-potentiated learning）は、日本人のIzawa（1968, 1970）が初めて組織的に調べたものである。テストによる想起回数が多いほど（たとえば、1回より3回の方が）直後の再学習は効果的になる（Karpicke & Roediger, 2007）。この学習促進効果は上に紹介した直接効果とは厳密に区別され、想起内容の正誤に関わらず再学習の効率を改善する一種の間接効果である。想起後に正答フィードバックを与えれば（答え合わせをすれば）、その学習はその前に記憶を想起したことによって促進されるのである。この場合は、直接効果と間接効果（再学習の促進）の合成効果が観察されることになる。

　しかしながら、テストで誤答したケースについて懸念を抱く読者もいるかもしれない。心理学で知られる現象の一つに"順行抑制"というものがあり、これは先行学習が後続学習の保持を妨げることである（Underwood, 1957）。学

習者は手がかりとしての問題文と正答との関連づけが求められるが、誤答をすることによってこれが先に問題文と関連づけられる結果、そのあとで呈示される正答の学習が阻害されるのではないのかという解釈であり、もっともな懸念である。しかし、このネガティブ効果は記憶障害を伴う患者では確かに現実的な問題であるが（Clare & Jones, 2008）、健康な人（多くの研究では大学生）については杞憂であり、むしろ誤答の生成はその後の学習を頑健に促進することがわかっている（Kornell et al., 2009; Kornell & Vaughn, 2016; Tanaka et al., 2019）。最近では、誤答の記憶が正情報の保持に促進的に寄与することを示すデータも報告されている（Butler et al., 2011; Iwaki et al., 2017）。

⑷　想起した情報に関連する情報はのちに想起されやすくなる（直接効果）

　これは、検索誘導性促進（retrieval-induced facilitation）と呼ばれる現象である（Chan et al., 2006）。学習材料の全てをテストすることは事実上不可能であるため、この現象は学習材料を全てテストしなければならないのかという問いへの否定的な回答にもなる。実験では、学習時に情報を関連づけるように作業させたあとでさらに再学習させるか、初期テストにおいてその一部の情報を想起させる。そうすると、1日以上遅延させた最終テストにおいて、初期テストで想起した情報と関連はするがテストはされなかった項目の想起も、再学習条件との比較で促進される（Chan, 2009, 2010）。この促進効果は、教育現場における協同学習事態でも確認されている（Cranney et al., 2009）。情報の関連づけ（いわゆる精緻化）が行われていれば、その一部を想起するだけで情報は全体的にあとで想起されやすくなるのである。このように、学習方略としての精緻化と想起は併せて用いた方がよい。

　現象面に関する想起効果の主な特徴は以上の通りであり、想起効果は多様な効果の合成によって成り立っていることがわかる（他にもいくつかある間接効果については Roediger ら（2011）を参照）。また、それらの効果は頑健である。アメリカでは CAI 教材を作成して想起効果の現場応用にチャレンジしている研究もすでに認められる（Grimaldi & Karpicke, 2014）。しかし、CAI 教材を利

用する場合は、当然のことながら、そのような教材を作成しなければならない。これは教師にとっては無視できない負担になり得る。その意味では、紙と鉛筆を使うテストの作成や利用は比較的容易であり、そういった心配があまりない。教師はいくつかの重要な概念について紙媒体の小テストを短時間で作成できるし、学習者は自分にとって無理のないレベルの既成の問題集を利用することもできる。教科書を使うのならば、暗記用のマーカーとシートを使うと便利である。たとえば、緑のマーカーで大切な語句を塗りつぶし、赤の半透明シートをのせればマークした部分が見えなくなる。これを使えば、その日の復習のために教科書を使った自己テストをすることは容易であり、コストも小さい。また、できることなら、教室において教師の負担を実質的に増やさずに容易に行なえ、児童・生徒の動機づけを維持できるような手続きがあれば有望である。次にこの課題を扱った一つの取り組みを紹介する。

4. 仲間との相互テストの有効性：予備的検討

　二人の学習者が組んで行う相互テストは、互恵的な利益を生むのではないだろうか。問答によって想起効果を互恵的に生み出す利点は大きい。ペアを組んで問答をするだけならば、机から教科書を出して自由に問題を出し合えばよいので、教師の負担は実質的に増えない（もちろん、時間の確保は必要である）。学習者にとっても、仲間との情報のやり取りが活動への動機づけを維持することや、むしろ高めることにつながる可能性もある（これ自体が重要な研究テーマである）。この相互テスト事態で正情報を想起した（回答した）場合には、想起した本人に想起効果が生じるほかに特に問題はないであろう。誤情報が想起された場合でも、矯正（正答）フィードバックが与えられれば、想起した本人には間接的な学習促進効果が期待できる。しかし、相互テスト事態には次のような懸念もある。回答者が想起した情報は仲間との間で共有されるため、その誤答は問題呈示者にとっては"外部から与えられた誤情報"である。この種の誤情報がその聴取者の学習を棄損する可能性が最近の研究（Metcalfe & Xu, 2018）で報告されているのである。

Metcalfe & Xu（2018）の実験では、一般知識問題がインターネット回線を利用して3名の回答者それぞれに音声呈示された。そのうち1名が問題呈示前に回答者に指名され、音声で回答した（自己回答条件）。その他2名は回答の必要のないことが問題呈示前にわかっており、回答者の回答を聴取した（他者回答条件）。その後、実験者が音声で正答を3名に同時にフィードバックした。また、統制条件として、実験者が問題と正答を読み上げるのを聴くだけの単純聴取条件が設けられた（以上は実験条件の一部である）。ここで注目すべき結果は、実験1において他者の回答を聴く条件（他者回答条件）の最終テスト正答率が統制条件よりも低かったことである。このマイナス効果はその後の2つの追試実験では再現されなかったので再現性が高いとはいえないが、他者の誤答の知覚によって正答フィードバックの学習が棄損される可能性は現実的である。ただし、Metcalfe & Xu の実験では、実験者が問題を呈示したため、どの参加者にとっても正答は"未確定"または"未知"であった。他方、相互テスト事態では、問題呈示者にとって正答は"既知"である。後者の場合に他者の誤答がその知覚者である問題呈示者の学習を棄損するのかどうかは不明である。

そこで、この問題を扱うため、岩木ら（2018）は次のような実験を行った。目的は、(a) 2者の相互テストをシミュレートした事態における想起効果の有無、および、(b) 他者エラーをシミュレートした誤情報のネガティブ効果の有無、以上2点を確認することである。学習材料には心理学のテキストを用い、平均73字で構成される問題を48問作成した（例：学習者がある領域における経験を長期的に重ねることによって知識や方略を身に付け、その領域で優れた遂行成績を示すようになることを「熟達化」という。括弧内はターゲット）。実験は個別に行ない、大学生の参加者（24名）はまず、正答を含むテキストを自己ペースで2回通し読みをする学習セッションを受けた。その後、どの参加者も4種類の実験的処遇を受けた(1要因4水準の参加者内計画：読み条件・想起条件・問題呈示者で正回答を受信する条件・問題呈示者で誤回答を受信する条件)。読み条件では、正答を適切な個所に含むテキストを1つずつモニターに呈示し、参加者に音読させた。読み終えたら正答をテキストの下に5秒間呈示して音読

させた。想起条件では、参加者は正答が隠されたテキスト（ただし、頭文字がヒントとして表示された文）を音読し、ブランク部分の専門用語を回答用紙に筆記した。筆記後、テキストの下に正答を5秒間呈示し、参加者に音読させた。問題呈示者条件では、別室に待機する別の参加者にマイクを使ってテキストを音声呈示するように教示した（実際には別室に参加者はいなかった）。テキストには正答が記載されていたが、その部分は黙読させた。したがって、正答は既知である。テキストを読み終えると、ある程度の時間をおいて他者から与えられることを想定した回答（正答か誤答）が5秒間呈示され、（想定された）回答者に対する確認のために音読させた。続いて正答が5秒間呈示され、これも回答者に伝えるために、回答が正答の場合は"正答です"と言い、誤答の場合は正答を音読させた。読み条件、想起条件、問題呈示者条件（正回答と誤回答試行込み）の実施順序は参加者間でカウンターバランスした。一週間後、学習時と同一の問題で最終テスト（正答を欠いたテキストを手がかりとして回答する再生課題）を実施した。

　最終テストの平均正答率は、想起条件（48%）＞読み条件（33%）≒問題呈示者／正回答条件（30%）≒問題呈示者／誤回答条件（32%）であった（図3-3参照）。想起条件ではテストを一度行っただけであるが、読み条件と比較すると成績が1.45倍となり、大きな効果量が認められた（$d_D = 0.83$）。最も重要な論点は、問題呈示者が外部から誤情報を伝達された場合にその学習が棄損されるかどうかである。問題呈示者／誤回答条件を読み条件（$d_D = 0.03$）や問題呈示者／正回答条件（$d_D = 0.13$）と比較したときの効果量は非常に小さく、実質的な差異は認められなかった。したがって、(a) 相互テストをシミュレートした事態において明瞭な想起効果が確認され、さらに、(b) 問題呈示者にとって正答が"既知"の場合、問題呈示者の学習が外部から与えられた誤情報によって棄損されることはなかった。ただし、実験状況をもっと現実的な相互テスト場面に近づけたうえで、結果の再現性を確認する必要がある。

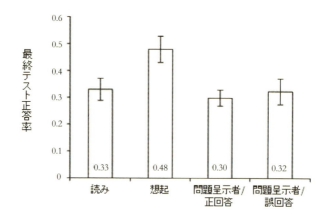

図3-3 1週間後の最終テストにおける各条件の平均正答率
注）エラーバーは1標準誤差を示す。

5．学習法としてのテストに関する実施上の留意点

(1) テストにおける誤情報の学習（副作用）とその予防策

　一部のテストで生じ得る副作用とそれへの対策について述べる。真偽判断テストや多肢選択テストには、正しいと思われるようで実は誤っている文や選択肢が含まれている。学習者はこれらを見てじっくりと考えることになるので、この種の誤情報が学習される懸念があり（Remmers & Remmers, 1926）、この副作用は確かに現実的な問題である。しかし、このネガティブ効果には簡易かつ有効な予防策がある。それは、反応（回答）に対して正答フィードバックを与えることである（Butler & Roediger, 2008）。テスト後の正答フィードバックは誤情報を正しいと思い込んで学習することを防ぐ効力をもつのである（Butler & Roediger, 2008; Pashler et al., 2005）。

(2) テストのタイミングと回数

　テストのタイミングとしては学習後速やかである方が有効である。テキストのような意味の豊富な材料の場合でも、忘却は一週間以内に大幅に進行す

る（Spitzer, 1939）。想起の直接効果の基本現象（本章2の項目（1））は正しく想起した内容の定着によるものであることから、忘却が起こる前にテストをすると想起率が高まるために直接効果が相対的に大きく生じるのである（実証データとしては、Spitzer（1939）を参照）。

テストの回数については、最適回数は不明であるが、基本的には繰返した方がよい。Bangert-Drowns ら（1991）のメタ分析によれば、1回目のテストで比較的大きな効果が発生し、2回目以降はそれよりも小さな効果量が加算されることが示されている。また、学習者は方略としてテストで正答した材料をその後のテストから外し、正答できなかった材料に的を絞ってテストを継続するかもしれない（正答できた材料は既習と判断されるためである）。しかし、テストの有効活用という観点からみれば、これは利幅の薄い方略である。Karpicke & Roediger（2008）が示したように、正答した材料も含めてテストを繰り返すと大きな効果が発生する。

(3) 正答フィードバック（答え合わせ）のタイミング

本章の2の項目（3）のところで、想起のあとの再学習の効果は促進されることを説明した。この間接効果は、典型的にはテスト後の答え合わせで生じる。では、答え合わせはテストの直後がよいかというと、これについては意見が分かれている。正答フィードバックを与えるタイミングを遅延させるとタイムラグがない場合に比べてその定着が促進される現象がある（delay-retention effect）（Butler et al., 2007; Kulhavy & Anderson, 1972）。実験における正答フィードバックの遅延期間は数秒から一週間以上とかなり幅があるが（Kulik & Kulik, 1988）、この現象はよく統制された実験室実験では頑健に現れる。しかし、学習者の注意の集中などを統制しにくい教育現場ではむしろ正答フィードバックをテスト直後に与えた方がよいとする主張もある（Hattie & Timperley, 2007; Kulik & Kulik, 1988）。今のところ、教育現場でどちらを採用した方がよいのかは判然としないが、回答からの時間間隔の短い正答フィードバックについては想起の間接効果が生じるので、無理に遅延させなくてもよいように思われる。

⑷ 回答の形式：外的反応 vs. 内的反応

　本章で紹介した実験はどれも参加者に筆記などの客観的に確認できる反応を求めていた。では、頭の中で想起しただけで外的には反応を示さない、その意味で内的反応と呼べる回答形式でも想起効果は現れるのだろうか。答えは Yes である。内的反応は外的反応よりも効果量がやや小さくなるが、読むだけの統制条件と比べると一貫して最終テストの成績は上昇する（Putnam & Roediger1, 2013; Sundqvist et al., 2017）。

⑸ 学習法としてのテストの指導

　本章の 2 の項目 ⑴ で紹介した Roediger & Karpicke（2006a）の実験では、学習フェーズのあとに、一週間後の最終テストの成績を 7 段階尺度で参加者に予測させていた。その結果、再学習の回数が多い条件ほど一週間後の成績はより高く予測された（SSSS > SSST > STTT）。しかし、実際の最終テストの成績は完全に逆である（SSSS < SSST < STTT）。したがって、再学習を繰り返すとのちの想起可能性に関する確信度が過剰に高まると考えられるが、それだけではなく、テストが学習に寄与するという発想になりにくいという事情もあったはずである。実際、自己テストを学習方略（記憶保持やメタ認知を促進する手続き）として理解している学習者は少なく、Kornell & Bjork（2007）の調査では学生の 18%、Karpicke ら（2009）の調査では 11% に過ぎなかった。これらの調査結果は、テストを学習法として学習者に利用させる場合、その有効性を事前に理解させ、実践方法を教育する必要性があることを示唆している（この教育手続きは重要な研究テーマである）。

6．まとめと今後の課題

　想起の学習促進効果は効果量が大きく、かつ、頑健である。テストによる想起は学習の遠転移を促進し、想起後の再学習の効率を高める。全ての学習材料を想起する必要はなく、情報を関連づけて学習したあとならば、その一部を想起するだけで全体的に想起しやすくなる。また、アクティブ・ラーニ

ングや自己調整学習に求められる自らの学習達成度に関するメタ認知もテストによって改善される（一種の間接効果）(Roediger et al., 2011)。いくつかこれまでに指摘されている副作用については対処方法がすでに明らかにされており、それらを強く問題視する積極的な理由は現在のところ見当たらない。

　想起を利用する学習の最大の魅力は、学習後にできるだけ時間をおかずに想起しようと努力し、あわせて正答を確認すればよいのであり、特に複雑な手続きは要求されない点にある。家庭でも親子やきょうだいの間で実践できる。親が教科書を見ながら子どもに質問をし、回答に対して正答をフィードバックすれば合成効果が期待できる。ただし、小学生のような対象の場合は、回答に際してヒントを与える手続き（guided retrieval）が想起効果の発現に有効であるという報告もある（Karpicke et al., 2014）。このような多少の工夫をすれば、幅広い年齢層の多くの子どもたちが想起効果を享受できる可能性が拓かれている。ただし、多くの学習者は想起効果に関する知識をもたず、むしろ学習方略としては再学習を選ぶ傾向があるので、指導法の検討も必要である。

　さて、今後の課題として重要と考えられることを述べておきたい。一つは、想起効果の境界条件としての個人差である。当然のことながら、想起効果が発現しにくい個人が存在するかもしれないということである。もしそうならば、想起効果の応用に際してどのような属性（すなわち、境界条件）が想起効果に影響するのかについて情報を得ておいた方がよい。考え得るものの一つに、学習達成度の強力な規定因として知られるワーキングメモリ容量という個人属性がある（解説書としては、Gathercole & Alloway, 2008 湯澤・湯澤訳 2009; 湯澤・湯澤 2014）。このワーキングメモリ容量と想起効果の個人差との関連は、想起効果の応用を見据えれば非常に重要な情報であるが、現在のところまだよくわかっていない。しかし、すでに検討は始まっており、Brewer & Unsworth (2012) が無相関（$r = -0.12, N = 107$）という結果を報告している。つまり、ワーキングメモリ容量とは関係なく想起効果が生じると解釈できる結果である。ただし、彼らの実験では想起の合成効果を測定しているため、正答フィードバックを与えない場合の直接効果単独の大きさとワーキングメモリ容量との

関連の有無は現在のところ不明である。想起効果がワーキングメモリ容量と関係なく生じるのであれば、容量の小さな個人への有効な介入方法となりうる。さらに、読字障害などの疾患をもつ個人や高齢者への介入法になるかもしれない。最後にもう一つ重要な課題を指摘しておくなら、想起効果の神経基盤がほぼ未解明である点を挙げておいてよいであろう。

すでに触れたように、アメリカではすでにテストによる想起を利用するCAI教材の開発が進められており、今後、日本でも同様の取り組みがなされることが期待される。想起効果の境界条件の解明が進むにつれ、より一層の安全かつ効果的な活用が可能となるはずである。今後の応用研究には多様な成果を期待できるであろう。

7. おわりに

「主体的・対話的で深い学び」の視点に立った授業改善を行うに際して、中央教育審議会による、授業の「工夫や改善の意義について十分に理解されないと、たとえば、学習活動を子どもの自主性のみに委ね、学習成果につながらない『活動あって学びなし』と批判される授業に陥」ってしまうとの指摘（中央審議会、2017）は重要なものである。活動することは手段であって目的ではない。そして、授業改善のためには、有効性の検証、すなわち、学習成果の実証を欠かすことはできない。これによってはじめて優れた学習技術と認められるからである。本章では、テストによる想起効果の有効性と意義について、根拠となる研究成果を付して紹介した。同様に、これからの教師には、授業改善の効果について根拠をもって発信する能力も求められていると言ってよいであろう。

参考文献

岩木信喜・鈴森玲香・冨澤美月・菊池章・髙橋功・田中紗枝子・山本奬（2018）「回答者の誤答は問題呈示者の学習を阻害するか？」『日本認知心理学会第16回大会発表論文集』、147頁。

中央教育審議会（2017）『「幼稚園、小学校、中学校、高等学校及び特別支援学校の学習指導要領等の改善及び必要な方策等について（答申）』。

湯澤正通・湯澤美紀（編著）（2014）『ワーキングメモリと教育』北大路書房。

Abbott, E. E. (1909) On the analysis of the factors of recall in the learning process. *Psychological Monographs*, 11, pp.159-177.

Bangert-Drowns, R. L., Kulik, J. A., & Kulik, C. L. C. (1991) Effects of frequent classroom testing. *Journal of Educational Research*, 85, pp.89-99.

Barnett, S. M., & Ceci, S. J. (2002) When and where do we apply what we learn? A taxonomy for far transfer. *Psychological Bulletin*, 128, pp.612-637.

Brewer, G. A., & Unsworth, N. (2012) Individual differences in the effects of retrieval from long-term memory. *Journal of Memory and Language*, 66, pp.407-415.

Butler, A. C. (2010) Repeated testing produces superior transfer of learning relative to repeated studying. *Journal of Experimental Psychology: Learning, Memory, and Cognition*, 36, pp.1118-1133.

Butler, A.C., Fazio, L.K., & Marsh, E.J. (2011) The hypercorrection effect persists over a week, but high-confidence errors return. *Psychonomic Bulletin & Review*, 18, pp.1238-1244.

Butler, A.C., Karpicke, J.D., & Roediger, H. L. (2007) The effect and timing of feedback on learning from multiple-choice tests. *Journal of Experimental Psychology: Applied*, 13, pp.273-281.

Butler, A. C., & Roediger, H. L. (2008) Feedback enhances the positive effects and reduces the negative effects of multiple-choice testing. *Memory & Cognition*, 36, pp.604-616.

Carpenter, S. K. (2012) Testing enhances the transfer of learning. *Current Directions in Psychological Science*, 21, pp.279-283.

Chan, J. C. K. (2009) When does retrieval induce forgetting and when does it induce facilitation? Implications for retrieval inhibition, testing effect, and text processing. *Journal of Memory and Language*, 61, pp.153-170.

Chan, J. C. K. (2010) Long-term effects of testing on the recall of nontested materials. *Memory*, 18, pp.49-57.

Chan, J. C. K., McDermott, K. B., & Roediger, H. L. (2006) Retrieval-induced facilitation: Initially nontested material can benefit from prior testing of related material. *Journal of Experimental Psychology: General*, 135, pp.553-571.

Clare, L., & Jones, R. S. P. (2008) Errorless learning in the rehabilitation of memory impairment: A critical review. *Neuropsychology Review*, 18, pp.1-23.

Cranney, J., Ahn, M., McKinnon, R., Morris, S., & Watts, K. (2009) The testing effect, collaborative learning, and retrieval-induced facilitation in a classroom setting. *European*

Journal of Cognitive Psychology, 21, pp.919-940.

Gathercole, S. E., & Alloway, T. P.（2008）Working memory and learning: A practical guide for teachers. London: Sage Publications.（ギャザコール , S. E.・アロウェイ , T. P. 湯澤正通・湯澤美紀（訳）（2009）『ワーキングメモリと学習指導』北大路書房。）

Grimaldi, P. J., & Karpicke, J. D.（2014）Guided retrieval practice of educational materials using automated scoring. *Journal of Educational Psychology*, 106, pp.58-68.

Hattie, J., & Timperley, H.（2007）The power of feedback. *Review of Educational Research*, 77, pp.81-112.

Iwaki, N., Nara, T., & Tanaka, S.（2017）Does delayed corrective feedback enhance acquisition of correct information? *Acta Psychologica*, 181, pp.75-81.

Izawa, C.（1968）Function of test trials in paired-associate learning. *Journal of Experimental Psychology*, 75, pp.194-209.

Izawa, C.（1970）Optimal potentiating effects and forgetting-prevention effects of tests in paired-associate learning. *Journal of Experimental Psychology*, 83, pp.340-344.

Kang, S. H. K., McDermott, K. B., Roediger, H. L., Ⅲ.（2007）Test format and corrective feedback modify the effect of testing on long-term retention. *European Journal of Cognitive Psychology*, 19, pp.528-558.

Karpicke, J. D., & Blunt, J. R.（2011a）Retrieval practice produces more learning than elaborative studying with concept mapping. *Science*, 331, pp.772-775.

Karpicke, J. D., & Blunt, J. R.（2011b）Response to comment on "Retrieval practice produces more learning than elaborative studying with concept mapping." *Science*, 334, p453.

Karpicke, J. D., Blunt, J. R., Smith, M. A., & Karpicke, S. S.（2014）Retrieval-based learning: The need for guided retrieval in elementary school children. *Journal of Applied Research in Memory and Cognition*, 3, pp.198-206.

Karpicke, J. D., Butler, A. C., & Roediger, H. L.（2009）Metacognitive strategies in student learning: Do students practice retrieval when they study on their own? *Memory*, 17, pp.471-479.

Karpicke, J. D., Lehman, M., & Aue, W. R.（2014）. Retrieval-based learning: An episodic context account. *Psychology of Learning and Motivation*, 61, pp.237-284.

Karpicke, J.D., & Roediger, H. L.（2007）Repeated retrieval during learning is the key to long-term retention. *Journal of Memory and Language*, 57, pp.151-162.

Karpicke, J. D., & Roediger, H. L.（2008）. The critical importance of retrieval for learning. *Science*, 319, pp.966-968.

Karpicke, J. D., & Zaromb, F. M.（2010）Retrieval mode distinguishes the testing effect from the generation effect. *Journal of Memory and Language*, 62, pp.227-239.

Kornell, N., & Bjork, R. A.（2007）The promise and perils of self-regulated study. *Psychonomic Bulletin and Review*, 14, pp.219-224.

Kornell, N., Hays, M. J., & Bjork, R. A.（2009）Unsuccessful retrieval attempts enhance subsequent learning. *Journal of Experimental Psychology: Learning, Memory, and Cognition*, 35, pp.989-998.

Kornell, N., & Vaughn, K. E. (2016) How retrieval attempts affect learning: A review and synthesis. *Psychology of Learning and Motivation*, 65, pp.183-215.

Kulhavy, R. W., & Anderson, R. C. (1972) Delay-retention effect with multiple-choice tests. *Journal of Educational Psychology*, 63, pp.505-512.

Kulik, J. A., & Kulik, C. C. (1988) Timing of feedback and verbal learning. *Review of Educational Research*, 58, pp.79-97.

Metcalfe, J. & Xu, J. (2018) Learning from one's own errors and those of others. *Psychonomic Bulletin & Review*, 25, pp.402-408.

Pashler, H., Bain, P., Bottge, B., Graesser, A., Koedinger, K., McDaniel, M., & Metcalfe, J. (2007) Organizing instruction and study to improve student learning (NCER 2007-2004), Washington, DC: National Center for Education Research, Institute of Education Sciences, U.S. Department of Education. Available from http://ncer.ed.gov

Pashler, H., Cepeda, N. J., Wixted, J. T., & Rohrer, D. (2005) When does feedback facilitate learning of words? *Journal of Experimental Psychology: Learning, Memory, and Cognition*, 31, pp.3-8.

Putnam, A. L., & Roediger, H. L., Ⅲ. (2013) Does response mode affect amount recalled or the magnitude of the testing effect? *Memory & Cognition*, 41, pp.36-48.

Remmers, H. H., & Remmers, E. M. (1926) The negative suggestion effect on true–false examination questions. *Journal of Educational Psychology*, 17, pp.52-56.

Roediger, H. L., & Karpicke, J. D. (2006a) Test enhanced learning: Taking memory tests improves long-term retention. *Psychological Science*, 17, pp.249-255.

Roediger, H. L., & Karpicke, J. D. (2006b) The power of testing memory: Basic research and implications for educational practice. *Perspectives on Psychological Science*, 1, pp.181-210.

Roediger, H. L., Putnam, A. L., & Smith, M. A. (2011) Ten benefits of testing and their applications to educational practice. *Psychology of learning and motivation*, 55, pp.1-36.

Slamecka, N. J., & Graf, P. (1978) The generation effect: Delineation of a phenomenon. *Journal of Experimental Psychology: Human Learning and Memory*, 4, pp.592-604.

Spitzer, H.F. (1939) Studies in retention. *Journal of Educational Psychology*, 30, pp.641-656.

Sundqvist, M. L., Mäntylä, T., & Jönsson, F. U. (2017) Assessing boundary conditions of the testing effect: On the relative efficacy of covert vs. overt retrieval. *Frontiers in Psychology*, 8, 1018.

Tanaka, S., Miyatani, M., & Iwaki, N. (2019) Response format, not semantic activation, influences the failed retrieval effect. *Frontiers in Psychology*, 10, 599.

Underwood, B. J. (1957) Interference and forgetting. *Psychological Review*, 64, pp.49-60.

第2部　各論編：「深い学び」による授業実践と
　　　　その教育効果の検討

第4章　新しい教育課題における「深い学び」の視点に立った授業実践とその教育効果
——プログラミング教育を事例として

宮川　洋一

1．はじめに

　本章では、2020年度より完全実施される小学校の教育課程において必修となる、いわゆるプログラミング教育について、小学校の既存教科・領域とも関連させつつ新しい時代の学校教育に必要となる題材（単元）を開発して授業実践し、本書のテーマである「主体的・対話的で深い学び」に着目した教育効果を検証する。

　内閣府（2018）は、これからの社会をSociety 5.0「一人一人が希望をもち、世代を超えて互いに尊重し合い、快適で活躍できる社会」と位置付け、具体的には、「IoTで全ての人とモノがつながり、新しい価値が生まれる社会」、「AIにより、必要な情報が必要なときに提供される社会」、「ロボットや自動走行車などの技術で人の可能性がひろがる社会」、「イノベーションにより、様々なニーズに対応できる社会」としている。このような社会に主体的に対応できる国民の育成という観点から、文部科学省（2018a）は、初等中等教育において情報教育(特にプログラミング教育)や統計教育の充実を示している。また、同省・Society5.0に向けた人材育成に係る大臣懇談会（2018）の「Society 5.0に向けたリーディングプロジェクト」では、特に高大接続における文理分断からの脱却を掲げており、これからの教育において、「基礎的なプログラミング」は、確率・統計と合わせて様々な学問分野において必要になるものであると基盤的な位置付けをしている。

　民俗学・比較文明論を専門とする梅棹は、著書「知的生産の技術」（1969）で「社会が、いままでのように人間だけでなりたっているものではなくなって、人間と機械が密接にむすびあった体系という意味」において、「プログラムのかきかたなどが、個人としてのもっとも基本的な技能となる日が、意

外にはやくくるのではないかとかんがえている」と述べている。梅棹がいう「プログラムのかきかた」とは、単なるプログラミング言語の文法やコーディングの技能そのものを指しているのではなく、「人間と機械が密接にむすびあった体系」という文脈で述べている点に留意する必要がある。この考え方に基づけば、大臣懇談会がいう「基礎的なプログラミング」を、様々な学問分野の基盤という機能的側面としての学習対象と狭く捉えるだけでなく、人・AI・IoT・ロボット・自動走行やイノベーションというキーワードで説明される Society 5.0 という社会体系において、生活を営むすべての国民にとって必要となる教養教育としての学習対象とする広い捉え方が必要であると考える。

　一方、義務教育にて取り上げる教育内容と水準は、時代に応じつつも必要となる普遍的なもの、児童生徒の発達に即したものでなければならないことは論じるまでもない。また、いわゆるプログラミング教育が、地域社会等が実施する「プログラミング教室」とは異なり、学校教育の教育課程において全児童生徒に実施されるものであるとすれば、既存教科・領域と同等の理念をもち、学びの質保証が担保される必要がある。

　以上を踏まえ、本章ではプログラミングを Society 5.0 という社会体系において必要となる普遍的な学習対象の一つと位置付け、小学校の既存教科・領域と関連させつつも、独立した題材（単元）を開発する。そのうえで、学校教育における学びの質保証について、本書のテーマである「主体的・対話的で深い学び」に着目した教育効果の検証を試みることにする。

2．本章におけるプログラミング教育の位置付け

(1) 学習の基盤となる資質・能力としての情報活用能力との関係

　学習者の学びを「主体的・対話的で深い学び」とするための一つの方法として、情報活用能力を発揮できるようにすることが考えられている。たとえば、平成 29（2017）年 3 月に文部科学省が告示、同年 6 月公表された小学校学習指導要領の解説総則編（文部科学省、2018b）、中学校学習指導要領の解説

総則編（文部科学省、2018c）には、情報活用能力の定義と位置付けが次のように示されている。

「情報活用能力は、世の中の様々な事象を情報とその結び付きとして捉え、情報及び情報技術を適切かつ効果的に活用して、問題を発見・解決したり自分の考えを形成したりしていくために必要な資質・能力である。将来の予測が難しい社会において、情報を主体的に捉えながら、何が重要かを主体的に考え、見いだした情報を活用しながら他者と協働し、新たな価値の創造に挑んでいくためには、情報活用能力の育成が重要となる。また、情報技術は人びとの生活にますます身近なものとなっていくと考えられるが、そうした情報技術を手段として学習や日常生活に活用できるようにしていくことも重要となる。情報活用能力をより具体的に捉えれば、学習活動において必要に応じてコンピュータ等の情報手段を適切に用いて情報を得たり、情報を整理・比較したり、得られた情報をわかりやすく発信・伝達したり、必要に応じて保存・共有したりといったことができる力であり、さらに、このような学習活動を遂行するうえで必要となる情報手段の基本的な操作の習得や、プログラミング的思考、情報モラル、情報セキュリティ、統計等に関する資質・能力等も含むものである。こうした情報活用能力は、各教科等の学びを支える基盤であり、これを確実に育んでいくためには、各教科等の特質に応じて適切な学習場面で育成を図ることが重要であるとともに、そうして育まれた情報活用能力を発揮させることにより、各教科等における「主体的・対話的で深い学び」へとつながっていくことが一層期待されるものである。」

このように、情報活用能力（情報モラルを含む）は、今回の学習指導要領の改訂において、言語能力、問題発見・解決能力と同列に学習の基盤となる資質・能力として示されており（文部科学省、2018b、2018c）、各教科等の特質に応じて適切な学習場面で育成を図ることが重要とされている。

本章で取り上げるプログラミング教育は、特に情報手段の基本的な操作、プログラミング的思考という基盤的な資質・能力を活用した学習活動を通して、人間と機械が密接にむすびあった体系という意味においてのプログラミングを学ぶという位置付けになる。また、この学習によって、情報手段の基

本的な操作の習得が進み、プログラミング的思考が高まり、学習の基盤となる情報活用能力（情報モラルを含む）が高まるという往還的な関係となる。

(2) 小学校段階のプログラミングに関する学習活動の分類との関係

「小学校プログラミング教育の手引（第二版）」（文部科学省、2018d）では、「各教科等の目標・内容を踏まえた指導の考え方」として、プログラミングに関する指導の枠組みの分類例を、図4-1のように示している。このうち、C分類では、「プログラミング的思考」の育成、プログラムのよさ等への「気付き」やコンピュータ等を上手に活用しようとする態度の育成を図ることなどをねらいとした上で、プログラミングの楽しさや面白さ、達成感などを味わえる題材を設定する、各教科等におけるプログラミングに関する学習活動の実施に先立って、プログラミング言語やプログラミングの技能の基礎について学習する、各教科等の学習と関連させた具体的な課題を設定することもでき、各学校の創意工夫を生かした取り組みが期待されると示されており、本章における実践の教育課程上の位置付けとしてはC分類に該当する。なお、同手引きには、「社会科の我が国の工業生産（第5学年）における優れた製品を生産するためのさまざまな工夫や努力の学習と関連付けて自動追突防止装置のついた自動車のモデルの製作と追突を回避するためのプログラムの作成を行うことなどが考えられます。」（文部科学省、2018d）という例示も掲載されている。

A：学習指導要領に例示されている単元等で実施するもの
B：学習指導要領に例示されてはいないが、学習指導要領に示されている各教科等の内容を指導する中で実施するもの
C：各学校の裁量により実施するものの（A、B及びD以外で、教育課程内で実施するもの）
D：クラブ活動など、特定の児童を対象として、教育課程内で実施するもの
E：学校を会場とするが、教育課程外のもの
F：学校外でのプログラミングの学習機会

図4-1 小学校段階のプログラミングに関する学習活動の分類（例）（文部科学省、2018d）

(3) 題材（単元）設定の理念と実践のデザインの方向性

　本章で取り上げるプログラミング教育の考え方や内容は、平成29（2017）年公示の学習指導要領等の趣旨を満たすことを条件として、指導時間は学校裁量の時間を活用する。なお、題材（単元）のデザインに当たっては、日本の小学校の教育課程において教科として欠落している教養としての技術（Technology）の教育からアプローチする。

　義務教育諸学校の教育内容は、たとえば法令上小・中学校は「普通教育のうち基礎的なものを施す」（学校教育法第29条・49条）とされている。では、何が「基礎的なもの」なのか。プログラミングをはじめとする技術（Technology）が、社会を支えている重要な基礎構成要素である以上、人は技術（Technology）と何かしらの関わり合いのなかで生きていかなければならない。技術（Technology）の理念とは、人が創り、人により「夢」にもなれば「滅」ともなる「叡智」である。2011年3月11日に発生した東北地方太平洋沖地震による福島第一原子力発電所の事故は、「想定外」と認識していた人による「滅」への警鐘でもある。技術（Technology）は、人間の社会において安心安全の要であることは論じるまでもない。それゆえ、技術（Technology）の教育は、「基礎的なもの」として本来教科として初等教育の段階から計画的に実施できるように、教育課程へ明確に位置付けることが必要なのである。

　では、実際に授業を受ける学習者は、技術（Technology）の教育についてどのように感じているのだろうか。学びの主体は児童生徒なのであるから、児童生徒の情意的な評価は無視できない。たとえば、1990年に第1回調査がスタートしたベネッセの第5回学習基本調査（2016）では、中学生の好きな教科ランキングの2位に技術・家庭科が入っている。ランキングの考察では、「小学校同様に「技術・家庭科」の人気がアップし、さらに社会や地域の課題などを教科横断的に学ぶ「総合的な学習の時間」も2006年の8位から2015年には3位にまでアップしたので、中学生も身近な課題を学び、考える学習への関心が高まっていると考えられます。」（ベネッセ教育情報サイト、2017）と考察している。学びの主体である学習者を対象とした情意面の調査からも、これら学習内容のポテンシャルの高さがうかがえる。

教養としての技術（Technology）の教育は、科学（Science）や数学（Mathematics）との関連性はもちろんのこと、社会（Society）との関連性も踏まえた知的で実践的な学びの体系である。柘植（2013）は、日本学術会議の「科学」の定義、「認識科学（あるものの科学）」と「設計科学（「あるべきものの探求」）」をそれぞれ X 軸と Y 軸とし、さらに設計科学が創るシステムの社会受容に向けた科学を「技術の社会技術化科学」として Z 軸に位置付けたうえで、本来の工学研究・教育・社会貢献のドメインは、X 軸と Y 軸とで構成される平面ではなくて、Z 軸を加えた空間であるとしている。技術（Technology）の教育と工学（Engineering）の教育とは異なるものであるが、現在広く認知されているように技術（Technology）の最近接の学問体系は工学（Engineering）であることから、これら 3 軸を基軸とした学問的位置付けをした柘植の見解は、学校教育学の見地から大変興味深い。

　以上、本章で取り上げるプログラミング教育では、プログラミングを技術（Technology）という氷山の一角として顕在化した一部分と捉えて、①プログラミングへの興味・関心を損なわないようにする、②小学校の既存教科等との関連性（横の連携）を図る、③中学校におけるプログラミング教育を含む技術（Technology）の教育を担っている技術・家庭科技術分野との接続性（縦の連携）を図ることに留意した教養としての技術（Technology）の教育からアプローチし、実践のデザインを行う。

3．実践のデザイン

(1) 使用教材

　本研究における使用教材として、ハードウェアとして教育版レゴ®・マインドストーム®・EV3 を用意し、図 4-2 左に示すよう超音波センサとカラーセンサを各 1 個取り付けた（以下、走行型ロボット）。ソフトウェア（アプリ）としてタブレット用のアプリを用意した。この走行型ロボットとタブレットのセットを 4 名（1 学級 8 セット）で使用することにした。

 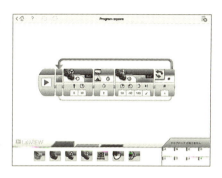

図4-2 カラーセンサ・超音波センサを取り付けた教材（左）とプログラミング環境（右）

(2) 題材（単元）展開のデザイン

表4-1に本研究で設定した題材（単元）展開のデザインを示す。①では、プログラミングが児童自身の生活や体験と切り離された抽象的な内容とならないように、身近な輸送手段である自動車に着目させ、特に導入では自動運転の車の映像を示すなど工夫した。②～⑤の段階では、走行型ロボットをプログラムで制御する体験を通して、使用した教材固有の技能を習得できるようにした。この際、センサを活用して、障害物を自動的に回避したり、道路に埋め込まれた色を頼りに走行型ロボットを制御したりする体験ができるようにした。⑥の段階では、走行型ロボットを路線バスに見立て、「2カ所のバス停（コース上の色紙・黄または赤を児童が選択）を通って、目的地である駅において超音波センサを用いて停止するにはどのようにしたらよいのだろう」という問題解決的な学習に取り組めるようにした。そして、⑦の段階では、人とプログラムが組み込まれた機械との関連性から、未来の交通システムのあり方を児童なりに考える題材（単元）構成とした。なお、この学習では社会科の学習と関連付けられるように留意した。

4.「主体的・対話的で深い学び」の実践と検証

　主体的な学びの問い「学ぶことに興味や関心を持ち、自己のキャリア形成の方向性と関連付けながら、見通しを持って粘り強く取り組み、自己の学習活動を振り返って次につなげる『主体的な学び』が実現できているか」、対話的な学びへの問い「子供同士の協働、教職員や地域の人との対話、先哲の考え方を手掛かりに考えることなどを通じ、自己の考えを広げ深める『対話的な学び』が実現できているか」、深い学びへの問い「習得・活用・探究という学びの過程のなかで、各教科等の特質に応じた『見方・考え方』を働かせながら、知識を相互に関連付けてより深く理解したり、情報を精査して考えを形成したり、問題を見いだして解決策を考えたり、思いや考えを基に創造したりすることに向かう『深い学び』が実現できているか。」を踏まえ、実践・検証をおこなう。

(1) プログラミングを学ぶことの興味や関心、意義理解の検証

　児童の学びが『主体的な学び』となるためには、学ぶことの興味や関心、意義理解が欠かせない。そこで、本章では、プログラミング教育の実施前後で、プログラミングへの興味・関心、プログラミングの意義理解に着目した質問紙調査を実施して検証することにした。

① 実験群と統制群の設定

　本実践校である小学校の5学年では、9月～12月の期間に各学級において自由に題材（単元）を設定する学級独自の時間が位置付けられている。そこで、本実践はこの時間を活用して、校内の情報教育係である担任の1学級31名で実施することにし、この学級を実験群（実施群）とした。なお、実施に当たっては教育学部学生（4年生）がティーチング・アシストとして一部参加した。一方、同時期にプログラミングではない他題材（単元）を設定していた他の5学年1学級の31名を統制群（未実施群）とした。

表 4-1 題材（単元）展開のデザイン 小学校 5 年生 全 10 時間

○学習テーマ ・主な学習活動	時間
①私たちの生活とプログラム ——題材（単元）との出会い—— ・自動掃除機の動きを観察し、自動運転の車（ぶつからない車）の映像を視聴する。	1
②プログラミングされた自動車のモデリング ——教材との出会い— ・教師による走行型ロボットのデモンストレーションを見る。 ・走行型ロボットとタブレット端末とのペアリングを実施する。	1
③プログラミング（手続き）の基本とプログラミングの体験 ・順次と反復処理で走行型ロボットを様々なスピードで動かしたり、停止させたりする。 ・走行型ロボットで、様々な形を描くプログラミング、コース上を走行するプログラミングを体験する。	2
④私たちの生活とセンサ ——情報システムとの出会い—— ・身近な生活の機器に組み込まれているセンサの存在とその役割について理解する。	4
⑤システムの基本とプログラミングの体験 ・障害物を回避するための超音波センサを活用したプログラミングを体験する。 ・色紙に反応するカラーセンサを活用したプログラミングを体験する。 ・限られた時間で簡単なコースをクリアするプログラムやセンサを活用して簡単なコースをクリアするプログラムを考える。	
⑥総合的なプログラミングの学習——提示型の問題解決的な学習—— ［事例検討場面］ ・用意したコースと条件を満たすプログラムを考え、実践的・体験的に問題を解決する。	1
⑦私たちとこれからの交通システム ・これまでの学習を振り返り、これからの私たちの交通システムのあり方やその中での生活のあり方を考える。	1
※社会科 5 年生「我が国の工業生産」の学習との関連—自動車工場の見学を含む— ・優れた製品を生産する様々な工夫や努力、工業生産を支えていることを理解する。 ・工業製品の改良に着目：例）自動車技術の改良の経緯→工業生産の概要を把握する。 ・工業生産が国民生活に果たす役割を考え、表現する。	

② 検証方法

プログラミングへの興味・関心、意義理解、困難感、苦手意識の4項目に関する意識の水準を本題材（単元）前後において量的に把握するため、杉山・中原 (2017) の「プログラミングに対するイメージ尺度」を用意した。本尺度は、因子Ⅰ「活動への興味・関心」（5項目）、因子Ⅱ「コーディングへの困難感」（5項目）、因子Ⅲ「活動への意義理解」（5項目）、因子Ⅳ「プログラミング苦手意識」（4項目）の4因子19項目の質問で構成されている。これら19項目について、小学5年生が理解しやすいように用語を一部改変した。改変の部分は、質問6と7の「数学的要素」と「英語的要素」を「数学」と「英語」に変え、質問8「プログラミングは思考の仕方が難しい」の「思考の仕方」を「考え方」にし、質問17の「概念」を「言葉」とした。さらに、質問10の「面倒」を平仮名にした。なお、因子Ⅱについては、教育版EV3アプリによるプログラミングがブロックタイプとなるため、「プログラミング困難感」と因子名を変更した（表4-2）。回答方法は、「5: とてもそう思う」、「4: どちらかというとそう思う」、「3: どちらともいえない」、「2: どちらかというとそう思わない」、「1: まったくそう思わない」の5件法とした。

③ 分析の手続き

杉山・中原 (2017) の「プログラミングに対するイメージ尺度」は、中学生を対象として、探索的因子分析の手続きを経て作成されている。本研究では調査対象者が小学生となるため、質問の一部文言の改変もおこなっている。そこで、まず先行研究を仮説として、因子と質問項目を確定するため、小学生5・6年生を対象とした「プログラミングに対するイメージ尺度」4因子19項目について確認的因子分析を実施する。その上で、実験群と統制群に対して、設定した題材（単元）の事前と事後に、質問紙調査を実施して分析をおこなう。

一連の手続きにおいて、授業の一部を欠席した学習者や質問紙のデータに欠損が認められる学習者のデータは分析から除外した。その結果、分析対象者は実験群が27名、統制群が28名となった。

表 4-2 実践の事前・事後に実施する質問（杉山・中原（2017））[一部改変]

因子	No	質問項目
Ⅰ 活動への興味・関心	1	プログラミングに興味がある
	2	プログラミングを授業以外でもやってみたい
	3	プログラミングは面白い（面白そう）
	4	自分もプログラミングができるようになりたい
	5	プログラミングで何かを作りあげたとき達成感を感じることができる
Ⅱ プログラミング困難感	6	プログラミングは数字が多くて難しい
	7	プログラミングは英語が多くて難しい
	8	プログラミングは考え方が難しい
	9	自分がプログラミングを行うのは無理だと思う
	10	プログラミングで何かを作るとき入力がめんどうだと思う
Ⅲ 活動への意義理解	11	プログラミングができると社会のために役立つ
	12	プログラミングができると生活のために役立つ
	13	プログラミングは便利なものを作り上げることができる
	14	プログラミングができるとかっこいいと思う
	15	プログラミングができると知的である
Ⅳ プログラミング苦手意識	16	プログラミングを行うのは大変
	17	プログラミングはよくわからない言葉が多く出てくる
	18	プログラミングで何かを作り上げるのは地道
	19	プログラミングは一つでも間違えてしまうと正しく動かなくなる

④ 結果：確認的因子分析の結果と質問項目の確定

小学生5・6年生198名を分析対象者として、表4-2の質問項目に対する確認的因子分析をロバスト最尤法で実施した。その結果、適合度は $RMSEA$ =0.068（信頼区間 90% 0.055〜0.080）、CFI =0.906 TLI =0.890 となり、TLI が0.90を下回った。また、標準化パス係数（以下、パス係数）を検討したとこ

ろ、因子Ⅳから質問 18 と質問 19 へのパス係数がそれぞれ β_{18}=0.213, p<0.01、β_{19}=0.085, p<0.01 となっており、他の質問項目へのパス係数と比較して小さい値となった。そこで、この 2 項目を除外して、再度確認的因子分析をロバスト最尤法で実施した。その結果、$RMSEA$ =0.064(信頼区間 90% 0.050 ~ 0.078)、CFI =0.931 TLI =0.917 となり、許容できる適合度となった。なお、各因子からのパス係数はすべて 0.1% 水準で有意であり、パス係数の最低値は β_{10}=0.581 であった。以上の結果から、表 4-2 の質問 18 と質問 19 の項目を除外した 4 因子 17 項目で分析を実施することにした。

⑤ 実験群と統制群との比較

表 4-3 は、質問項目の回答で得られた数字をそれぞれの質問の得点として、

表 4-3 実験群と統制群における実践前後での「プログラミングに対するイメージ」の比較

因 子		実験群(実施) Na=27		統制群(未実施) Nb=28		交互作用
		事前	事後	事前	事後	判定
Ⅰ：活動への興味・関心	Mean	4.01	4.34	4.09	3.56	F (1,53) = 20.22
	SD	1.15	1.02	0.77	1.05	***
Ⅱ：プログラミング困難感	Mean	2.56	2.31	3.09	3.22	F (1,53) = 2.72
	SD	0.85	0.87	0.82	0.99	ns
Ⅲ：活動への意義理解	Mean	3.95	4.23	3.89	3.51	F (1,53) = 12.98
	SD	0.89	0.99	0.75	0.90	**
Ⅳ：プログラミング苦手意識	Mean	3.00	2.74	3.56	3.50	F (1,53) = 0.51
	SD	1.09	1.12	1.16	1.15	ns

** p<.01   *** p<.001

各因子の下位尺度得点の平均値と標準偏差を示したものである。2要因分散分析の結果、因子Ⅰ「活動への興味・関心」（$F_{(1,53)}=20.22, p<.001$）、因子Ⅲ「活動への意義理解」（$F_{(1,53)}=12.98, p<.01$）において交互作用が有意であった。一方、因子Ⅱ「プログラミング困難感」、因子Ⅳ「プログラミング苦手意識」については、交互作用が有意とはならず、いずれも群の主効果のみに有意差が認められた（因子Ⅱ：$F_{(1,53)}=11.81, p<.01$、因子Ⅳ：$F_{(1,53)}=5.77, p<.05$）。

交互作用に有意差が認められた因子Ⅰ「活動への興味・関心」、因子Ⅲ「活動への意義理解」については、いずれも事前における群間の単純主効果に有意差は認められず、事後における群間の単純主効果に有意差が認められた（因子Ⅰ：$F_{(1,53)}=7.56, p<.01$　因子Ⅲ：$F_{(1,53)}=8.26, p<.01$）。

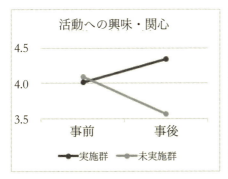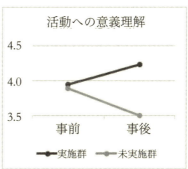

図4-3　因子Ⅰ「活動への興味・関心」、因子Ⅲ「活動への意義理解」の尺度得点

⑥　考察

交互作用に有意差が認められた因子Ⅰ「活動への興味・関心」、因子Ⅲ「活動への意義理解」については、実験群と統制群の事後において有意差が見られ、いずれも実験群の方が統制群より高い水準となった（図4-3）。このことから、本題材（単元）は、プログラミングに対する興味・関心、プログラミングに対する意義理解の向上に有効なものであることが示され、『主体的な学び』に対する一定の教育効果が確認された。一方、プログラミングへの困難感と苦手意識については、実験群において助長されることはなかったもの

の、軽減するには至らなかった。これは、走行型ロボットとタブレットを4名で使用して協働で学習を進めたため、タブレットへのプログラミング操作が少なかったことに起因したのではないか考えられる。この問題は、教材のセットを多くすることにより改善される可能性があるものの、機器トラブル等、1名の教員の対応力にも限界があるため、まずは本実践の条件下において、指導方法の改善を目指すことも必要なのではないかと考える。

(2) 児童同士の協働、教師との対話を通して、自己の考えを広げ深める実践事例の検討

ここでは、表4-1の題材（単元）展開⑥（第9時）における児童の学びの事例を分析する（以下、この時間を本時と記す）。

児童は、表4-1の学習テーマ②～⑤の学習で、走行型ロボットを前進・後進・左折・右折をさせたり、カラーセンサや超音波センサを活用したりして、プログラミング学習を体験してきた。本時は、走行型ロボットを路線バスに、コース上の赤色と黄色をバス停に見立て、赤バスは2点の赤色を経由して、黄バスは2点の黄色を経由して、ゴールとなる盛岡駅で停止するプログラムを作成する場面である（図4-4）。

① アクティビティ・ボードを活用して対話し、学習課題を把握して追究を始める児童

図4-4　本時の教材と学習問題の提示

本題材（単元）では、タブレット端末へプログラミングする前に、児童のプログラミング的思考を可視化し、児童相互に対話して学習が進められるように、アクティビティ・ボードと名付けたA4サイズのボードを用意した。Xグループの3名は、学習問題に提示された問題を解決するためにアクティビティ・ボードを用いて、どのようなルートで走行型ロボットを進めたらよいのか検討を始めた（図4-5）。

Xグループ　本時の学習場面1
［C児1：アクティビティ・ボードに学習問題を記入する］
［C児1：直進、右左折、色（カラー）・かべ（超音波）センサの付箋を準備する］
［C児2：コース図を描き入れる］
［C児2：アクティビティ・ボードに付箋を貼る］
　A児3：［指でコースをなぞりながら］
　　　　こう行ってここで曲がるのは？
　B児1：あ、そうか。
　全　員：こう曲がって、こう行く！
　B児2：いいね。
　全　員：オッケー。よし、これで行こう。
［タブレットを用いて］
　B児3：みなさんどうします？
　B児3：まずは、直進するブロック。
　B児4：直進するブロックが何個必要かな？これとこれをつなげればよいかな。
　A児4：まずは、1個でやってみたらどうですか。
　B児5：そうだね。1個でまずはやってみるね。

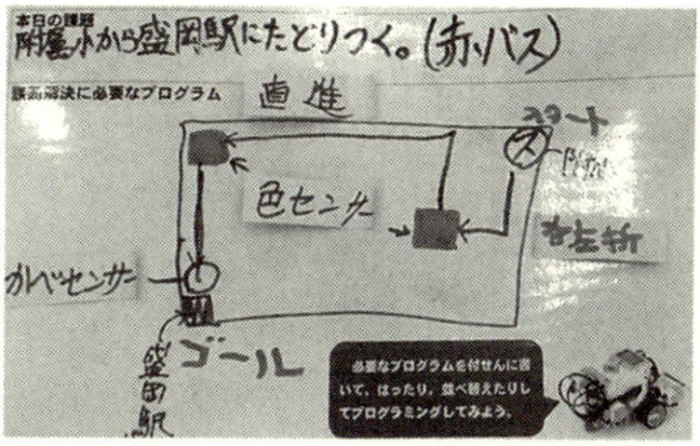

図4-5　アクティビティ・ボードの活用

---

② 児童同士の協働で走行型ロボットを意図する動きにしていく児童

学習場面2における走行Ⅰでは、図4-6の④の赤で左折せずにそのまま直進してしまう。

Xグループ　本時の学習場面2　——走行Ⅰ——
B児6：なぜに直進？
C児4：曲がってないよ。
B児7：（プログラムを確認して）あ、曲がっていない。
　　　［ステアリングブロック（動く方向と速度を制御するプログラム）を
　　　追加する］
A児5：マイナス50じゃない？
A児6：ほらー！
B児8：［ステアリングブロックのパラ
　　　メータをマイナス50にする］
B児9：これでどうなるか。
——走行Ⅱ——
　走行②では目的とした動きに対して
手前で停止するがプログラムは正しく修正できている。

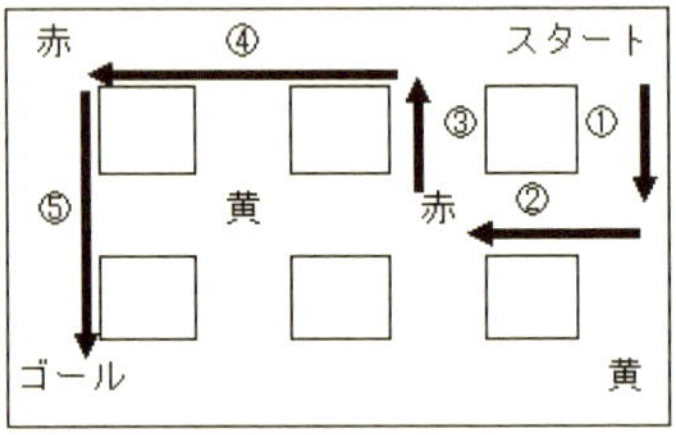

図4-6　Xグループの走行計画

　タブレットを操作するB児が「なぜに直進？」と疑問をもった（B児6）。それを聞いたC児は、走行方向を変えるためのステアリングブロックがないことに気がつき、走行型ロボットの走行が曲がっていないことを指摘した（C児4）。このことで、B児は自分の作成したプログラムのミスに気づき、カラーセンサブロックの前にステアリングブロックを追加した（B児7）。ステアリングブロックのパラメータを50とすると走行型ロボットは右折をしてしまう。今回の場合は、図4-6④から左折させる必要があり、このことに気づいたA児が、パラメータの数値の違いを指摘した（A児5）。しかし、B児はプログラムを実行させる。その後、A児の指摘（A児5）どおり、パラメータをマイナス50（左折）として、再度走行計画の実現に挑んだ（B児9）。

③　教師との対話を通して、自己の考えを広げ深める児童
　本時では、題材（単元）前半で習得した知識・技能を活用する力を高めるという観点から、提示された学習問題が解決できたグループは、他のルート

でゴールまでたどり着くこと（たとえば赤バスに取り組んだグループが黄バスのコースを再度プログラミングすること）に取り組んでもよいことにしていた。

> Yグループ　本時の学習場面3（松村ほか、2018）
> T：停留所で向きは変えられたようだけれど、思ったより時間がかかっていたよね。もっと単純なプログラムにするにはどうすればいいのかな。
> D児：カラーセンサには反応していたけれど、大きく回転していたよね。
> E児：もっと短い時間で回転させればいいんだよね。
> F児：カラーセンサに反応したら、90度回転するようにプログラムしてみよう。
> G児：回転するときの速さも変えられるといいかもしれないね。

　教師は、Yグループを机間指導した際、学習問題に示したプログラムは一応完成していることを確認した。同時に、Yグループの走行型ロボットの動きには無駄があることも把握した。そこで、「他のルートでゴールまでたどり着くこと」に取り組むよう助言するのではなく、走行型ロボットの無駄な動きを減らすためのプログラムとするためには、どのようにすればよいのか考えるよう促した（T）。これに対して、カラーセンサに反応して右左折する動きに無駄があることに気づいた児童の発言（D児）から、Yグループではモータの回転角度や速度を見直し、プログラムを改善していくことを協働で決めだした（E児・F児・G児）。

　学習場面1〜3においては、児童同士、教師と児童との対話を通して、各グループが意図する一連の活動を実現させるために、どのようなプログラムが必要であり、またプログラムのどこを改善していけばよいのか、題材（単元）の前半で学んできた走行型ロボットの動きとステアリングブロック（動く方向と速度を制御するプログラム）との関係に基づき、論理的に考えていく力（プログラミング的思考）を働かせている姿が認められる。

　以上のことから、本時では児童同士の協働、教員との対話を手掛かりに考えることを通して、自己の考えを広げ深める『対話的な学び』が垣間見られたのではないかと考えられる。

(3) 習得・活用・探究という学びの過程の構築と『深い学び』を目指した実践事例の検討

　小学校5年の段階で10時間扱いの学習をした児童に対して、これまでの題材（単元）における学習を習得・活用として位置付け、さらに探究的な学びの過程を構築できるよう、6年生になった児童に対して7時間扱いの題材（単元）を設定した。この題材（単元）では特に、Society 5.0「ロボットや自動走行車などの技術で人の可能性がひろがる社会」、「イノベーションにより、さまざまなニーズに対応できる社会」について、小学生になりに考えを深められるように、全7時中第6時では「自動走行車の技術で一人ひとりのさまざまなニーズに対応することのできる社会」の実現に向け、それがモデリングされた学習問題への取り組みをおこなった（図4-7）。また、5年生の題材（単元）と同様に、最終時（第7時）には児童の思いや考えを基に、「社会や生活を豊かにするためにどんなプログラムがあったらよいか」という未来社会を創造する学習場面も設定した。

図4-7　「自動走行車の技術で一人一人の様々なニーズに対応することのできる社会」の実現に向け、児童が解決をめざす学習問題とモデル

　第6時、児童は走行型ロボットをタクシーに見立て、教師が封筒内に用意したカードに記入されている「様々な人の多様なニーズ」に対応するためのプログラミングに取り組んだ。図4-8の児童は、「C地点から病院を経由してA地点に行きたい」というニーズに応える取り組みをしている姿である。

図 4-8 左のアクティビィティ・ボードは、5年生の時に使用したものより抽象化したものとして、中学校技術・家庭科技術分野「D：情報の技術」における学習との系統性も意識したものとなっている。なお、同教科・分野の学習では、プログラムによる計測・制御、双方型のコンテンツの設計・制作の際、アクティビティ図やフローチャート等を活用することになっている。アクティビィティ・ボードの様子から、図 4-8 の児童はカラーセンサを活用して問題解決に挑んでいるが、モータの回転時間を利用して問題解決に挑んでいる児童もおり、小学校 5 年時の学習で習得した知識・技能を活用して題材（単元）の問いを追究している児童の姿が確認された。

図 4-8　題材（単元）の問い「自動走行車の技術で様々な人の多様なニーズに対応することのできる社会を実現しよう」の学習場面 ── 全 7 時中第 6 時（小学校 6 年生）──

　図 4-9 は、題材（単元）の問い「自動走行車の技術で様々な人の多様なニーズに対応することのできる社会を実現しよう」に対する児童のなりの一つの構想である。この姿は、単に CM やインターネットのコンテンツ等を閲覧したり、調べ学習をしたりして表出しているものではなく、小学生なりにプログラミングを実際に体験した上で表出した姿であり、プログラミング教育における学びに向かう力・人間性等の目標「コンピュータの働きを、よりよい人生や社会づくりに生かそうとする態度」が涵養されているのではないかと考えられる。そして、これまで述べたプログラミング教育における習得・活用・探究という学びの過程により、児童が自分の思いや考えを基に、新た

な情報システムを創造することに向かう『深い学び』へつなげることができたのではないかと考えられる。

図 4-9　思いや考えを基に新たな情報システムを創造する児童

5．おわりに

本章では、2020 年度より小学校において必修化されるプログラミング教育に着目して「主体的・対話的で深い学び」となる題材（単元）を設定して実践・実証を試みた。本章に示した研究の範囲内で以下の点が示された。

- 『主体的な学び』の構成要素とされる「学ぶことの興味・関心」、本章の取り組みにおいては「プログラミングに対する興味・関心」、「プログラミングに対する意義理解」の向上について、題材（単元）実施群と未実施群の事後調査において有意差が認められ、未実施群に対して実施群の水準が高かったことから、本章に示した実践については『主体的な学び』に対する一定の教育効果が確認された。
- 事例検討場面（本時）における児童の姿から、児童同士の協働、教員との対話を手がかりに、プログラミング的思考を働かせている姿が認められ、児童同士、教師と共に考えることを通じて自己の考えを広げ深める『対話的な学び』の一端が確認された。

・習得・活用・探究という学びの過程の構築を目指した6年生時における7時間扱いの題材（単元）「自動走行車の技術で様々な人の多様なニーズに対応することのできる社会を実現しよう」に対する児童の取り組みの様子から、自分の思いや考えを基に、新たな社会を創造することに向かう『深い学び』への可能性が示唆された。

　しかしながら、本章に示したプログラミング教育の本格的な実践は、途に就いたばかりである。「主体的・対話的で深い学び」は、とても奥深い学びであり、本実践はその一部を垣間見たに過ぎない。また、小学校におけるプログラミング教育は、既存教科・領域等の学習に組み込み、学びを深める機能的側面からのアプローチも例示されている。これらとの関連も含め、今後も本題材（単元）のブラッシュアップ、さらには新たな題材（単元）開発・実践について、児童生徒の学びの姿で実践・検証していく必要がある。これらは、いずれも今後の課題としたい。

付記
　本章における実践事例の検討は、筆者が共同研究者として携わった平成29年度・30年度岩手大学教育学部附属小学校・学校公開研究会にて実施された情報教育の公開授業の記録を基に、同校担当者より同意を得た上で、「主体的・対話的で深い学び」に着目して筆者が独自におこなったものである。

謝辞
　岩手大学教育学部附属小学校、伊東晃・松村毅・伊藤雅子・山本一美様ほか情報教育係の先生方に協力していただきました。授業記録やティーチング・アシストにつきましては、現：大槌町立大槌学園、城内博人様（当時：岩手大学教育学部・学校教員養成課程・技術サブコース・宮川研究室所属）に協力していただきました。「プログラミングに対するイメージ尺度」の改変、再利用、再掲載につきましては、オリジナルの尺度開発者である大分大学、杉山・中原様に快く許諾していただきました。御礼申し上げます。

参考文献

梅棹忠夫（1969）「知的生産の技術」岩波書店、15 頁。

杉山昇太郎・中原久志（2017）「中学生のプログラミングに対するイメージに関する調査」『日本産業技術教育学会第 60 回全国大会講演要旨集』77 頁。

柘植綾夫（2013）「日本新生に向けた工学の社会的使命〜技術の社会技術化科学のすすめ〜」『日本工学会平成 25 年度公開シンポジウム「日本新生に向けた工学の使命〜第三の国創りへの課題〜」』、http://www.jfes.or.jp/topic/topic20130630_general-meeting_3-0-1.pdf（参照日：2018 年 12 月 19 日）。

内閣府（2018）「Society5.0」http://www8.cao.go.jp/cstp/society5_0/index.html（参照日：2018 年 9 月 30 日）。

ベネッセ教育政策研究所（2016）「TOPIC1 小中学生の好きな教科は時代とともにどう変わっている？好きな教科・活動ランキング」、『「第 5 回学習基本調査」データブック［2015］』https://berd.benesse.jp/shotouchutou/research/detail1.php?id=4801（参照日：2018 年 12 月 19 日）。

ベネッセ教育情報サイト（2017）「25 年間で子どもの好きな教科はどう変わった？」、https://benesse.jp/kyouiku/201706/20170607-2.html（参照日：2018 年 12 月 19 日）

松村毅・伊東晃・伊藤雅子・楢木航平・伊藤陽平・根木地淳（2018）「情報教育における「創発の学び」の充実と評価 情報活用能力（プログラミング的思考）を高めるための授業の充実と評価。「創発の学び」を実現する教育課程の創造（第三年次）」、『岩手大学教育学部附属小学校教育研究会』、156-161 頁。

文部科学省（2018a）「Society5.0 に向けた人材育成の推進」、https://www.kantei.go.jp/singi/keizaisaisei/miraitoshikaigi/dai16/siryou6.pdf（参照日：2018 年 9 月 30 日）。

文部科学省（2018b）「小学校学習指導要領解説 総則編」、東洋館出版社、48-52 頁。

文部科学省（2018c）「中学校学習指導要領解説 総則編」、東山書房、49-53 頁。

文部科学省（2018d）「小学校プログラミング教育の手引（第二版）」、http://www.mext.go.jp/a_menu/shotou/zyouhou/detail/1403162.htm（参照日：2018 年 12 月 19 日）。

文部科学省（2018）「Society5.0 に向けた人材育成に係る大臣懇談会 Society5.0 に向けた人材育成の推進〜社会が変わる、学びが変わる〜」、http://www.mext.go.jp /a_menu/society/index.htm（参照日：2018 年 9 月 30 日）。

LEGO and MINDSTORMS are trademarks of the LEGO Group.
(c) 2019 The LEGO Group.

コラム1　道徳教育とアクティブラーニング
——哲学対話を取り入れる試み

宇佐美　公生

　2018年度から「特別の教科　道徳」が学校現場に導入された。それと前後し、今回提起された「考え、対話する道徳教育」という方針に沿い、アクティブラーニングの要素を取り入れた新たな指導方法や評価方法に関する手引き書や研究書も続々と出版されている。ここでは「考え、対話する」という方針に注目しつつ、新たな角度からこれまでの指導法を補助し、見直す視点を提供するものとして「子ども哲学対話」の導入を提案してみたい。ここで言う哲学対話とは、学術的な知識などを前提せず、日常の生活に潜む問題を、共同して問い、考え、語りあうことを通して探究する活動であり、子供たち自身の思考力や判断力を育成するために教育の場に導入したアメリカの「哲学対話教育」ないし Philosophy for Children（P4C）にそのルーツがある。

　やり方は、自分たちで「問い」を設定し、「問い、考え、語り、聞く」という作業を対話形式で行うというものであるが、それには幾つかのルールがある。
　①よく考えて発言をする。
　②他人の発言をきちんと聞く。
　③何を言ってもよいが、人の言うことに否定的な態度をとらない。
　④お互いに問いかけるようにする。
　⑤意見が変わってもよい。
　⑥考えがまとまらなければ発言せず、ただ聞いているだけでもよい、
といったものである。この他に「聞きかじった知識ではなく、なるべく自分の経験にそくして話す」とか「結論がでなくてもいい」というルールを加えてもよい。

　これだけのルールで、子どもたちは（すぐにではないにしても、徐々に）自由に、しかもきちんと対話を続けられるようになる。そこでは、通常は許されなかったり、教師の意に沿わなかったり、他人からバカにされ無視されたりするような発言や問い

も、きちんと聞き取られ（更なる問いや異なる意見の形で）応答され、また発言者は（ディベートとは違い）途中で意見を変えてもよいという形で、安全で共同的な「探究の場」が維持される必要がある。教師の役割は、そうした場の維持に務め、対話が大幅に横道に逸れたり、揚げ足とりや攻撃的な発言にならないように配慮することにある。

　このような哲学対話では、みんなの意見が一つの所に収斂することはまれである。沈黙が続くこともあったりして、限られた時間では、問いが新たな問いを呼び、対話が開かれたまま終わることが普通で、その間、一度も発言しない参加者が出てしまうこともないわけではない。しかし、それでも構わない。そのような時でも子どもたちは考えていて、むしろかなり時間がたって「あのときはまとまらなかったけど」と話し出す子もいれば、「また哲学対話をやりましょう」と言ってくる子もいる。それは私だけでなく現場で実践した先生たちの報告からも確認できる。この哲学対話には、できれば先生自身も参加し、一緒に考えてもらう方が望ましい。問題によっては先生も分からないことがあっても、勇気をもって「先生も分からない」と言えることも大切である。

　たくさんの内容項目を年間を通じて扱わなければならない現場の先生からは「そんな悠長な時間の使い方は難しい」、といった反応も聞かれる。しかし、年に二、三回でも哲学対話の時間をはさむことで、通常の道徳教育の時間での生徒の反応は変わってくるはずであるし、何よりも哲学対話の実践そのものが、「相互理解・寛容」や「自由と責任」などの内容項目の実践そのものとなるはずである。

　哲学対話の詳しいやり方については、河野哲也『じぶんで考えじぶんで話せる──こどもを育てる哲学レッスン』（河出書房新社）2018年や梶谷真司『考えるとはどういうことか』（幻冬舎新書）2018年を参照して頂きたい。

第5章　教科書がない授業における「深い学び」の
授業実践とその教育効果
——中学校の保健体育を事例として

清水　　将

1．はじめに

　「21世紀は、新しい知識・情報・技術が政治・経済・文化をはじめ社会のあらゆる領域での活動の基盤として飛躍的に重要性を増す、いわゆる『知識基盤社会』（knowledge-based society）の時代」[1]といわれている。コンピュータの出現により到来した情報社会は、様々な利便性をもたらしてきたが、機械化や自動化による社会の変革は、少子高齢化や地方の過疎化などの新たな課題も生み出してきた。近い将来に訪れる超スマート社会（Society 5.0）[2]では、IoT（Internet of Things）によってパソコンや携帯電話だけでなく、いろいろなモノがインターネットに直接つながることになる。たとえば、保健体育が対象とする世界においても、ウェアラブルデバイスやセンサーの開発により、今よりもさらに健康課題の把握が容易になることや競技スポーツの高度な情報処理やゲーム分析であっても人工知能（以下、AI）によって必要なデータが瞬時に処理され、個人の携帯端末に必要な情報が提案されることも予想される。かつての工業社会では、単純労働を遂行することのできる忍耐強い人材が求められたが、超スマート社会では、分業された仕事を機械的に担うような人材は必要とされなくなり、自ら問いを立て、課題解決を図ることができる人材が求められるようになる。そのような来たるべき社会に必要とされる資質・能力は、単にスポーツの行い方を学んで体力を高めるだけでは容易に育まれるものではない。知識・情報・技術の重要性がより一層高まる社会への変化を背景として、保健体育においても生徒が必要とする生きる力とは何かを考え、学校や教師の役割について振り返り、時代に合わせた授業を創らなければならないのである。

　生涯にわたって学びつづける力、主体的に考える力を持った人材は、受動

的な教育で育成することは困難であるため、「課題解決型の能動的学習（アクティブ・ラーニング）」[3]が示され、「従来のような知識の伝達・注入を中心とした授業から、教員と学生が意思疎通を図りつつ、一緒になって切磋琢磨し、相互に刺激を与えながら知的に成長する場を創り、学生が主体的に問題を発見し解を見いだしていく能動的学習（アクティブ・ラーニング）への転換」[4]が大学教育に求められたが、高等学校においても「課題の発見と解決に向けた主体的・協働的な学習・指導方法であるアクティブ・ラーニングへの飛躍的充実」[5]が推し進められることになった。2017年3月に告示された学習指導要領（以下新学習指導要領）の改訂の視点[6]は、「何を学ぶか」という内容から「何ができるようになるか」という資質・能力へ向けた、いわゆるコンテンツベースからコンピテンシーベースへの転換である。「知識の体系であった学習指導要領を資質・能力の体系へと進化」させ、内容の習得が教育の最終目標ではないことを明らかにしたと考えられている（奈須、2017）。

　教育の目的が知識や技能を身に付けさせることではなく、それらを使いこなして何かができるようになること、すなわち資質・能力を育成することへ大きく変わったのである。しかし、技能教科と言われる保健体育では、技能をどう捉えて授業をつくっていくかは、知識教科と異なる特徴を持つ部分もあり、その差異を検討することが必要である。新学習指導要領では、育成を目指す資質・能力が、①生きて働く「知識・技能」の習得、②未知の状況にも対応できる「思考力・判断力・表現力等」の育成、③学びを人生や社会において生かそうとする「学びに向かう力・人間性等の涵養」の3点に整理されている[7]。しかし、体育授業における技能は、未知の状況に対応するための手段・ツールというよりも技能を高めることそのものが目的となっている。自分がいまだかつて経験しない身体知を求めるということでは、技能習得は、未知の状況を求めることでもある。また、自らが経験することでしか達成できない身体性を基本とした学びは、見方・考え方につながる体育の特性に他ならない。技能を身に付けるための思考・判断は、思考力・判断力・表現力などのすべてではない。身に付けた技能を発揮することによって、課題として設定された目的となるパフォーマンスをいかに発揮するかという思考力・

判断力・表現力なども問われている。したがって、体育授業には習得した知識や技能を発揮して実現すべきパフォーマンス課題が単元を通して追求される単元教材として開発されることが学びを深めることにつながると考えられる。新学習指導要領では、アクティブ・ラーニングは、理解の質を高め、資質・能力を育む「主体的・対話的で深い学び」として発展的に示されることになった。しかし、保健体育の授業において何をおこなえば主体的・対話的で深い学び（いわゆるアクティブ・ラーニング）になるのか、どのようなことが有効であるのかは、十分に明らかになっておらず、実践が積み重ねられ始めたばかりの状況である。本章では、中学校の体育授業を対象として、主体的・対話的で深い学びによる授業改善を試み、その効果を検証して、授業づくりのあり方を検討する。

2．資質・能力の構造と教科保健体育に期待される学び方

　育成を目指す資質・能力は、当初、ア．教科等を横断する汎用的なスキル（コンピテンシー）などに関わるもの、イ．教科等の本質に関わるもの（教科等ならではの見方・考え方など）、ウ．教科等に固有の知識や個別スキルに関するものの3つの視点[8]に整理された。新学習指導要領を策定する審議の過程で、「生きて働く」知識・技能の習得や「未知の状況にも対応できる」思考力・判断力・表現力等の育成[9]という表現になり、学んだことを自在に活用することへの期待がより鮮明になっている。「知識・技能が相互に関連付けられたり組み合わされたりして、構造化したり身体化したりしていくこと」が深い学び（田村、2018）であるとすれば、思考力・判断力・表現力などは、知識・技能が未知の状況において活用されることと捉えられる。すなわち、身に付けた知識・技能を場面や状況に応じて選び、組み合わせて活用できるようになっていくことを思考力・判断力・表現力等が育成された状態と考えるのである。授業では、知識・技能を教えるだけに終わらず、それらを活用するために思考・判断して表現することが習慣付けられなければならないため、これまでの授業観・教育観のからの大きな転換が新学習指導要領に求められて

いる理念と考えられよう。

　現行の学習指導要領の言語活動は、思考力・判断力・表現力等を育成するための重要な学習活動として位置づけられている。これは単なる伝達の手段の習熟を意味するものではなく、学習指導要領の質的拡充を目指した積極的な方策として示されている。コミュニケーションは、「いろいろな価値観や背景をもつ人々による集団において、相互関係を深め、共感しながら、人間関係やチームワークを形成し、正解のない課題や経験したことのない問題について、対話をして情報を共有し、自ら深く考え、相互に考えを伝え、深め合いつつ合意形成・課題解決する能力」[10] として重要視されている。感性や情緒面はいうまでもなく、論理や思考を踏まえた課題解決能力がコミュニケーションと捉えられているのである。現行の学習指導要領における「言語活動の充実」が課題解決能力である思考力・判断力・表現力などを育成するための方法であったとすれば、主体的・対話的で深い学びも同様に「何ができるようになるか」という目標や学力に対する方法として示されていると考えられる。生きる力として求められている未知の状況にも対応できる課題解決能力を保健体育ならではの見方・考え方によって育成することが授業づくりの課題である。

　学びの深まりとは、知識が結びついて構造化されていくことである。体育の授業で扱う運動に関する知識を考察すれば、手続き的な（やり方に関する）知識が蓄積されて自動化された状態が技能（できる状態）と考えることも可能であり、技能が習得されることを学びの深まりと捉えることができる。また、知識や技能を使える状態にするためには、断片的な知識や技能を状況に合わせて再構成して一般化・概念化できなければならない。習得した知識や技能を目の前の状況に当てはめ、組み合わせて創造していく経験が不可欠であり、授業では、このような実社会の学び方につながる意味のある活動（真正の学習：authentic learning）を経験させることが学びを深めることになる。たとえば、球技の授業であれば、ゲームに没頭させることができてはじめて、勝つために戦術を共有し、集団的な達成を求めて他者と対話し、ゲームで試行し、修正することに主体的に取り組むようになる。生きて働く知識や技能

は、教えられたものを活用するばかりでなく、必要に応じて創造することや状況にあわせて修正することも有効であり、自らの身体を用いて結果を実感し、フィードバックにより即座に修正を繰り返すことが体育の見方や考え方を生かした学びとなる。じっくりと思考・判断し表現することと同様に、瞬時に思考・判断して表現し、そのできばえを自分で評価しながら改善を重ねて修正するスピード感のある瞬時の思考力・判断力・表現力等の育成も体育の見方・考え方に迫る学び方と考えられる。従来型の教育観では、正解のあるものを教えることはできるが、未知の問題の答えを導き出す資質・能力を育成することは困難であった。自ら問いを立て、正解が一つではない問題を解決する力を育てるためには、現実の世界に生徒が主体的に関わって解を見いだすような環境を設定しなければならない。体育の授業においても、単に技術を教えて習得させる授業から脱却し、どうすれば技能が高まるかという課題を解決しながら、授業が自己を高める学びの場になるように構成して、納得解や最適解を他者と協働して創りだす体験をさせることが重要になる。

3．よい体育授業とは

　一般的に考えられるよい授業とはどのようなものであろうか。教育とは人を育てることであり、教育基本法には、人格の完成と平和的な国家および社会の形成者として、心身ともに健康な国民を育成することが目的とされている。一定の教育水準を確保するために学習指導要領が定められ、教育の目標や内容が規定されている。学校教育とは目標を追求する活動であり、その観点からは、目標を達成している授業がよい授業ということになる。一方で、教育は不変なものではなく、社会に求められるものを反映してその内容は少しずつ変化する。わが国の学習指導要領もおよそ10年に一度改訂がおこなわれており、時代を反映することが教育に必要である。教師個人の変わらぬ信念だけに基づいて教育が行われるのは適当なことではない。教育の内容には不易と流行はあるものの、学校教育という枠組みでは、時代や社会を反映した目標を実現し、成果のある授業をよい授業と考えることが適当である。

しかし、授業が目標を達成できたとしても、生徒に受け入れられるものでなかったとすれば、生涯における豊かなスポーツライフにつながる成果になることは期待できない。教師にやらされた運動やスポーツの経験では、自ら行おうとする原体験となることは難しい。体育の授業がなくなれば、教師にやらされなれなくてすむという解放感が先立ち、生涯スポーツを実践することにつながることは難しいであろう。わが国のスポーツ実施率は諸外国に比べて低いといわれており、学校体育を終えた後であっても積極的にスポーツを楽しむ人を増やすことが課題となっている。授業の究極の目標は、生涯にわたるスポーツを実践する資質・能力を形成することにある。体育に限るものではないが、見えない学力といわれる関心・意欲が重視されてきたのは、愛好的態度や価値的態度が主体的な実践を根源的に支える力となるからである。したがって、授業を評価するには、教師から見た成果だけでなく、生徒の満足度も重要になる。授業は、技能さえ高まればよいわけではない。生徒に受け入れられることはいうまでもなく、学びに向かう力・人間性が高まり、生涯スポーツの基礎が培われることが授業を評価する大切な観点となる。よい授業は、生徒にとって受け入れられ、なおかつ目標が達成できている授業である。教師の仕事を料理にたとえれば、栄養があって、美味しいことが大切である。栄養があるだけでは、喜んで食べてもらえる料理の要素を満たすことにはならない。同様に、美味しいだけでは、必要な栄養を摂取できず、生命を維持する活動にならない。栄養があって美味しい料理をつくることができてはじめて、その目的に叶うのであって、教育においても内容（栄養）があり、面白い（美味しい）授業をつくることが求められているのである。

4．体育の授業づくり

　子どもたちに受け入れられる体育授業の特徴は、①精一杯運動させてくれる授業、②ワザや力を伸ばしてくれる授業、③友人と仲よくさせてくれる授業、④発見させてくれる授業である（高田、1974）。よい体育授業には、動く楽しさ、できる楽しさ、わかる楽しさ、集う楽しさの4条件が不可欠であり、

すなわち、運動量、できる、わかる、かかわるの4つの観点で生徒が満足する授業を準備しなければならない。運動量の確保のためには、学習の場を工夫して学習機会を増やすことが必要であり、技能成果を保証するためには、知識をベースとして思考・判断し、お互いに教えあい、学びあうことを重視して、発見があり、みんなとかかわりあう授業を構想する必要がある。

　教科書がない体育の授業では、授業で実際に生徒が学ぶ対象となる教材を開発することが前提となる。かつての体育では、学習指導要領に示された学習内容をそのまま教材と捉えていた時期があったといわれている。しかし、大人向けのスポーツをそのまま授業に持ち込んだとしても十分な成果を得ることはできず、子どもたちが授業で学びやすく、努力が達成と結びつくような教材が提供されることが必要になる。その意味では、素材と教材を区別し、素材を教師が加工して教材をつくり、教材を用いて授業をおこなうことがよい体育授業を創ることに貢献してきたといわれている（岩田、1997）。授業では、生徒が夢中になって取り組む教材を提供し、思考・判断を深める発問を準備して、教えあい、学びあう機会が教師によってあらかじめ設定されなければ、高田があげた4つの条件が自然にそろうことはない。かかわりのある学び方を実現させるには、「比較する・選ぶ」などの思考ツールやICT機器などのコミュニケーションツールを使って、一斉指導以外の学習形態も効果的に導入し、ワークシートや学習カードに思考のフレームワークを準備することによってはじめて、思考力・判断力・表現力等が深められる授業となることができる。体育の授業は、運動量を確保する授業マネジメントの適切さや集団で学ぶことを可能にする学び方の指導の重要性も無視できるものではない。近年では、授業が単位時間で完結するものではなく、単元を通して教えるものであるという認識も高まり、教材の開発だけでなく、階層的な教材の配列や単元構成なども授業改善の課題になっている。

　体育に示された資質・能力は、他の教科と同様に知識・技能、思考力・判断力・表現力など、学びに向かう力・人間性から構成され、これらをバランスよく育成することが求められている。体育の授業における教師の最大の関心は、生徒の技能の成果（できばえ）の保証が中心であることに変わりはな

いが、体育の見方・考え方を生かした思考力・判断力・表現力等を育成する授業のあり方が新学習指導要領における主要な課題となっており、授業改善の方向性となる。また、体育の特性の1つでもある態度をどのように形成するかに関しても、学習指導要領解説では他教科に先駆けて、学びに向かう力・人間性に具体的な記述がなされており、実践において検証していくことが求められている。これらの3つの観点について、目標に準拠した評価の方法を開発することも課題である。

　資質・能力を獲得するための新たな学びの実現は、その成果の適切な評価と切り離すことはできない。生徒の学びの深まりが知識の暗記と再生ではないことを強調するのであれば、それらを適切に評価し、学びの深まりを確かめることが必要となり、表現された成果を妥当性、信頼性を持って評価することが問われるようになる。知識・技能の獲得や定着を単純に測るだけであれば、ペーパーテストやスキルテストのような客観テストでも十分であるが、知識を活用し、創造的な活動を行っているかを測るためには、表現に基づくパフォーマンス評価を用いる必要がある。パフォーマンス評価とは、知識やスキルを応用・統合して使いこなす必然性のある課題を提示し、その成果であるレポートや論文、プレゼンテーション、作品、実技などのできばえなどを質的に評価する方法とされている（松下、2007）。体育の場合には、パフォーマンス評価の考え方は難しいものではなく、たとえば、球技において、ゲームで活躍するという課題は、生徒にとって受け入れられやすいものに違いない。しかし、ゲームで活躍するという概念は、得点することだけを意味するわけではなく、得点につながるパスや守備の貢献、スコアや記録に表れない献身的なプレーといったように多くの表現やパフォーマンスが考えられる。それらを教師が受容し、適切に見とり、正しく評価する真正の評価が、資質・能力を育成するための重要な課題になっている。

5．体育の授業改善

　ここでは、主体的・対話的で深い学びの視点から体育の授業改善を検討す

る。対話的学びは、①対象との対話、②自己との対話、③他者との対話（佐藤、1995）と合致しているといわれている（岡野・青木、2017）。文部科学省が示した学校 Ver.3.0 にあるとおり、学校が「勉強・学習」の構造から「学び」の構造へ転換することが授業改善の基本的方向であり、体育の授業であっても同様と考えられる。現代は、多様性を認める社会に移行することも課題とされており、新学習指導要領においても共生という概念が重視されている。文化や思想、宗教、習慣などの違いを越えた共生社会の実現のためには、異性、異能力、異程度の人びとと一緒に生活をしながら、調和していく資質・能力を高めていくことが重要な役割を果たすことになる。生涯スポーツにおいても、技能差や性差、障がいの有無にかかわらず、あらゆる人と一緒にスポーツを楽しむことが求められ、そのために必要な愛好的・価値的態度を形成することが授業の目的であり、深い学びの実現と考えられよう。求められる共生の視点を実現するためにも男女共習によるダイバーシティやインクルージョンに対応した学びが望まれているのである。

　体育の授業は、豊かなスポーツライフを実現するための資質・能力を身につけることが目的である。そのためには、社会におけるスポーツ実践を意図した授業づくりがおこなわれる必要がある。中学校の体育授業に求められるのは、競技種目の経験や種目特有の技能の習得ではなく、多様な人びととスポーツを実践し、楽しむ力であり、共生社会を生きる資質・能力である。それらを育成するためには、体育の授業において、競技者やアスリートに求められるような高い技術の習得を目標とする必要はないのである。むしろ、参加者の状況に応じて、みんなが楽しむことができるようにルールを修正することや新たな技術・戦術を生み出すための思考力・判断力・表現力等および多様な要求を調整して合意形成する態度が必要とされているのであって、体育授業によって非認知的能力や汎用的なスキルが次第に身に付くことが望まれているのである。

6. 主体的・対話的で深い学びの観点からの授業改善

　ここでは、新学習指導要領に期待される授業改善の成果を明らかにする。実践では、主体的・対話的で深い学びの視点から体育授業の改善をおこない、効果を測定した。授業改善の基本的な方向性は、従来型の教師が教える授業から生徒が相互に学びあう授業にすることである。授業の構造を「生徒が主役の授業」になるように転換するために、教師が内容に加えて学び方を教えることにも注力し、教科横断的な資質・能力の育成を目指した。具体的には、「問いを引き出す工夫」と「かかわり合いの仕方」の２点に留意した授業づくりである。ここで強調される問いとは、教師から発せられた自分にはあまり興味や関心のない質問や教科書に記載されている設問のような他人事の質問ではない。自らの興味・関心に立ち、理解を深めるために自分の行動を抑制し、組織づけ、統制しようとする機能を持つ自分に発せられた言葉である。問いについてヴィゴツキーは、通常の音声を伴った伝達の道具としての社会的言語である外言とは異なる内面化された思考のための道具、いわゆる自分自身に向けられる内言であるといっている。つまり、問いを持たせるということは、思考を導くことを意味している。発問は教師からであっても、その言葉は自らに向けられ、課題を問い直すきっかけとなることによって、深い探究ができるようになっていなければならないのである。

　１単位時間の授業は、「つかむ（動機付け）・つたえる（相互の思考が絡み合う対話）・つなげる（学びの自己内対話）」という構造によって進められ、全クラス男女共習でおこなわれた。問いを持つことによって主体的に学ぶように動機付けられた課題は、男女共習による学びあいによって対話的に解決されるように構成されている。それぞれの授業で課題とされた動きは、男女共習グループで学びあいながら探究されていくのである。実施した２年生の器械運動（跳び箱）および３年生の武道（剣道）の単元では、男女の特徴に応じて表出される動きの違いを比べることによってその違いを考え、伝えるような学びの姿がよく見られた。学習の場が多く設定されることによって、技能を習得する時間が確保されているとともに、グループによる学びあいができる時

間が設定され、教師の発問によってより深い思考力・判断力・表現力等を育成することが意図されている。生徒の主体的な学びが導かれるような工夫として、自ら取り組みたくなるような課題を持つ教材の開発と思考を深めていく教師の発問が準備されていたのである。

　跳び箱の授業では、できないことができるようになるという挑戦の欲求を基本として、他人と協働しながらできないことをできるようにすることを目指した授業が展開された。追求される課題は、量的に段数を増やすことよりも質的な高まりが目指され、美しさや雄大さの追求や難度の高い技への挑戦が求められている。生徒は、自分のできる技の状況を単元の前半でつかみ、後半においては、できない技を習得するために挑戦するように設えがなされていた。また、剣道の授業は、型の習得を中心としながら、二人組による残心までの一連の流れを習得することを課題としており、協働によって達成されるものになっている。技能上位者にとっての相手にあわせるという活用・探究の課題と初学者にとっての型を習得するという課題が協働的な学びによって深められるように工夫されている。気・剣・体の一致を技能差があるペアであっても協働して完成させるという達成型の課題解決学習となっている。二人の演武をグループの他のペアが客観的に観察や評価を行い、教師主導の一斉型の習得ステージと２人の型の完成をグループで完成させるという活用・探究型のステージを配置した単元の設(しつら)えとなっている。いずれも、協働的な取り組みによって生徒を課題に没頭させる工夫がなされた授業であった。

　調査の手続きは、振り返りとして単元の最後の時間に、参加形態を測る10項目および授業を振り返る４項目について５件法による質問紙を回答させ、授業をおこなったそれぞれの学年合計８クラスから235名のデータを回収し、分析をおこなった。質問紙は、『協働学習への参加形態尺度』（宗形・山本、2015；岩間・山本、2017）と授業の評価に関する、（ア）不安・苦手意識（剣道に対して不安があった、跳び箱に対して苦手意識があった）、（イ）できないことができるようになった、（ウ）あそうか！と思うことがあった、（エ）精一杯取り組むことができた、の４項目で構成した。

表 5-1 参加形態尺度の作成（n=235）

	1	2
受益（α =0.86）		
9 いろいろ教えてもらった	0.94	-0.05
8 いろいろな考えを聞いた	0.92	-0.05
6 教えてもらったら分かった	0.84	0.00
10 話し合いが勉強になった	0.72	0.16
貢献（α =0.92）		
5 まとめ役になった	-0.08	0.84
3 みんなを引っぱった	-0.04	0.78
2 役立つ考えをを言えた	0.05	0.75
1 たくさん考えを言えた	0.10	0.70
抽出後の累積寄与率		67.84％
因子間相関と下位尺度間相関	0.49	0.46

表 5-2 参加形態（人数）

	「受益」高群	「貢献」低群
「受益」高群	86	40
「貢献」低群	29	80

(1) 「協働学習への参加形態尺度」の中学生への適用

「協働学習への参加形態尺度」（宗形・山本、2015；岩間・山本、2017）は、小学生の算数の授業への参加形態を測定するものであったので、中学生の体育の授業にあっても同様の構造をもつものであるのかを検証するために、まず、その 10 項目について因子分析（主因子法、プロマックス回転）をおこなった。負荷量に問題があった 2 項目を除き、再度分析をおこなったところ、原尺度と同様の 2 因子が得られた（表 5-1）。原尺度に倣ってそれぞれを「協働への貢献（以下貢献）」「協働からの受益（以下受益）」と呼ぶこととした。2 因子抽出後の累積寄与率は 67.84％であった。次に各因子に高い負荷量を示した項

目への回答を足し上げることが可能かを Cronbach の α 係数により検討したところ、前者は .92、後者は .86 であり、十分な信頼性があるものと判断された。その下位尺度間相関は .46 であり、原尺度が .16（宗形・山本、2015）、.14（岩間・山本、2017）であったことに比較すると高いものであったが、以上により、中学生（体育）においても適用可能な尺度であると考えられた。「貢献」「受益」いずれもその点が高いほどその傾向が高く自認されることを示すものである。

(2) 生徒の協働学習への参加形態

　生徒の協働学習への参加形態を明瞭にするために、宗形・山本（2015）及び岩間・山本（2017）に倣って各下位尺度 2 要因の高低による群を設けることにした。「貢献」では 13 点以上を高群、それを下回るものを低群とした。「受益」では 18 点以上を高群、それを下回るものを低群とした。その結果、「貢献」高群「受益」高群は 86 人、「貢献」高群「受益」低群は 40 人、「貢献」低群「協働」高群は 29 人、「貢献」低群「受益」低群は 80 人であった（表 5-2）。

　人数の偏りは下位尺度間相関に由来するものと考えられた。宗形・山本（2015）が、20 人の被験者について、それぞれ 5 人、5 人、4 人、6 人による群を設けたことと比較すると、顕著な偏りだと考えられたが、それが学年によるものであるのか、科目によるものであるのかは判断できなかった。

(3) 不安・苦手意識（剣道に対して不安があった・跳び箱に対して苦手意識があった）

　協働学習への参加形態が「不安・苦手意識」に与える影響を検討するために、これについて「貢献」×「受益」の 2×2 の分散分析を行った。各条件の平均と標準偏差は、3.35（*1.32*）、3.03（*1.40*）、3.63（*1.41*）、4.25（*1.19*）であった。分析の結果いずれの要因も交互作用も有意ではなかった（「貢献」：$F(1,231) = 1.67$, ns, $\eta^2_p = .01$、「受益」：$F(1,231) = 3.29$, ns, $\eta^2_p = .01$、交互作用：$F(1,231) = 0.03$, ns, $\eta^2_p = .00$）。

　これにより、協働学習への参加形態は学習内容の不安や苦手意識に影響しないものと考えられた。

⑷ できないことができるようになった

　同様に、協働学習への参加形態が「できないことができるようになった」への影響を分散分析により検討したところ、「貢献」要因は有意であり（$F(1,231) = 4.33, p < .05, \eta^2_p = .02$）、高群の方が「できないことができるようになった」と理解していることが示された。また「受益」要因も有意であり（$F(1,231) = 37.98, p < .01, \eta^2_p = .14$）、高群の方が同様に理解していることが示された。交互作用は有意でなかった（$F(1,231) = 0.11, \text{ns, partial } \eta^2_p = .00$）。

　これにより、いずれの要因も「できないことができるようになった」との理解を高めるものであることが明らかとなった。また、効果量を考慮すると特に「受益」が重要であることが示唆された。

⑸ あそうか！と思うことがあった

　次に、協働学習への参加形態が「あそうか！と思うことがあった」への影響を分散分析により検討したところ、交互作用が有意であった（$F(1,231) = 4.92, p < .05, \eta^2_p = .02$）。そこで各水準ごとの単純主効果を検討したところ、「受益」高群における「貢献」要因は有意でなく（$F(1,231) = 0.05, \text{ns}$）、「受益」低群における「貢献」要因は有意であった（$F(1,231) = 11.30, p < .01$）。また「貢献」高群における「受益」要因は有意であり（$F(1,231) = 14.02, p < .01$）、「貢献」低群における「受益」要因も有意であった（$F(1,231) = 47.33, p < .01$）。

　これにより、「あそうか！と思うことがあった」については、「受益」が高い場合には「貢献」要因による差は生じないことがわかった。

⑹ 精一杯取り組むことができた

　最後に、協働学習への参加形態が「精一杯取り組むことができた」への影響を分散分析により検討したところ、「貢献」要因は有意であり（$F(1,231) = 7.90, p < .01, \eta^2_p = .03$）、高群の方が「できないことができるようになった」と理解していることが示された。また「受益」要因も有意であり（$F(1,231) = 35.08, p < .01, \text{partial } \eta^2_p = .13$）、高群の方が同様に理解していることが示された。交互作用は有意でなかった（$F(1,231) = 1.63, \text{ns}, \eta^2_p = .01$）。

これにより、いずれの要因も「精一杯取り組むことができた」との理解を高めるものであることが明らかとなった。また、効果量を考慮すると特に「受益」が重要であることが示唆された。

(7) 成果と考察

　従来の「教えて考えさせる授業」を発展させた「生徒が主役の授業」において、学びあい（「かかわり合い」）活動の設定と思考・判断のための「問いを引き出す」発問の2点を留意した結果、生徒は、「協働からの受益」と「協働への貢献」の2つの学びの深め方によって満足度を高めたことが明らかになった。「協働への貢献」とは、学び合いにおいて教えることを意味し、「協働からの受益」とは、教えられることを意味する。それぞれの高群が授業に満足していると考えれば、「貢献」低群「受益」低群に分類される生徒以外は、授業に満足を示したことを示している。すなわち、授業では、双方向の学びである教え、教えられる活動が実現すれば、授業の満足度を高めることが可能になることが示唆されている。このことは、授業1時間の中で、全ての生徒が教え・教えられるような双方向的な構造でなくても、学びが深まることを意味している。一方で、この経験が他の時間や単元、教科において、学びが転移して役割を交代する可能性を示唆している。つまり、教えられてよかったという「協働からの受益」の経験があれば、自分の得意な分野では、役割を交代して学びを深めることが可能になる。学びは、1単位時間で常に完結するものではなく、単元や教科、学年、学校という大きなくくりの中で達成されればよいのであって、1人でできなかったとしても、誰かに助けられてできることが大切である。発達の最近接領域を拡大し、他人と協力することによって自らができる範囲を広げる体験しながら、協働して物事を達成することを教えるために主体的・対話的で深い学びが有効であることが示唆された。

7．体育の特性を活かした主体的・対話的で深い学び

　主体的・対話的で深い学びの実現とは、授業を教師が教えるという構造からみんなで学ぶ構造へ転換することにほかならない。体育の授業が「技術を教えられる」から「技能を高める」ものだと考えれば、自ずとそこに求められるのは学ぶということになる。学習の対象・他者・自分の3つの世界をより深めていくことが人の成長そのものなのである。授業では、教科の内容を学ぶことが中心となるが、学びを深めるためには、自分の学びを調整し、他者と協働しながら、多様性を認めて共生することを避けることはできない。学力は、「知っている・できる」、「わかる」、「使える」の3層の構造であり、それぞれに必要とされる活動が異なるといわれている（石井、2012）。知識の獲得と定着である「知っている・できる」に対して、知識の意味理解と洗練である「わかる」や知識の有意味な使用と創造である「使える」は、高次の学習とされている。つまり、「知っている・できる」を「わかる」を超えて「使える」ようになることが学びの深まりなのである。体育における学びとは、技能を高めることに終わらない。他者との関係性を築き上げ、そのかかわりの中で自分自身を見つめ直すことも含まれるのであって、換言すれば体育ではできればよいのではなく、わかって、かかわりを持てる全人的な成長が学びの深まりと捉えられるのである。

　主体的な学習の深まりは、「課題依存型」、「自己調整型」、「人生型」に分類され、「『主体的』な学習のすべてが主体それ自体から発現するわけではない」とされる（溝上、2018）。はじめの段階の主体的な学びは、教師が授業を準備し、生徒が熱中して取り組むことで成立する。体育の授業では、教師が準備した教材や授業の雰囲気によって成立する課題依存型の主体性でもはじめの段階は十分である。課題依存型の主体性は、次の段階で課題そのものに興味や関心がなくともおこなう自己調整型の主体性へと発展し、最終的に自己実現を目指す人生型の主体性へ高められていくのであって、授業で求める主体性を明確化することも授業改善に有効な視点となる。

　対話とは、「子供同士の協働、教員や地域の人との対話、先哲の考え方を

手掛かりに考えること等を通じ、自らの考えを広げ、深める」[11]ものと考えられている。既知の内容や文化に学ぶことに加えて、他者とともに学ぶことで違いに気付き、新たな考えを取り入れることが理解の深まりとなる。相互に学ぶことによって一人では獲得できない知を獲得することが対話的な学びによる深まりといえよう。対話的な学びの中心となる直接的なコミュニケーションについては、これまでにもその重要性が指摘されてきたが、実際の学びあい活動においては一方向的な伝達となっている場合も少なくはない。しかし、その中においても貢献や受益という学びがあり、教えられた生徒が必ず受動的になるわけではなく、教えられることでも能動的に学ぶことができるのである。「学びあう」構造が学びの深まりを導いているのであり、教え・教えられるという関係性に関与しない生徒をどうするかが授業改善に優先される課題となる。体育や特定の領域・単元で教えられる立場だったからといって、その生徒がその後の学びにおいて、いつも受動的になるわけではない。他者の考えや発表を聞くことで、自分の学び方を見直すことになれば、学びは深まっているのであり、対話的な学びによる深まりを経験することによって、得意な場面においては役割を交代する可能性が示唆されたとも考えられよう。

　深い学びとは、他の状況に活用できない単なる知識やスキルを他の状況でも活用できるように結びつけることとされ、深い学習」、「深い理解」、「深い関与」の三つに整理されている（松下、2015）。学びの深さは、方法によって決まるものではないので、学習形態だけでなく、学びの質にも焦点化する必要がある。したがって、学びは能動的であるだけでなく、質的な深まりが重要なのである。

　深い学習とは、テストが終われば忘れてしまうような浅い知識の再生産ではなく、意味を追求しながら深く考え、概念を理解することである。深い学習とは、生徒の外的活動だけで判断できるものではなく、内的に深まることが重要なのである。深い学習は、学習者の属性だけではなく、状況によって決まるので、教師が授業を準備することによって学びが深まる可能性を示唆している。

深い理解とは、理解の次元のことを意味しており、知識やスキルが原理や一般化のレベルにまで高められて、新しい課題にも適応できるようになることであり、具体的内容を忘れた後でも残る永続的な理解に達することである。

深い関与とは、時間を忘れて没頭するような状態である。体育であれば、生徒が本気で取り組むような教材を与えることができれば、授業の内外で自ら取り組み、その解決を集団的に図るようになるに違いない。そうすれば、学びは自ずと深まっていくのである。

学びが深まるためには、「知識を得る過程で考えたことや疑問に思ったことを人びとに伝えていく態度や能力を身につけていく」ことが重要である（溝上、2018）。個の学びと協働の学びの場面をそれぞれ授業に設定し、個の学びを言語で表現してから、集団において他者と比較して差異を見出すことが重要である。対話的な学びによって気付いた他者との差異は、改めて振り返りで個に返し、個と集団で往還することが学びを深めるのである。これらの思考を導くツールとして、ワークシートや学習カードを準備することが有効と考えられる。

8．おわりに

学校教育では、各教科に固有な知識や技能である内容を習得することが目指されてきたが、これからは、習得した知識・技能を活用して未知の問題に解を見出すことのできる資質・能力を獲得することが重要と考えられるようになった。知識伝達型の授業ではなく、能動的な活動を設定し、授業を学びの構造にすることによって質的に深めていくことが必要とされているのである。体育においても、スキルを活用して、パフォーマンスを向上させるためには、自己の内にあるものを外へ表出し、書くことや話すこと、発表や表現することを通して学びを深めることが必須となる。生徒を意味のある活動に導くことによって、人間的な成長を促すことが主体的・対話的で深い学びの実現になるのである。

学びあいがなされた授業では、協働への貢献、協働への受益という2つの

因子によって、いずれの役割であっても授業の満足度が高まることが明らかになった。能動的に聞くことによって知識が結びつけられ、内的な理解は深まるのである。学びあいにおいては、双方向的であることが望ましいが、教えられることでも学びを深めることは可能である。学びを深め、質的に高まるためには、状況が重要である。生徒が熱中する教材を準備し、発問によって思考・判断する機会と対話的に学びあう活動を設定した授業をつくることが資質・能力の育成につながる。また、体育における豊かな学びの実現には、客観テストでは測れないパフォーマンスを課題とすると同時に、その適切な評価がなされなければならず、教師の力量形成も課題と考えられる。豊かなスポーツライフを実現するための資質・能力を育成するためには、共生という新たな視点を踏まえた授業づくりが行われ、思考力・判断力・表現力などの認知スキルだけでなく、客観的なテストでは把握することが困難な非認知的スキルを高めることが重要である。そのために体育がどのような貢献をすることが可能なのかについては今後の課題として明らかにしていきたい。

注

1 中央教育審議会答申「我が国の高等教育の将来像」平成 17 年 1 月 28 日。
 http://www.mext.go.jp/b_menu/shingi/chukyo/chukyo0/toushin/05013101.htm
2 Society 5.0 に向けた人材育成に係る大臣懇談会「Society 5.0 に向けた人材育成〜社会が変わる、学びが変わる〜」平成 30 年 6 月 5 日。
 http://www.mext.go.jp/b_menu/activity/detail/2018/20180605.htm
3 中央教育審議会答申「新たな未来を築くための大学教育の質的転換に向けて〜生涯学び続け、主体的に考える力を育成する大学へ〜」平成 24 年 8 月 28 日。
 http://www.mext.go.jp/b_menu/shingi/chukyo/chukyo0/toushin/1325047.htm
4 注 3 参照。
5 中央教育審議会答申「新しい時代にふさわしい高大接続の実現に向けた高等学校教育、大学教育、大学入学者選抜の一体的改革について」平成 26 年 12 月 22 日。
 http://www.mext.go.jp/b_menu/shingi/chukyo/chukyo0/toushin/1354191.htm
6 教育課程企画特別部会「論点整理」平成 27 年 8 月 26 日。http://www.mext.go.jp/b_menu/shingi/chukyo/chukyo3/053/sonota/1361117.htm
7 中央教育審議会答申「幼稚園、小学校、中学校、高等学校及び特別支援学校の学習指導要領等の改善及び必要な方策等について」平成 28 年 12 月 21 日。

http://www.mext.go.jp/b_menu/shingi/chukyo/chukyo0/toushin/1380731.htm
8 　文部科学省「育成すべき資質・能力を踏まえた教育目標・内容と評価の在り方に関する検討会 ── 論点整理 ──」平成 26 年 3 月 31 日。http://www.mext.go.jp/component/b_menu/shingi/toushin/__icsFiles/afieldfile/2014/07/22/1346335_02.pdf
9 　注 7 参照。
10 　教育再生実行会議（第七次提言）「これからの時代に求められる資質・能力と、それを培う教育、教師の在り方について」平成 27 年 5 月 14 日。https://www.kantei.go.jp/jp/singi/kyouikusaisei/teigen.html（各 URL：2018.9.30 参照）
11 　注 7 参照。

参考文献

石井英真（2012）「学力向上」、篠原清昭編著『学校改善マネジメント－課題解決への実践的アプローチ－』ミネルヴァ書房、136-150 頁。
岩間安美・山本奬（2017）「協働学習への参加形態が算数科の学習成果に及ぼす影響：観点別評価の視点から」『岩手大学教育学部研究年報』(76)、51 - 62 頁。
岩田靖（1997）「教材づくり論の展開」、竹田清彦他編『体育科教育学の探究』大修館書店、242-253 頁。
岡野昇・青木眞（2018）「体育における「主体的・対話的で深い学び」に関する考察」『三重大学教育学部研究紀要』(69)、教育科学、259-266 頁。
佐藤学（1995）「学びの対話的実践」、佐伯胖他編『学びへの誘い』東京大学出版会、49-91 頁。
高田典衞（1974）『体育授業の方法』杏林新書、1-11 頁。
田村学（2018）『深い学び』東洋館出版社、36-37 頁。
奈須正裕（2017）『「資質・能力」と学びのメカニズム』東洋館出版社、25-26 頁。
松下佳代（2007）「パフォーマンス評価──子どもの思考と表現を評価する──」『日本標準ブックレット』、6-9 頁。
松下佳代（2015）『ディープ・アクティブラーニング──大学授業を深化させるために──』勁草書房、1-30 頁。
溝上慎一（2018）『アクティブラーニング型授業の基本形と生徒の身体性』東信堂、14-19 頁。
─── （2018）前掲書、102-121 頁。
宗形美郷・山本奬（2015）「協働学習への参加形態が児童の授業評価と学習成果に及ぼす影響──算数科教育の実践と学級経営の視点から──」『岩手大学教育学部附属教育実践総合センター研究紀要』(14)、395-407 頁。

第6章 「メタ認知」を活用した「深い学び」の授業実践とその教育効果
——理科教育を事例として

久坂　哲也

1. はじめに

　学校現場で実際に授業を行なっている教師にとって「深い学び」は喫緊の課題となっている。平成29年3月に告示された学習指導要領（以下、新学習指導要領）において、「主体的・対話的で深い学び」の実現に向けた授業改善の推進が掲げられ、学校教育の中でこれからの時代に求められる資質・能力を育成することの必要性が強調された（文部科学省、2018）。ここで「主体的な学び」や「対話的な学び」の具体像や授業中の子どもたちの姿というものは、小学校や中学校での教師経験のある私にとってある程度描きやすいものであったが、当初「深い学び」だけはそのイメージが描けなかった。"深い"という言葉を聞いて真っ先に思い浮かんだのは、自分が大学院生のときに学んだ処理水準（Craik & Lockhart, 1972）であった。これは、人間の情報処理過程には形態的・表面的な処理といった浅い水準と意味的・概念的な処理といった深い水準の処理があり、処理水準が深くなれば記憶も強固になり忘却も生じにくくなるという認知心理学の概念である。しかし、これからの学校教育の中で求められる「深い学び」というのは、単に記憶に残りやすい学習という意味ではないはずである。

　一方、新学習指導要領では、変化が激しく予測が困難な21世紀の社会を生き抜くために必要な資質・能力の明確化も図られた。従前から重視されてきた「生きる力」を改めて捉え直し、教育課程全体を通して育成を目指す資質・能力を、「(1) 生きて働く知識・技能の習得」「(2) 未知の状況にも対応できる思考力・判断力・表現力等の育成」「(3) 学びを人生や社会に生かそうとする学びに向かう力・人間性等の涵養」の三つの柱で整理している。特に、「(3) 学びに向かう力・人間性等の涵養」については、「(1) 生きて働く

知識・技能の習得」及び「(2) 考力・判断力・表現力等の育成」を、どのような方向性で働かせていくかを決定付ける重要な要素として位置づけられている（文部科学省、2017）。また、この学びに向かう力・人間性等に関しては、平成 27 年 8 月に公表された教育課程企画特別部会の「論点整理」および平成 28 年 12 月に告示された「中央教育審議会答申」（以下、中教審答申）において、「いわゆる『メタ認知』に関するもの」という記述が見受けられる（文部科学省、2015、2016）。

「メタ認知（metacognition）」とは、自分の認知を自覚的にモニタリングしたりコントロールしたりする高次な認知を意味する概念であるが（図6-1）、1970 年代に発達研究で著名な心理学者フレイヴェルが提唱して以降、瞬く間に広まった。おそらく今では心理学者や教育学者だけでなく、学校現場の多くの教員にとっても既知の概念である。メタ認知は、自己学習力を高めたり自己調整学習を推し進めたりするうえで重要な役割を果たすとされ、また、学力や動機づけとも密接な関係にあるため、心理学研究のみならず教科教育学研究においても研究が数多くされてきた。これは、理科教育学研究においても同様であり、現在においてもさまざまな知見が蓄積されている。

そこで本章では、主に中学校の理科授業に焦点を当て、「深い学び」の実現に向けて日々の授業づくりのなかでどのような質的改善を図っていくことが求められるのかについて、「メタ認知」との関わりを中心に実践事例や先行研究の知見などを示しながら考えていきたい。

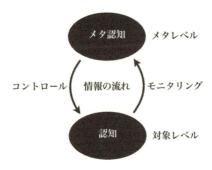

図 6-1　メタ認知のモデル（Nelson & Narens, 1990 を基に作成）

2．中学生は理科の学習を通して何を学んだと考えているか

　理科においては、従前から「科学的な見方や考え方」を養うことが重視されてきた。では、実際に理科を学んでいる中学生は、理科の学習を通して何を学んだと考えているのだろうか。ここでは私が以前に行った調査（久坂・三宮、2014）を紹介する。

　この調査では、岩手県内の公立中学校1校の1年生と2年生の計43名を対象に、「『理科の学習を通して学んだこと』についてなるべくたくさん書きましょう」と自由記述を求めた。その結果、計142件の記述を得た。得られた記述について、理科の評価観点に基づき分類した結果を表6-1に示す。

　その結果、「(b) 科学的な思考・表現」に関する記述は1件のみであり、その内容も「想像と実験結果は違うことがある」といった表層レベルのものであった。

表6-1　理科の学習を通して学んだことの観点別記述数

評価観点と記述例		件数	割合（%）
(a)	自然事象への関心・意欲・態度 例）植物に細胞がいっぱいあってすごかった	31	21.8
(b)	科学的な思考・表現 例）想像と実験結果は違うことがある	1	0.7
(c)	観察・実験の技能 例）ガスバーナーの使い方、グラフのかき方	21	14.8
(d)	自然事象についての知識・理解 例）唾液はデンプンを糖に分解する	64	45.1
(e)	その他	25	17.6
	計	142	100

　この調査対象となった中学生は、事前に行った理科の学習に対する動機づけ、学習価値、探究態度に関する質問紙調査のいずれにおいても良好な反応を示していたものの、これまでの理科の学習を通して学んだことについての記述では、(d)「自然事象についての知識・理解」に関するものが多くを占め、

科学的な思考・表現に関する記述は1件しか見られなかった。

　この原因として、実際に生徒は物理、化学、生物、地学の各分野で学習する知識を獲得していたとしても、それらの知識を活用しながら科学的な方法や手続きを用いて探究を行うための知識を有していない可能性が挙げられる。PISA では「科学的知識（scientific knowledge）」を「科学の知識（knowledge of science）」と「科学についての知識（knowledge about science）」とに分類している。前者は、自然科学についての知識であり、後者は科学的探究や科学的説明に関する知識である。これらは車輪のように、対としてバランスよく習得することが求められるが、本調査結果を見ると「科学の知識」ばかりが習得され、「科学についての知識」の習得は不十分であることが考えられる。これは、2012年度実施の全国学力・学習状況調査の結果とも合致する見解である。

　このように、学習者自身が「科学についての知識」の獲得を自覚できていなければ、それを意図的・随意的に利用することは困難であると思われ、改善を図っていかなければいけない部分である。

3．理科における「深い学び」の実現に向けて

　文部科学省が平成29年9月に公開した資料「新しい学習指導要領の考え方」のなかで、「深い学び」については「習得・活用・探究という学びの過程の中で、各教科等の特質に応じた『見方・考え方』を働かせながら、知識を相互に関連付けてより深く理解したり、情報を精査して考えを形成したり、問題を見いだして解決策を考えたり、思いや考えを基に創造したりすること」と説明されている（文部科学省、2017）。理科の学習においては、教科の目標にもなっているように「『理科の見方・考え方』を働かせながら、自然の事物・現象について科学的に問題解決または探究すること」と捉えることができる。資質・能力育成に向けた「深い学び」の実現には、学習プロセスの充実が欠かせないとされているが（田村、2018）、理科においては従前から「科学的な見方や考え方」を育成するために重視してきた科学的探究活動を一層充実させていくことが大切であると言われている（清原、2016）。

そこで、次節では科学的探究活動とメタ認知との関わりについて述べる。

4. 科学的探究活動とメタ認知

(1) 科学的探究のプロセス

科学的探究を研究対象とする学問領域は、科学哲学や心理学、教育学などと多岐にわたる。たとえば、科学哲学の領域においてアブダクションの概念を提唱した Peirce は、科学的探究のプロセスを色々な説明仮説を考える「アブダクション」、その仮説から経験的に検証可能な予測を導く「演繹」、仮説が経験的事実と一致するか確かめる「帰納」の3段階で捉えている（米盛、2007）。心理学の領域において科学的推論過程を仮説空間と実験空間の探索過程と定義し、SDDS（Scientific Discovery as Dual Search）モデルを提唱した Klahr & Dunbar（1988）は、科学的探究のプロセスは、具体的な仮説を立てる「仮説の形成」、証拠を導き出す実験をデザインする「実験の計画」、証拠が仮説を支持するか判断する「証拠の評価」の3つのプロセスであると述べている。また、新学習指導要領等においても理科の学習過程が示されているが（図6-2）、これらは表6-2のように3つのプロセスに整理することができる。

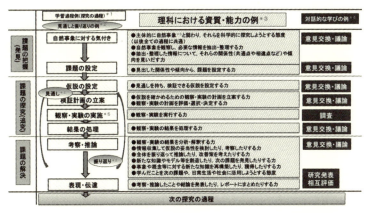

図6-2 資質・能力を育むために重視すべき学習過程のイメージ（高等学校基礎科目の例）（「中教審答申」別添資料、2016年12月21日より）

表 6-2　各学問領域の代表的な科学的探究プロセスの比較

プロセス	科学哲学（Peirce）	心理学（Klahr & Dunbar）	新学習指導要領
1	アブダクション	仮説の形成	課題の把握
2	演繹	実験の計画・遂行	課題の探究
3	帰納	証拠の評価	課題の解決

　1つ目は、主に仮説を立てるプロセスである。このプロセスでは、自然事象に対する気づきや疑問、問いなどについて観察や実験を通して仮説を立てる手続きである。2つ目は、主に観察や実験を遂行するプロセスで、仮説を検証するための計画を立て、それにしたがって観察や実験を遂行するプロセスである。3つ目は、観察や実験で得られた結果に基づいて最初に立てた仮説について評価を行うプロセスである。では、これらのプロセスを充実させるためには、どのような手立てを行う必要があるのだろうか。その鍵となるのが「メタ認知」であると考えられる。

⑵　科学的探究活動におけるメタ認知の働き

　一般的にメタ認知は、知識成分である「メタ認知的知識（metacognitive knowledge）」と活動成分である「メタ認知的活動（metacognitive activity）」に分類される。メタ認知的知識はさらに細かく分類されているが、ここでは科学的探究活動を遂行していくうえで必要な知識（ポイントやコツに近い）と考えてもらいたい。たとえば、前述した科学的探究の3つプロセスで考えてみると、1つ目の仮説を立てるプロセスで重要となるメタ認知的知識の1つに「仮説は検証可能なものにする」が挙げられる。自分たちが立てた仮説が観察や実験を通して検証可能なものとならなければ意味をなさない。そのためには、「○○○すると□□□なる」といった具合に、意図的に変化させる要因（＝独立変数）とそれにともなって変化する要因（＝従属変数）が組み込まれた仮説にする必要がある。

　2つ目の観察や実験を計画・遂行するプロセスでは、「条件制御をしながら独立変数を1つだけ変化させて行う」といったメタ認知的知識が重要にな

る。実際に、熟達した学習者は実験の計画を立案するときに1度に変化させる変数を1つだけに設定するが、熟達していない学習者は2つ以上の変数を変化させる傾向があることが指摘されている（Zohar & Ben David, 2008）。したがって、"実験を計画するときには変化させる要因（独立変数）を1つにする"といったメタ認知的知識を獲得する必要がある。

　3つ目の仮説を評価するプロセスでは、「結果を公正に解釈する」ことが求められる。私たちは一般的に自分の仮説と一致する結果に目が向きやすい傾向（＝確証バイアス）が知られている。よって、このようなメタ認知的知識をもっていれば、自分にとって都合の良い結果だけを見ないように気をつけようといったように結果の公正な解釈が可能となる。

　このように、メタ認知的知識は「□□□のときは、○○○をする」という形式で捉えるとわかりやすく、「プロダクション・システム（production system）」で説明されることもある。プロダクション・システムとは、人間の問題解決のモデルであり、認知心理学の長期記憶と短期記憶の考え方をコンピュータ化したものである。「if（もし～ならば）」といった条件（condition）と「then（～しなさい）」といった行為（action）のプロダクション・ルール（production rule）で構成される。したがって、理科の学習の中で科学的探究を充実するためには、「仮説を立てるときは、独立変数と従属変数をきみ合わせて検証可能なものにする」、「実験計画を立てるときは、独立変数を1つずつ変化させる」などといった、各プロセスにおけるメタ認知的知識を教師側が明確にもち、それを各学年で求められる資質・能力や各単元の学習内容と照らし合わせながら、適宜指導していくことが大切である。

(3) メタ認知の活性化を目的とした授業実践における2つの課題

　私はこれまで国内の理科教育におけるメタ認知研究の実態調査をおこなったり（久坂、2016）、学習者のメタ認知への働きかけを意識した授業実践をいくつか拝見させていただく機会を得てきたりした。これらの実践研究や授業実践に共通していえることは、主に「振り返り」を重視し、教師の支援や言葉かけ、ワークシートなどの工夫によって振り返り活動を促すというものが中心であったことである。もちろん、メタ認知を高める上で自分自身の学習

活動のようすを振り返らせること、つまりはメタ認知的モニタリングを働かせることは重要なことであるが、ここには2つの課題があると考えられる。

　1つ目は、メタ認知的モニタリングとメタ認知的コントロールの関係に関するものである。メタ認知的活動は図6-1に示したようにモニタリングとコントロールから成り立っており、対象レベルである学習活動を含む認知活動をメタレベルでモニタリングをおこない、間違いが発見されたりエラーが検出されたりすると、その結果を踏まえて次の認知活動をコントロールする働きをしている。したがって、メタ認知的モニタリングによって得られた情報を適切に判断し、それをメタ認知的コントロールへと繋げることで、学習はより良い方向へと導かれると考えられる。しかし、これまでの先行研究や授業実践をみていると、メタ認知的モニタリングの活性化に止まっているものが多く、それをメタ認知的コントロールへと接続させるための取り組みはおこなわれていないものが多い。熟達した学習者は、メタ認知的なモニタリングとコントロールの往還が円滑である一方、未熟な学習者はモニタリングからコントロールへの接続に問題がある場合がある。ゆえに、学習者に「振り返り」をさせる場合は、丁寧に振り返りをして終わりではなく、その振り返りの結果を次の学習（活動）にどうつなげるかという視点を与えて考えさせたり、教師が適宜支援したりしていかなければならない。

　2つ目は、メタ認知的活動とメタ認知的知識の関係に関するものである。前述したように、メタ認知は、知識成分であるメタ認知的知識と活動成分であるメタ認知的活動とに分類される。つまり、私たちがメタ認知を働かせる場合、何らかのメタ認知的知識に基づいてメタ認知的活動を行なっていることになる。ゆえに、そこには意識や注意が働いていることになる。何の知識にも基づいておらず、また学習者が無意識におこなっている活動はメタ認知的活動とは言い難い（注：ただし、当初はその学習者にとってメタ認知的活動だったものが熟達化によって自動化され、その後、その活動を無意識で遂行可能になることは十分にあり得る）。よって、単に振り返りのようなメタ認知的活動を促すだけでは、学習者のメタ認知を効果的に育むことは難しい。もちろん、メタ認知的活動を促すことによって、その経験から学習者がメタ認知的知識を

自ら形成することもあるが、自らの成功や失敗の経験からメタ認知的知識を帰納的に形成することができるのは、元々学力の高い学習者であることは容易に想像できる。さらに、学習者が個人の経験や信念に基づいて形成できたとしても、そのメタ認知的知識は常に正しいものとは限らない。したがって、教師側が適切なメタ認知的知識を教示したうえでメタ認知的活動を促すような指導を行うことが求められる。そこで次節では、メタ認知的知識の教示による授業実践を2つ紹介する。

5．実践事例1：理科の予想場面に着目した授業実践と評価

(1) 授業実践の目的

本授業実践では、科学的探究活動の実験結果を予想する場面に焦点を当て、その際に要求されるメタ認知的知識を「結果予想スキーマ」と命名し、このスキーマを教示することの効果を検討することを目的とした。研究協力校では、2016年4月から理科の授業において予想段階の個人の考えを学級全体で討論するという協働的な学びに力点を置いていたため、スキーマを教示した上で討論を行った場合（以下、教示討論群）と、スキーマを教示せずに討論を行った場合（以下、討論群）において、予想正答率や根拠の質、確信度に差異が生じるか比較することにした。また、討論独自の効果量も算出するため、スキーマの教示も討論も実施しない統制群を設けて検討することとした。以下に、教示した結果予想スキーマを紹介する。

〈結果を予想するときに気をつけたいこと〉
　実験の結果を予想するときには、「なぜそのように考えたのか？」という理由が必要です。これを根拠と言います。ただ、根拠は何でもいいわけではありません。根拠を考えるときには、以下の2つのことに気をつける必要があります。
（1）科学的な根拠となっているか
　根拠は科学的なものである必要があります。科学的な根拠とは、例えばこれまで理科の授業などで学習してきた知識、実験や調査などの結果、経験や観察など

によって明らかになった事実などです。逆に科学的ではない根拠とは、例えば単なる思いつき、権威ある情報（有名人や影響力のある友だちの発言など）、流行や習慣によるもの（例えば、水素水は流行っているから健康に良い）などです。

(2) その根拠が予想の根拠として相応しいか

いくら科学的な根拠であったとしても、それが予想と結び付かなければ根拠とはなりません。

例えば、「空気は冷やされると体積が増えるはずだ」という予想に対して、「なぜなら、水は冷やされて氷になると体積が増えるから」という根拠は相応しくありません。根拠だけを見れば科学的に正しいのですが、空気の温度による体積変化を考える（予想する）ときに、特殊な物質である水を根拠とすることは適切ではありません。

以上のように、実験の結果を予想するときは、"自分が考えた根拠が科学的なものとなっているか"、"予想の根拠として相応しいものとなっているか"について、振り返ったり評価したりすることが大切です。

図 6-3　結果予想スキーマの内容（一部修正）

(2) 授業実践の概要

授業実践は、2016 年 12 月に岩手県内の中学校第 1 学年の生徒（3 学級）を対象に実施した。各学級に各学習条件を無作為に割り当てた。各学習条件群の活動の流れを表 6-3 に示す。

表 6-3　各群の活動の流れ

	教示討論群	討論群	統制群
活動 1	教示	討論	予想
活動 2	討論	予想	-
活動 3	予想	-	-

各授業実践は、第 1 分野「身近な物理現象」の「力と圧力」が終了した 2016 年 12 月中旬に、1 時間の理科授業内（実際は 50 分間）で実施した。各授

業実践の冒頭に、大学教員が (1) 今回の授業は学校の成績とは関係のないこと、(2) 得られたデータは研究の目的で使用し、個人を特定した分析や情報公開はおこなわないこと、を説明した。次に教示討論群のみ資料1枚（図6-3参照）を配布して教示をおこなった。その後、中学校教員が課題を提示し、各学習条件に基づいて授業を展開した。なお、学習条件による処遇格差を解消するため、予想活動終了後に討論群では教示を、統制群では教示と討論をおこなった。予想活動は学習プリントにしたがって実施し、課題に対する結果の予想は多肢選択式（選択肢4項目）、根拠は自由記述式、自分の考えに対する確信度評定は5段階のリッカート法で回答を求めた。

また、討論活動は中学校教師の主導で実施した。討論の展開は、(1) 学級内の予想の分布を確認する、(2) 少数派の予想から順に根拠を数名指名して述べさせる、(3) 自分の考えとは異なる予想や根拠について質問し合い学級全体で議論する、とした。この間教師は学習者の考えについて正誤に関する発言は一切行わず討論の進行のみおこなうよう努めた。

課題は、注射器問題を使用した（図6-4）。これは「パスカルの原理」に関する課題で中学校理科の教科書に記載されていないが、「力と圧力」の単元で既習の圧力の公式（$Pa=N/m^2$）を活用すれば解決できる課題である。

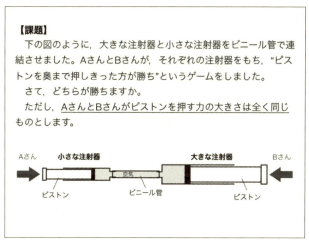

図6-4 使用した課題（注射器問題）

(3) 授業実践の評価

予想得点は、不正解（0）、正解（1）とした。根拠得点は、無記名または的外れな記述（0）、圧力の概念に触れているが説明不足な記述（1）、圧力・力・面積の大きさの関係性に関する記述（2）とした。確信度評定は、"全く自信がない（1）" から "とても自信がある（5）" とした。

各学習条件群の予想得点、根拠得点、確信度評定の平均値を図6-5と図6-6に示す。学習条件（教示討論群・討論群・統制群）を独立変数、予想得点と根拠得点、確信度評定をそれぞれ従属変数とする1要因3水準の分散分析をおこなった。その結果、学習条件の主効果は、予想得点（$F(2, 113)=10.14, p<.001, \eta^2=.15$）、根拠得点（$F(2, 113)=9.15, p<.001, \eta^2=.14$）、および確信度評定（$F(2, 113)=15.35, p<.001, \eta^2=.21$）のそれぞれに対して有意であった。多重比較（Bonferroni法）の結果、予想得点は教示討論群と討論群が統制群よりも高く（$p<.05$）、根拠得点は教示討論群が討論群と統制群より高かった（$p<.05$）。また、確信度評定は教示討論群と討論群が統制群よりも高かった（$p<.05$）。確信度評定の正確さを分析するため、γ 係数（グッドマン・クラスカルの順序連関係数）を算出した。その結果、教示討論群：$\gamma=.94$；討論群：$\gamma=.61$；統制群：$\gamma=.21$ であった。因みに γ 係数は、-1 から 1 までの値をとり、値が大きいほど正確さが高いと解釈する。

予想得点に着目すると、教示討論群と討論群は統制群よりも高かった。教師の介入や誘導がなくとも討論を行うことによって、予想の正答率が上昇した。これは自己と他者の考えを比較することで、より説明力が高いと判断された考え方に自己の予想がシフトしたものと考えられる。

根拠得点は教示討論群が討論群と統制群よりも高かった。今回教示した結果予想スキーマでは、"根拠は科学的と言えるか"、"根拠は予想を支え得るか" の2点を判断する必要性を強調した。教示討論群では、討論前にスキーマを教示したことで、結果を予想する際のメタ認知的知識が獲得され、討論の際にこの知識が活用されたのではないかと考えられる。つまり、メタ認知的知識が獲得されたことによって、自己の根拠に対してメタ認知的モニタリングとメタ認知的コントロールが働いた可能性が考えられる。Zepeda, et al.（2015）においても、問題解決活動の前にメタ認知的な指導をおこなうことは、学習者にメタ認知に関する宣言的知識を獲得させ、メタ認知的活動を促進させることが報告されている。本授業実践においても同様の過程を経た可能性が考えられる。

　確信度評定の正確さは、教示討論群、討論群、統制群の順に高い値を示した。特にも教示討論群は $\gamma = .94$ と高く、自己の考えに対して適切な確信度もつことができたことを示した。一方、討論群では $\gamma = .61$ と値が低くなり、統制群に至っては $\gamma = .21$ とさらに低い値を示した。自己の思考過程や結果に対して、適切な確信度をもつことは非常に重要である。そうでなければ、理解できていないのに"できた"と勘違いをしたり、理解できているのに"できない"と誤った判断を下したりすることで、自己調整的に学習を進めていくことが困難となる。したがって、討論など協働的な学びをおこなうためには、その学習内容だけでなく、その学習の遂行や問題解決に必要なメタ認知的知識やスキルを同時に指導することが、認知的側面だけでなく、メタ認知的側面においても有益であると考えられる。

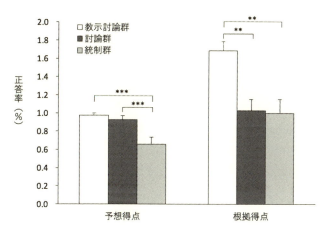

図 6-5　各群の予想得点と根拠得点の正答率と多重比較

注）エラーバーは標準誤差を示す。

$**p<.01, ***p<.001$

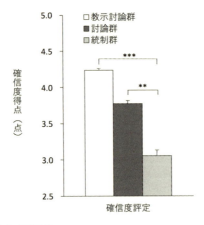

図 6-6　各群の確信度評定と多重比較
注）エラーバーは標準誤差を示す。
**$p<.01$, ***$p<.001$

(4) 授業実践のまとめ

　本授業実践では、中学生を対象として理科学習場面の結果を予想するフェーズに焦点を当て、結果予想スキーマ（メタ認知的知識）を教示した上で討論を行うことの効果について、予想の正答率、根拠の質、確信度評定の正確さの観点から分析した。その結果、実験結果を予想する際に討論を行うことは正答率が上昇すること、スキーマを教示した上で討論を行うことは根拠の質だけでなく確信度評定の正確さも高くなることが確認された。

　Dignathe & Büttner（2008）のメタ分析では、メタ認知への教育介入は小学生よりも中学生でより大きな効果量が得られると報告している。学習活動の難易度が高い場合、低学年の学習者はその活動の遂行に認知資源が奪われ、メタ認知的な営みが阻害されるからである。科学的探究活動においても下位レベルでは難易度が異なると推測される。ゆえに、縦断的調査を実施して効果量を比較すれば、どの学年でどの場面に着目した指導を行うべきか明確になり、教育プログラムの開発にも寄与すると考えられる。なお、本授業実践の詳細は久坂ほか（2017）を参照されたい。

6．実践事例2：理科の考察場面に着目した授業実践と評価

(1) 授業実践の目的

　本授業実践では、科学的探究活動の考察する場面に着目することにした。また、アクティブ・ラーニングの視点である「主体的・対話的で深い学び」の実現には、個人が有している科学的知識とメタ認知的知識を活用して他者と協働しながら問題解決することが求められる。そこで、メタ認知的知識を教示する授業に加え、他者との協働を支援するための授業も開発し、その効果について授業実践を通して評価することにした。

(2) 授業実践の概要

　対象は岩手県内の中学校第2学年の生徒（4学級計146名）であった。各学級に各学習条件を無作為に割り当てた。各群の活動の流れを表6-4に示す。各群においてはじめに質問紙調査を行った。質問紙調査の所要時間は10分程度であった。その後、それぞれの活動を実施した。活動1~3の所要時間はすべて50分間であった。

表6-4　各群の活動の流れ

	教示支援群	教示群	支援群	統制群
活動1	教示授業	教示授業	支援授業	評価問題
活動2	支援授業	評価問題	評価問題	-
活動3	評価問題	-	-	

　教示授業は、学習者に考察に対するメタ認知的知識を獲得させることを目的として実施した。授業は二部構成とし、前半部は以前に同対象者に実施した調査結果（平澤・久坂、2017）をもとに行われた。この調査は、学習者の考察に対するメタ認知的知識の状況を把握するために行われ、学習者に「考察のときに大事なこと」を自由記述で求めて得られた764件の記述について計量テキスト分析を用いてコーディングスキーマを生成し、分析を行ったもの

である。分析の結果、その他を含む22種類のメタ認知的知識が得られたが（図6-7）、メタ認知を促進させるためには先ず個人内の知識のレパートリーを増やすことが必要であるため（Veenman, 2011）、具体事例を示しながら1つずつ紹介や解説をおこなった。後半部は、考察場面において科学的思考の阻害要因と成りうる「確証バイアス」や「社会的証明の原理」などの概念についてクイズやストーリーを交えながら解説をおこなった。

以上のように、前半部はより良い考察を促すポジティブな要因であり、後半部はより良い考察を阻害するネガティブな要因である。授業の最後は、この両者を意識しながら思考することの重要性を説き、まとめとした。

順位	カテゴリー	個数	割合
1	実験の結果や内容をもとに考える	97	12.7
2	既習事項や既有知識との関連性	96	12.6
2	新たな発見や疑問を考える	96	12.6
4	理由や根拠を考える	63	8.2
5	自分と他者の意見や考えを比較する	61	8.0
6	課題や予想との関連性	47	6.2
7	日常生活との関連性	43	5.6
8	他の考え方や視点はないか考える	35	4.6
9	他者にもわかりやすいように書く	26	3.4
9	自分が考えたことをすべて書く	26	3.4
11	実験の方法や結果が適切であったか考える	22	2.9
12	実験が成功や失敗した原因や理由を考える	21	2.7
13	図や式で考える	20	2.6
14	物質の性質や他の物質との関連性	18	2.4
15	自分の考えの変化に目を向ける	16	2.1
16	すべての結果や情報に目を向ける	13	1.7
16	現象の変化のようすに目を向ける	13	1.7
16	自分の考えが正しいかもう一度考える	13	1.7
19	事実と推測を区別する	11	1.4
20	抽象的に考える	6	0.8
21	具体的に考える	4	0.5
22	その他	17	2.2
	合計	764	100

図6-7　考察場面のメタ認知的知識の分類（平澤・久坂、2017）

支援授業は、協働的な問題解決を促すことを目的として、以下2つの観点から授業を構成し、学習プリントを作成して授業を行った。

1つ目は他者との関係性の観点から伊藤・中谷（2013）を援用し、協働して学び合うためには「互恵性」「対等性」「自発性」の3つの関係性が必要であることを解説した。2つ目は「社会的に共有された学習の調整」（socially shared regulation of learning: SSRL）の観点から、伊藤（2017）を参考に、「I視点」「We視点」「You視点（支援提供と支援要請）」の3視点から学びを捉え、協働して問題解決をおこなうときには、(1) 自分なりの考えをもつこと、(2) 自分と他者の考えを比較したり、関連づけたりすること、(3) 困っている他者がいたら支援すること、(4) 自分が困ったら他者に支援を求めること、の4点が大切であることについて具体例を交えながら説明した。

協働的な学習場面において、問題がわからず困ったり躓いたりしている他者（ピア）を助けたり、あるいは自分で問題解決できずに困窮しているときに先生や友だちに助けを求めたりといった行動が必要とされる。特に後者は「学業的援助要請」と呼ばれている。自分の思考過程や理解状況をメタ認知的にモニタリングしたり、目標の達成可能性を推測したりして自己解決が難しいと判断した際に、他者に援助を要請することは教育的にも意味のある行動である。学業的援助要請について、瀬尾（2007）は援助要請の質を意図レベルの「問題解決の主体」、行動レベルの「必要性の吟味」と「要請内容」の3観点から規定し、「自律的援助要請」と「依存的援助要請」とに分類している。自律的援助要請とは問題解決に対して主体的な態度であり、解き方のヒントや説明を求める援助要請であるのに対し、依存的援助要請とは問題解決に対して他者依存的な態度であり、すぐに答えを求めようとする援助要請である。また、瀬尾（2007）は中学生と高校生を対象に質問紙調査を行い、中学生では丸暗記・結果重視志向と依存的援助要請には正の関連があること、高校生では丸暗記・結果重視志向と自律的援助要請には負の関連があること、援助要請の質の発達は中学から高校にかけて依存的援助要請が減少することなどを明らかにしている。また、藤田（2010）は大学生を対象に質問紙調査をおこない、自己調整学習において適応的な学業的援助要請のスタイルが自

律的援助要請であることや、自己調整学習方略と学業的援助要請との間には因果関係があることなどを見出している。

このように、学習場面の援助要請は依存的援助要請よりも自律的援助要請の方が望ましい姿であると捉えることができる。そこで、本授業実践においても、学習者の援助要請の質を捉えることにした。具体的には、瀬尾（2007）の自律的・依存的援助要請尺度を使用して本授業実践における学業的援助要請と評価問題の得点との関連を調査し、本授業実践がそれぞれの援助要請型の学習者に与える影響を分析することとした。なお、瀬尾（2007）では要請対象者がすべて「先生」となっているが、本研究では中学生の実際の学習場面を想定し、要請対象者を「先生や友だち」に修正した。項目数は自律的援助要請が7項目、依存的援助要請が4項目であった。回答は「全くあてはまらない」〜「とてもあてはまる」の5件法であった。

評価問題は、OECDの学習到達度調査（PISA）の2006年の科学的リテラシーに関する問題から「温室効果に関する問題」と「遺伝子組換え作物に関する問題」を改変して使用した。両問題とも小問2問で構成し、計4問とした。各解答欄には、協働（話し合い活動）前に個人の考えを記述する欄と、協働後に話し合いの内容を踏まえて個人の考えを記述する欄を設けた。なお、採点基準は4問とも完全正答を2点、部分正答を1点、誤答または無回答を0点とした。

(3) 授業実践の評価

はじめに自律的・依存的援助要請尺度について、瀬尾（2007）では下位尺度の因子間相関が $r = .02$ であったことから無相関であると仮定し、バリマックス回転（最尤法）、抽出因子数を2因子として因子分析を行った。その結果、第1因子が自律的援助要請（因子負荷は.41〜.89）、第2因子が依存的援助要請（因子負荷は.38〜.90）となり、瀬尾（2007）と同じ因子構造となった（表6-5）。

次に自律的援助要請と依存的援助要請について、それぞれ平均値と標準偏差、相関係数を算出した（表6-6）。その結果、自律的援助要請の平均値は4.11、依存的援助要請は2.57と全体的に自律的援助要請の傾向が高い集団

であることが確認された。また両者の相関係数は $r = .14$ であった。その後、自律的援助要請と依存的援助要請をそれぞれ従属変数、学習条件を独立変数として一要因分散分析を行なった。その結果、自律的援助要請は $F(3,145) =0.03$, $n.s.$, $\eta^2=.00$、依存的援助要請は $F(3,145)=1.64$, $n.s.$, $\eta^2=.03$ となり、各学級は学業的援助要請において等質であることが確認された。

表 6-5　自律的・依存的援助要請尺度（瀬尾、2007）の因子分析結果（最尤法・バリマックス回転）

項目内容	F1	F2
F1. 自律的援助要請（$\alpha =.83$）		
3. 先生や友だちに質問するとき、しっかりとわかるまで説明してもらう。	.89	-.01
1. 先生や友だちに説明してもらうときには、答えだけでなく考え方についても教えてもらう。	.78	.14
6. 先生や友だちに質問するとき、答えよりも、できるだけ自分で解くためのヒントを教えてもらう。	.67	-.13
4. 先生や友だちに質問するとき、どこがわからないか考えてから質問する。	.64	-.13
2. 自分で考えて、どうしてもわからない場合、先生や友だちに質問する。	.53	.03
7. わからないことがあったとき、自分でいろいろ調べてから先生に質問する。	.49	-.41
5. 質問するときは、自分の考えを先生や友だちに説明する。	.41	-.19
F2. 依存的援助要請（$\alpha =.67$）		
1. わからないことがあったとき、自分で調べるよりも、先生や友だちに質問する。	-.03	.90
3. わからない問題があったとき、自分で考えるよりも先生や友だちに解いてもらうよう頼む。	-.09	.48
2. もう少し考えたらわかる問題でも、先生や友だちに質問する。	-.23	.46
4. なんとなくわからないときには、すぐに先生や友だちに質問する。	.16	.38
寄与率（%）	27.68	15.16

表 6-6 各変数の平均値と標準偏差および相関係数

	M	SD	1	2	3
1. 自律的援助要請	4.11	0.70	-	-	-
2. 依存的援助要請	2.57	0.78	-.14	-	-
3. 協働前	59.80	10.15	.12	-.02	-
4. 協働後	61.19	11.40	.11	-.01	.47***

注）得点平均は角変換後の値、相関係数はピアソンの積率相関を示す。

***$p<.001$

表 6-7 各群の協働前・協働後の得点平均と差の検討

	協働前	協働後	t 値	d
教示支援群	60.06（8.13）	63.3（12.30）	1.84 †	.31
教　示　群	62.8（11.00）	63.0（12.16）	0.07	.01
支　援　群	57.48（9.90）	57.2（11.02）	-0.12	.02
統　制　群	58.7（10.88）	61.24（9.33）	1.39	.24

注）得点平均は角変換後の値、（　）内の数字は標準偏差を示す。

† $p<.10$

表 6-8 自律的援助要請型と依存的援助要請型の協働後の得点平均と差の検討

	自律的援助要請型		依存的援助要請型		t 値	d
	N	$M(SD)$	N	$M(SD)$		
教示支援群	7	68.27（10.65）	7	63.30（14.68）	0.73	.39
教　示　群	9	63.21（13.96）	8	58.05（12.85）	0.79	.38
支　援　群	11	63.71（7.70）	9	59.94（10.34）	0.94	.42
統　制　群	10	62.24（11.81）	9	53.24（9.56）	1.81 †	.83

注）N は抽出されたサンプルサイズを示す。

† $p<.10$

　はじめに評価問題の採点を行ったところ、話し合い活動実施後の個人の考

えを記述する欄において、個人の考えではなく話し合いの感想等を記述している生徒が散見された。このように問いの意味を誤解している回答は分析の対象外とした。次に協働前と協働後の得点について加算平均を算出した。その値について正規性の検定をおこなったところ正規性が認められなかったため、正答率について逆正弦変換を行い、変換後の値を分析に使用することにした。全体の記述統計量と相関係数を表 6-6 に示す。また、各群の協働前と協働後の平均値の差の検討を行なった結果、効果量は $d=.31$ と小さいが教示支援群のみ協働前から協働後にかけて上昇を示した（表 6-7）。

　本研究における教示や支援といった授業実践が、自律的援助要請型と依存的援助要請型の学習者に与える影響を調べるため、それぞれの学習者を抽出し、評価問題の協働後の値を比較することにした。まず、自律的援助要請と依存的援助要請の尺度得点において、どちらか一方のみが $M + 0.5SD$ 以上の値（全体の上位 25％）を示した学習者を抽出し、それぞれを自律的援助要請型、依存的援助要請型と操作的に定義した。次に、各群において抽出されたそれぞれの援助要請型の学習者における評価問題の協働後の平均値を算出して差の検討をおこなった結果、統制群においてのみ自律的援助要請型と依存的援助要請型とで差が確認された（表 6-8）。

　本授業実践では、理科の考察場面において事前にメタ認知的知識の教示をおこなうことと、他者との協働的な問題解決の支援をおこなうことの効果について学業的援助要請の質に注目して検討してきた。

　まず、評価問題の協働前と協働後の得点を学習条件別にみると、教示支援群は僅かではあるが上昇していることが確認されたが、教示群、支援群、統制群においては確認されなかった。この結果から、考察場面においてメタ認知的知識の教示のみや協働的な学びの支援のみでは十分な成果が得られないが、適切なメタ認知的知識を教示したうえで、その知識を活用して他者と協働するための支援までを組み込んだ授業は、学習者の考察のパフォーマンスを促進させる可能性が示唆された。

　また、学業的援助要請の質について自律的援助要請型と依存的援助要請型に分類して比較すると、統制群のみ差が見られ、依存的援助要請型は自律的

援助要請型よりも得点が低かったが、その他の学習条件群ではその差が小さかった。つまり、メタ認知的知識の教示や協働支援といった教育介入は、依存的援助要請型の学習者に対してある一定の学習効果をもたらす可能性が示唆された。

ただし、本研究では科学的探究プロセスの考察場面に限定されており、使用課題も2種類のみであったため結果の一般化には限界がある。科学的探究活動は、問題の把握、仮説の形成、実験計画の立案、結果の整理や解釈、仮説の評価など複雑な認知活動で構成されているため、それぞれのフェーズにおいて学習者はメタレベルの知識を保有しなければならない（e.g., White, Frederiksen, & Collins, 2009）。したがって今後は、各フェーズをメタレベルで捉えた授業デザインやフェーズ間を関連づけた研究および実践の発展が望まれる。なお、本授業実践の詳細は久坂ほか（2018）を参照されたい。

7. おわりに

本章では、理科における「深い学び」を実現させるためにはメタ認知の働きが欠かせないことについて実践事例を挙げながら述べてきた。しかし、学習者にとってメタ認知を働かせることは少々面倒で厄介なことである。なぜなら、人間が問題解決や情報処理に注入できる容量には限界があり（これを「処理資源」という）、メタ認知を働かせながら探究活動をおこなうことは、その容量を多く利用することになるからである。したがって、「深い学び」を実現させようとメタ認知的知識を一度に多く獲得させようとしたり、むやみにメタ認知的活動（モニタリングやコントロール）を促す活動を多く取り入れたりすると、学習者にとって「深い学び」ではなく「不快な学び」になってしまう危険性が潜んでいる（冗談ではなく）。

これを防ぐために大切なことは、メタ認知を働かせることのメリットを学習者にしっかりと伝えることである。私たち人間は、一般的にある行動や活動を面倒と感じても（＝コスト感）、それをおこなうのは大切だと感じること（＝有効性の認知）が上回れば、その行動や活動に自発的に取り組む。逆に、

有効性の認知が低かったり、コスト感が上回ったりするとその行動や活動は消極的になる傾向がある。したがって、主体的にメタ認知を働かせ科学的な探究活動に取り組むことができる学習者を育成するためには、メタ認知的知識を教えたりメタ認知的活動を促したりする際に、それが効果的な方法であることを学習者に同時に伝えていくべきである。

　「深い学び」が実現できている子どもたちの姿を想像すると、何だかワクワクする。目を輝かせながら植物や昆虫をじっくりと観察してそれぞれの特徴を発見する子ども、学級の友だちに学んだことを自分の言葉で一生懸命説明する子ども、先生や友だちの質問に積極的に答える子ども、以前に学んだことを活かしながら自分なりの考えを発表する子ども。そんな子どもたちを1人でも多くつくるために、まずは教師自身が授業の質的改善に向けて「主体的・対話的で深い学び」を実現したいものである。

参考文献

伊藤崇達（2017）「学習の自己調整、共調整、社会的に共有された調整と自律的動機づけの連続体との関係」『京都教育大学教育実践研究紀要』17、169-177頁。

伊藤崇達・中谷素之（2013）「ピア・ラーニングとは」、中谷素之・伊藤崇達（編著）『ピア・ラーニング：学びあいの心理学』金子書房、1-10頁。

清原洋一（2016）「理科とアクティブ・ラーニング」教育課程研究会（編）『「アクティブ・ラーニング」を考える』東洋館出版社、172-175頁。

久坂哲也（2016）「我が国の理科教育におけるメタ認知の研究動向」『理科教育学研究』第56巻、第4号、397-408頁。

久坂哲也・平澤傑（2017）「メタ認知的知識を教示した協働的な学びの有用性：予想場面の正答率および確信度判断とその正確性」『日本理科教育学会第67回全国大会発表論文集』、139頁。

久坂哲也・平澤傑・名越利幸・菊地洋一・小室孝典・佐々木聡也（2018）「中学校理科・数学科におけるアクティブ・ラーニングの開発と評価（理科編）：考察場面におけるメタ認知的支援を組み込んだ授業実践」『岩手大学教育学部プロジェクト推進支援事業教育実践研究論文集』第5巻、30-35頁。

久坂哲也・中村好則・名越利幸・平澤傑・小室孝典・佐々木聡也・佐々木亘・藤井雅文（2017）「中学校理科・数学科におけるアクティブ・ラーニングの開発と評

価：メタ認知的支援と CUN 課題の活用」『岩手大学教育学部プロジェクト推進支援事業教育実践研究論文集』第 4 巻、22-27 頁。

久坂哲也・三宮真智子（2014）「中学生の科学的思考に対する認知に関する一考察」『大阪大学大学院人間科学研究科紀要』41、137-151 頁。

瀬尾美紀子（2007）「自律的・依存的援助要請における学習観とつまずき明確化方略の役割：多母集団同時分析による中学・高校生の発達差の検討」『教育心理学研究』55、170-183 頁。

田村学（2018）『深い学び』東洋館出版社。

平澤傑・久坂哲也（2017）「中学校理科の考察場面におけるメタ認知的知識に関する調査：計量テキスト分析を用いた分類と評価」『日本理科教育学会第 67 回全国大会発表論文集』、140 頁。

藤田正（2010）「大学生の自己調整学習方略と学業的援助要請との関係」『奈良教育大学紀要』59、47-54 頁。

文部科学省（2015）「教育課程企画特別部会論点整理」 http://www.mext.go.jp/component/b_menu/shingi/toushin/__icsFiles/afieldfile/2015/12/11/1361110.pdf

文部科学省（2016）「幼稚園、小学校、中学校、高等学校及び特別支援学校の学習指導要領等の改善及び必要な方策等について（答申）（中教審第 197 号）」別添資料（2／3）http://www.mext.go.jp/component/b_menu/shingi/toushin/__icsFiles/afieldfile/2017/01/10/1380902_3_2.pdf

文部科学省（2017）「新しい学習指導要領の考え方」http://www.mext.go.jp/a_menu/shotou/new-cs/_icsFiles/afieldfile/2017/09/28/1396716_1.pdf

文部科学省（2018）『小学校学習指導要領』東洋館出版社。

米盛裕二（2007）『アブダクション―仮説と発見の論理―』勁草書房。

Craik, F.I.M. & Lockhart, R.S.（1972）Levels of processing: a framework for memory research. *Journal of Verbal Learning and Verbal Behavior*, 11, pp.671-684.

Dignathe, C., & Büttner, G（2008）Components of fostering self-regulated learning among students. A meta-analysis on intervention studies at primary and secondary school level. *Metacognition and Learning*, Vol.3, pp.231-264.

Klahr, D., & Dunbar, K（1998）Dual space search during scientific reasoning. *Cognitive Science*, 12, pp.1-48.

Nelson, T. O., & Narens, L（1990）Metamemory: A Theoretical Framework and New Findings, *Psychology of Learning and Motivation*, 26, 125-173.

Veenman, M. V. J（2011）Learning to self-monitor and self-regulate. In R. E. Mayer, & P. A. Alexander（Eds.）, *Handbook of Research on Learning and Instruction*. New York: Routledge. pp.197-218.

White, B., Frederiksen, J., & Collins, A（2009）The interplay of scientific inquiry and metacognition: More than Marriage of Convenience. In D. J. Hacker, J. Dunlosky, & A. C. Graesser（Eds.）, *Handbook of metacognition in education*. New York: Routledge. pp.175-205.

Zepeda, C. D., Rickey, J. E., Ronevich, P., & Nokes-Malach (2015) Direct instruction of metacognition benefits adolescent science learning, transfer, and motivation: an in vivo study. *Journal of Educational Psychology*, Vol.107, No.4, pp.954-970.

Zohar, A., & Ben David, A (2008) Explicit teaching of meta-strategic knowledge in authentic classroom situation. *Metacognition and Learning*, 3, pp.59-82.

コラム2　VR（バーチャルリアリティー）コンテンツの教育への活用
——理科教育におけるVR教材の開発と授業実践

名越利幸

1．はじめに

最近（2018年11月22日）、柴山文部科学大臣より、「新時代の学びをさせる先端技術のフル活用に向けて～柴山・学びの革新プラン～」の発表があった。柴山・学びの革新プランの政策の柱として以下の三点を挙げている。

　遠隔教育の推進による先進的な教育の実現
　先端技術の導入による教師の授業支援
　先端技術の活用のための環境整備

教師を支援するツールとして、先端技術を活用し、児童生徒に対し、Society5.0の時代の質の高い教育の実現を呼びかけている。Society5.0とは、サイバー空間（仮想空間）とフィジカル空間（現実空間）を高度に融合させたシステムにより、経済発展と社会的課題の解決を両立する、人間中心の社会（Society）として、新たに目指すべき社会とある。そこで、本稿では、②の先端技術のひとつとしてVRの技術を活用した取り組みについて述べることにしたい。

2．VR（バーチャルリアリティー）とは

　VR：Virtual Reality（バーチャルリアリティー・仮想現実）の略称。コンピュータによって作られた仮想的な世界を、あたかも現実世界のように体感できる技術。この技術を体験するには、HMD（ヘッドマウントディスプレー）と呼ばれるゴーグル型のデバイスを頭部に装着する必要がある場合が多い。近年、ゲームなどの娯楽分野で、脚光をあびている技術である。実際に、ソニーの「PlayStation VR」では、本格的なHMDを頭部に装着し、コントロールスティックを両手で操作し、「車のサーキットドライバー」の疑似体験ができる。この対になる技術が、AR：Augmented Reality・拡張現実の略称。ありのままに知覚される情報に、デジタル合成などによって作られ

た情報を付加し、人間の現実認識を強化する技術のことである。ともに、没入感がどれだけあるかが重要な鍵となる。詳細は。真田（2001）にまとめられている。

3．VRによる新しい理科教育

近年の教育現場では、情報のデジタル化に伴い、授業にデジタル機器を使う場面が増えている。一方で、子どもの直接体験による実感の伴った理解ができないことが課題である。そこで、理科における実体験の難しい現象について、360°全天球カメラ「RICOH THETA」を用いて撮影後、ハコスコ（HMD）を用いた疑似体験を通して、子ども達の実感を伴った理解を手助けできないかと考え、教材の開発を試みた（菅原・名越、2014; 2015）。

(1) 360°全天球カメラ：（株）リコー「THETA」（図コラム 2-1）とは、本体の両側についた魚眼レンズが、それぞれ180°強の撮影をし、本体内部で2枚の画像を繋げ合わせることで、360°全球の写真（図コラム 2-2）を撮影できるカメラであり、スマートフォンからシャッターを切ることもできる。全天球カメラの世界的な先駆的モデルと言え、SC、S、Vとバージョンアップをしている。

図コラム 2-1　アプリで起動した全天球カメラ（シータ）

図コラム 2-2　教育学部2号館前庭での全天球写真（太陽）

(2)「ハコスコ」：(株) ハコスコが販売している VR ビューワーである。無料のスマートフォン用のアプリケーションと連動することで、全天球カメラ画像や、コンピュータ上の 3 次元空間を、単眼あるいは二眼視点で疑似体験できる。CEO の藤井直敬博士は、理化学研究所脳科学総合研究センター適応知性研究チームのリーダーであり、眼科医でもある。起業にあたり、仮想現実を使った脳科学を研究してきたノウハウを市民に周知したいという思いから、誰もが容易に VR の世界を体験できるよう安価な VR ビューワーを作製した。箱＋スコープ＝「ハコスコ」（図コラム 2-3）の名前のとおり、ダンボールにフレネルレンズをつけた HMD を開発、安価だが、従来の HMD と同じくらい没入感の高い VR 体験ができるようにした。

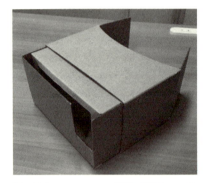 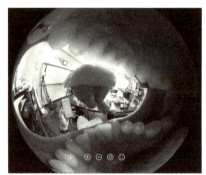

図コラム 2-3　ハコスコ単眼（簡易 HMD）　　図コラム 2-4　人の口内（全天球写真）

4．「ヒトの歯の特徴を調べる」の小学校における授業実践

　全天球画像の特徴から、理科教育における利用のひとつとして、通常の教育では不可能な視点から、自然現象を見ることを考えた。全天球カメラをヒトの口のなかに入れ撮影する（図コラム 2-4）。口を内側から覗き込むという現実には不可能な視点である。上の歯、下の歯を観察させ、臼歯、門歯、犬歯の違いを認識させることができないかを考えた。その際、同様に草食動物の口の中（岩手サファリパーク、ヤク、図

コラム2-5)、肉食動物の口の中（本学動物病院手術前、猫、図コラム2-6）を撮影し、比較することも行った。人間は、雑食であるので、どちらの特徴もあるということに気づかせたい。

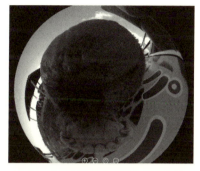 

図コラム2-5　ヤク（岩手サファリパークにて）　　図コラム2-6　猫（岩手大学附属動物病院にて）

(1) 本学教育学部附属小学校における教育実践

　小学校3年生バラ組（男子14名、女子16名計30名）にて、平成27年12月22日に実施。目標として、「歯の形に違いがあることを知り、それぞれの歯の役割に気づく」と設定。視覚を主とした疑似体験をおこなうことのできる「VRビューアー」を使用し、口を内側から覗き込むという疑似体験をさせる。それにより、ヒトや他の動物の歯について実感を伴った理解を図る。この疑似体験は、日常では体験できない空間に存在するかのような没入感を生み出す。結果、歯の役割を知ることで、逆に食物について予想するような科学的な思考力を養うことができると考えた。

(2) 授業の考察

　授業の様子（図コラム2-7）から、班に1セットであったが、体験する児童達が驚嘆の声をあげていた。アンケートに書かれた感想を分類し、どのような意見が多かったか調査した。自由記述アンケートの結果を見ると、「歯の違いが食べ物によるとわかった」「他の動物の歯も見てみたい」といった感想が多く、歯の学習は児童に身に

ついたと考えられる。「ハコスコ」については、「おもしろかった」「分かりやすかった」「もっと使いたい」などの意見があった。概ね、授業者のねらい通りの成果が出たといえる。

図コラム 2-7　授業の様子、単眼 VR ビューワーにて観察

5．成果と課題

　ハコスコのような簡易の VR ビューワーであっても、ある程度の没入感を伴って、自然を観察する疑似体験が可能であることがわかった。「ドラえもんのスモールライト」で小人になり、口のなかに入るという疑似体験ができ、草食動物の臼歯、肉食動物の犬歯、雑食動物の門歯と比較して、その役割を学ぶことができた（菅原、2016）。

　一方、課題として、低年齢における二眼 VR ビューワーの使用の可否があげられる。VR 映像は常に同じ距離のスクリーンにピントを合わせ左右に違う映像を見せることで遠近感を表現し脳を騙す技術である。すなわち、平面の映像を立体に見せかける錯覚なわけで、目に負担がかかり、斜視のリスクが増すと言われる。筆者も、「PlayStation VR」で、VR 酔いし、おう吐しそうになる体験をした。小学校以下の年齢では、今回使用したような単眼のハコスコがよいといえる。そこで、使用年齢宣言は、「PlayStation VR」が 12 歳以上、ハコスコ二眼が 7 歳以上に設定されている。二眼ビューワーの使用には、年齢に十分注意したい。

引用文献

真田克彦（2001）「教育における VR 利用のシミュレーション」『鹿児島大学教育学部研究紀要教育科学編』52、19-35 頁。
菅原大樹・名越利幸（2014）「全球カメラ「RICOH THETA」の理科教育における利用方法の開発」『日本科学教育学会研究会研究報告』29（2）、107-110 頁。
菅原大樹・名越利幸（2015）「バーチャルリアリティーの理科教育活用」『日本理科教育学会東北支部会』口頭発表。
菅原大樹（2016）「理科教育における疑似体験を通した教材開発に関する実践的研究」『岩手大学教育学部理科教育科卒業論文』。

第7章　特別な支援を必要とする生徒への「深い学び」の授業実践とその教育効果
——高等学校の数学指導を事例として

中村　好則

1．はじめに

　平成30年3月に高校の新しい学習指導要領が告示された。そこでは、主体的・対話的で深い学びの実現により、知識の理解の質を高め、資質・能力の育成を図ることの重要性が述べられている（文部科学省、2018）。一方、平成19年4月に特殊教育から特別支援教育に変わって以来、特別支援教育は推進され充実し、特別な支援が必要な生徒の多くも高校に進学するようになった。高校の数学指導においても、主体的・対話的で深い学びを通して、彼らの資質・能力を高め、社会参加と自立を促し、自己実現を図ることが重要である。しかし、特別な支援が必要な生徒は数学学習においても多くの困難性を有し支援を必要としている。たとえば、彼らは数的経験の不足、数学的な見方・考え方・態度の習得の遅れ、こだわりからくる特定の解法や特定の数学的な見方・考え方・態度への固執、認知特性のアンバランスによる図形問題や文章題での混乱などの多くの困難性を抱えている。これらの困難性をそのままにしておくと、他教科やその後の学習にも影響し、学習意欲や自尊心の低下、不登校やいじめの原因などの二次的な問題にも発展し、彼らの社会参加と自立の障壁となる。高校の数学指導における特別な支援が必要な生徒への支援と指導の検討は喫緊の課題といえる。さらに、特別な支援が必要な生徒が多く在籍する高校の数学指導では、これらの困難性だけではなく、生徒の発達段階、数学内容の高度化・抽象化・複雑化、入試による多様な高校の存在などの問題もあり、主体的・対話的で深い学びを実現することはそう容易なことではない。

　そこで、本章では、特別な支援が必要な生徒が多く在籍する高校での数学指導において、主体的・対話的で深い学びを具現化する指導・支援として実

施されている「対話型アクティブ・ラーニング」に焦点を当て、その概要と有効性について述べる。そのために、第2節では、特別な支援が必要な生徒が多く在籍する高校での数学指導について、先行研究等を基にその現状について考察する。第3節では、「対話型アクティブ・ラーニング」とはどのような指導なのかについて概要を述べ、高校の数学Ⅰでの授業展開例を挙げる。第4節と第5節では、「対話型アクティブ・ラーニング」を実践している高校において対象学級を設定し検証授業をおこない、1時間の授業に焦点を当てた短期的効果と、学期を通して授業をした場合の長期的効果の分析を通して、「対話型アクティブ・ラーニング」の有効性を考察する。

2. 特別な支援が必要な生徒が多く在籍する高校の数学指導の現状

(1) 特別な支援が多く在籍する高校

　平成28年3月31日に高等学校における特別支援教育の推進に関する調査研究協力者会議から「高等学校における通級による指導の制度化および充実方策について」が公表された。そこでは、中学校で通級による指導を受けている生徒数が年々増加し、平成5年には296名であった生徒が平成26年には8,286名になり約28倍に増加していることが報告されている。高校など（高校、中等教育学校後期課程、高等専門学校）への進学率は現在すでに98%（平成28年度学校基本調査では98.7%）を超えており、中学校で通級による指導を受けていた生徒の多くも高校へ進学する。また、中学校特別支援学級卒業生の約3分の1が高校等に進学している（中央教育審議、2015）。実際、平成21年に実施した発達障害等困難のある生徒の中学校卒業後における進路に関する分析結果によれば、課程別では全日制1.8%、定時制14.1%、通信制15.7%、学科別では普通科2.0%、専門学科2.6%、総合学科3.6%の発達障害等の困難のある生徒が進学している。また、高校には、これら発達障害等の困難のある生徒以外にも、その周辺には障害はなくとも学習や学校生活等において特別な支援を必要としている生徒が多く在籍している。実際、特別な支援が必要な生徒が多く在籍する高校は、東京都のチャレンジスクール（三部制定時

制単位制総合学科）やエンカレッジスクール（全日制学年制普通科又は専門学科）、トライネットスクール（通信制）、大阪府や神奈川県のクリエイティブスクール（多部制単位制など）、埼玉県のパレットスクール（多部制単位制総合学科）などの新しいタイプの高校をはじめ、佐賀県立太良高等学校（発達障害等生徒の入学募集枠がある）や長崎玉成高等学校（発達障害等生徒を対象とした特化型学級がある）など多数ある。高校は、彼らに社会参加と自立のために必要な共通の資質・能力を身に付けさせる機関として、その果たすべき役割と責任は重いものがある。さらに、平成28年4月からは障害者差別解消法が施行され、高校の数学指導でも特別な支援が必要な生徒に対する適切な指導および必要な支援の充実が重要であり不可欠である。

(2) 特別な支援が多く在籍する高校の数学指導の現状

　高校にも特別な支援が必要な生徒が多く在籍するようになってきた。しかし、高校の数学指導において、特別な支援を必要とする生徒への指導や支援に関する実践や研究の報告はあまりおこなわれていないのが現状である。実際、特別な支援が必要な生徒が多く在籍する高校では、カリキュラムや学校設定教科の工夫、キャリア教育や生活指導などでの支援の取り組みについての報告（たとえば、東京都教育委員会、2007; 南、2016; 上戸、2016 など）は多数あるが、数学指導についての支援の詳細はあまり報告されていない。高校の数学指導での指導や支援の取り組みとして数は少ないものの、たとえば、夏目(2008) や雪田（2016）の実践研究がある。

　夏目（2008）は、特別な支援が必要な生徒（LD の傾向のある生徒、ADHD の診断のある生徒、軽度の知的障害と思われる生徒を含む）が多く在籍する高校（単位制定時制課程）での数学の一斉指導では、通常の高校で行われているような講義形式の授業だけでは効果が上がらないことを指摘し、一斉授業で使う個別の支援ツールとしてプロセス・カードを提案している。プロセス・カードとは、問題の答えにたどり着くまでの過程や考え方を穴埋め形式で示したもので、生徒や指導者が直接書き込めるものである。特別な支援が必要な生徒にプロセス・カードを提示することで、いま取り組むべきことが明確にな

り、何もしないでいる時間が減少したものの、考え方の理解などには効果的な支援とはなり得ていないことが報告されている。

また、雪田（2014）は、定時制高校（三部制）において、3種類（通常、誘導付、解法付）の基礎計算プリントを用いて内容の確実な理解を図る実践について考察し、習熟度学級編成の下位クラス（特別な支援が必要な生徒が多く在籍）では、基礎計算プリントをやっても考査の平均点が低下し、授業前後で基礎計算プリントの正答率も低下していることを報告している。

このように特別な支援を必要とする生徒が多く在籍する高校では、通常の学級で効果がある指導をそのまま適用するだけではうまくいかないだけでなく、指導の工夫や支援が効果的に働いていない場合が多くある。

3．「対話型アクティブ・ラーニング」による数学指導

(1) 「対話型アクティブ・ラーニング」の定義

特別な支援が必要な生徒の社会参加と自立を促し自己実現を図るためには、特別な支援が必要な生徒が多く在籍する高校の数学指導において、どのような指導の工夫や支援が行われ、どのような効果や課題があるのかをより明らかにする必要がある。そこで、特別な支援が必要な生徒が多く在籍する高校の数学指導でおこなわれている「対話型アクティブ・ラーニング」に着目した。「対話型アクティブ・ラーニング」は、小田島新（岩手県立大船渡高等学校）が提案した指導で、その指導に筆者と佐々木全（岩手大学）が着目し授業を分析して以来、共同で取り組んでいる研究である。本論の短期的効果に関する研究は中村好則・佐々木全・小田島新（2016）を、長期的効果に関する研究は中村好則・佐々木全・小田島新（2019）を基にしている。「対話型アクティブ・ラーニング」は、対話型のアクティブ・ラーニングではなく、「対話型アクティブ・ラーニング」という筆者らが提案した指導法に関する1つの固有の用語である。通常の高校の数学の授業は、教師が例題を提示し、その例題の解法を一方的に説明する。その後、練習問題に取り組むという形式でおこなわれることが多い。その場合、教師と生徒の対話は、例題の説明後に

質問という形で設けられる場合が多い。また、練習問題に取り組むなかで個別に質問がなされ個別の対話となることもある。一方、「対話型アクティブ・ラーニング」では、導入問題の場面でも教師は関連する事項を発問し、生徒との対話の連鎖を通して、生徒の問題場面の把握の状況を確認しながら課題が提示される。また、問題解決過程は、教師が必要な知識や技能を生徒の対話の連鎖を通して確認しながら問題の解決がおこなわれる。練習問題についても同様に教師と生徒との対話の連鎖によって進行する。

中村ら（2016）は、「対話型アクティブ・ラーニング」を実践している高校の数学の授業を観察・分析し、(a) 具体化による動機付け、(b) キーワードによる考え方の強調、(c) スモールステップの対話による段階的な内容の理解、(d) 拡張を意識した学び直しの設定、(e) 適切な形成的アセスメントの実施の5点を特別な支援が必要な生徒が多く在籍する高校の数学の授業設計の重要な要素として見出した。これらを基に、「対話型アクティブ・ラーニング」を「生徒の障害特性や学習意欲・態度、既習事項に配慮しながら、発問や題材を工夫するとともに、上記 (a) から (e) を加味した授業設計をおこない、生徒との対話の連鎖を通して、生徒の主体的な思考活動を促し、数学的な概念や意味の理解を支援する指導」と定義することにした（図7-1）。

〈「対話型アクティブ・ラーニング」の定義〉

「対話型アクティブ・ラーニング」とは、生徒の障害特性や学習意欲・態度、既習事項に配慮しながら、発問や題材を工夫するとともに、

(a) 具体化による動機付け、

(b) キーワードによる考え方の強調、

(c) スモールステップの対話による段階的な内容の理解、

(d) 拡張を意識した学び直しの設定、

(e) 適切な形成的アセスメントの実施

を加味した授業設計を行い、生徒との対話の連鎖を通して、生徒の主体的な思考活動を促し、数学的な概念や意味の理解を支援する指導と定義する。

図7-1 「対話型アクティブ・ラーニング」の定義

⑵ 「対話型アクティブ・ラーニング」による数学指導の授業展開例

　「対話型アクティブ・ラーニング」では、図7-1の5つの要素（a）から（e）を意図した授業設計がおこなわれる。具体的には、(a) 授業で用いる題材は日常生活や学校等と関わりのある具体的な内容とし生徒の動機づけを高め、(b) 解法の考え方などはキーワードで強調し、問題を解決するときの助けとする。(c) 授業は一方的に教師から内容を説明するのではなく、スモールステップで生徒の理解の状況を確認しながら教師と生徒の対話の連鎖によって進行する。(e) もしも理解していない生徒が多かった場合には別の具体的な事例でわかるまで繰り返す。(d) 授業の途中で小中学校の学習内容で理解していない内容が出てきた場合には高校の学習内容と関連付けながら学び直す機会を設定する。「対話型アクティブ・ラーニング」の具体的な授業展開例を数学Ⅰの「数と式」の単元「式の展開と因数分解」を例に以下に示す。

―― 「対話型アクティブ・ラーニング」の授業展開例 ――

（1）題材名:展開の工夫（数学Ⅰ　⑴ 数と式　イ式　（ア）式の展開と因数分解）
（2）ねらい：複雑な形の式の乗法において、式の一部をひとまとめに考えて別の文字に置き換えたり、計算の順序を工夫したりしてから、乗法公式を利用し、計算できる。
（3）高等学校学習指導要領との関連：二次の乗法公式及び因数分解の公式の理解を深め、式を多面的にみたり目的に応じて式を適切に変形したりすること。
（4）「対話型アクティブ・ラーニング」について：
　　　生徒の障害特性や学習意欲・態度、既習事項に配慮しながら、発問（①）や題材（②）を工夫するとともに、(a) 具体化による動機付け、(b) キーワードによる考え方の強調、(c) スモールステップの対話による段階的な内容の理解、(d) 拡張を意識した学び直しの設定、(e) 適切な形成的アセスメントの実施を加味した授業設計（③）をおこない、生徒との対話の連鎖を通して、生徒の主体的な思考活動を促し、数学的な概念や意味の理解を支援する。
　　①　個別の教育支援計画に基づき、生徒の障害特性に応じた多様なコミュニ

第7章 特別な支援を必要とする生徒への「深い学び」の授業実践とその教育効果 165

ケーション手段（口話、文字、身振りや手振り、図や表などの視覚的情報など）を工夫して発問する。
② 数学基礎学力調査の結果に基づき、授業で扱う題材の内容や方法、順序等を検討する。
③ 本時では、(a) 具体化による動機付けでは「田んぼの面積」を用いる。(b) キーワードは「乗法公式」「分配法則」「置き換え」である。(c) スモールステップの対話による段階的な内容では、$(a+b)^2$ から $(a+b+c)^2$ へ段階的に進むように配慮している。(d) 拡張を意識した学び直しは、$(a+b+c)^2$ への発展を意識して $(a+b)^2$ を取り上げている、(e) 適切な形成的アセスメントは、挙手による人数確認、生徒による解答の評価、机間支援によって行う。
　（注）以下の表の「支援と留意点」には、上記の①、②、③の（a）から（e）との関連をそれらの記号で示した。
（5）学習過程：以下の表の「学習過程（表 7-1）」の教師と生徒の発言は、実際の授業を基に学習過程が分かるように主なものだけを抽出し再構成したものである。実際には、これ以外にも教師と生徒のやりとりがあるが、紙面の都合でそれらは省略している。

表 7-1 「対話型アクティブ・ラーニング」の授業展開例

		学習過程	支援と留意点
導入	教師	前回まで、いろいろな整式のかけ算をやってきました。今日は新しい整式の計算を勉強します。その前に復習をします。	・本時の学習の内容を簡単に知らせ、見通しを持たせる。
	課題1	$(a+b)^2$ を展開せよ。	・課題1を提示する。②
	教師	まずこの問題を考えます。この問題は前にもやりましたね。覚えていますか。覚えている人。	・本時で活用する「乗法公式」$(a+b)^2=a^2+2ab+b^2$ を復習する。(d)
	教師	では、忘れた人もいるようですが、取りあえず、思い出しながら、自分の力で、やってみてください。（しばらくして）	

教師	できた人、どれくらいいますか。(人数を確認してから)発表してくれる人。	・課題1の習得状況を確認する。(e)
教師	○○君、黒板に書いてから説明してください。(板書)	・解き方を板書させ、説明させる。①(視覚的情報と聴覚的情報で確認する)(e)
生徒	$(a+b)^2 = a^2 + 2ab + b^2$ です。公式を使いました。	
教師	そうですね。「乗法公式」を使えば簡単にできますね。この「乗法公式」覚えていた人はどのくらいますか。(人数を確認してから)「乗法公式」を忘れてしまったら、どうすればいいですか。「乗法公式」以外を使った人いますか。	・キーワード「乗法公式」を提示する。(b) ・「乗法公式」の習得状況を確認する。(e)
生徒	$(a+b)^2 = (a+b)(a+b)$ として展開しました。	・2乗の意味の理解状況を確認する。(e)
教師	なるほど。「乗法公式」を忘れてしまっても、2乗をかけ算に直せばいいのですね。でも、なぜこのように直せるのですか	
生徒	2乗は2個かけることだから。	
教師	もっと具体的に詳しく言うと。	・生徒の説明が不足するときには、説明を補足させ、他の生徒の理解を支援する。(c)
生徒	$(a+b)^2$ は $(a+b)$ を2個かけることだから、$(a+b)×(a+b)$。	
教師	そうですね。この先はどうしますか。	
生徒	1つずつ掛ければいいです。	
教師	黒板に書いて、説明してください。(生徒が口話で説明)	
教師	何と何を書いたのか分かるように、手で示しながらもう一度説明してください。	・視覚優位の生徒に配慮し、身振りを交えた説明をさせる。①
生徒	(手で示しながら説明する)	
教師	そうですね。(板書を示しながら身振りとともに)このように、aをaに、aをbに、bをaに、bをbに掛ければできますね。この解き方をなんて言いましたか。	・生徒の説明を再度、教師が身振りを加えながら補足説明し他の生徒の理解を支援する。①

第7章 特別な支援を必要とする生徒への「深い学び」の授業実践とその教育効果

生徒　（沈黙）	
教師　「○○法則」だよ。　生徒　「分配法則」だっけ。	・キーワード「分配法則」を提示する。(b)
教師　そう「分配法則」。覚えておいてください。(板書)	
教師　「乗法公式」で解いた場合と、「分配法則」で解いた場合と結果はどうでした。	・「分配法則」による解法と「乗法公式」による解法を比較する。
生徒　同じ答えになった。	
教師　どちらで解いても、答えは同じですね。	
教師　「乗法公式」で解いた人どのくらいいますか。（生徒　挙手）「分配法則」で解いた人はどれくらいますか。（生徒　挙手）	・用いた解法を確認する。(c)
教師　前に「分配法則」を勉強したときに、「田んぼの面積」を使いましたが、覚えていますか。	・長方形から学校の周りにたくさんある田んぼを連想させ、その面積を考えることに帰着させたことを想起させる。(a)
生徒　なんとなく。生徒　なんだっけ。	
教師　(a＋b)(c＋d) を求めるときに、使ったんだけど。これだよ。(黒板に図1を書く)	・「分配法則」による解法を「田んぼの面積」で視覚的に確認する。(a)
教師　(a＋b)(a＋b) は、どんな「田んぼの面積」かな。	
生徒　1辺の長さがa＋bの正方形の「田んぼの面積」。	
教師　そうだね。(黒板に図2を書き示しながら) これら4つの四角の面積はそれぞれいくらになりますか。	d　|ad|bd| 　c　|ac|bc| 　　　a　 b 図1
生徒　a×a　生徒　b×b　生徒　a×b　生徒　b×a	・分配法則の具体的な手順を確認する。①
教師　これらを全部足すと、どうなりますか。	
生徒　$a^2 + 2ab + b^2$	b　|ab|b²| 　a　|a²|ab| 　　　a　 b
生徒　ああ、思い出した。やった、やった。	図2
展開	課題2　$(a＋b＋c)^2$を展開せよ。	・課題2を提示する。②
	教師　今日の課題を考えたいと思います。これはどうやって解けばいいかな。さっきの問題とどこが違うかな。	・課題1と課題2を、対話を通して比較する。

生徒	cが増えている。生徒 ＋cが増えている。	
教師	そうだね。文字が3つもあるね。どうやって解けばいいかな。	・$(a+b+c)^2$と$(a+b)^2$を視覚的に比較しやすいように並べて板書する。
生徒	2乗は同じだから、$(a+b+c)×(a+b+c)$	
教師	この方法、さっきなんて言ったかな。	
生徒	「分配法則」	・キーワードで解法を確認する。(b)
教師	そう「分配法則」だね。じゃ、みんな、ノートにやってみて。(しばらくして)○○君、黒板でやって説明してくれる。	
生徒	(板書してから、身振りを交えながら説明する)	
教師	どうですか。皆さんも同じようにできましたか。	
教師	これは、どんな田んぼ。○○君、田んぼ、書いて説明して。	
生徒	(図3を書いてから) 1辺が$a+b+c$の正方形で、ここの面積がaaで、……。	
教師	別の方法、ないかな。もっと簡単な方法でできるとか。こんな方法が使えるとかでもいいよ。	図3
生徒	(考えているが、反応はない)	
教師	じゃ、(課題1を示しながら)前の問題でやった方法が使えないかな。	・すぐに解法を説明するのではなく、スモールステップで対話を通して段階的に進める。(c)
生徒	前にやった方法って、「分配法則」使ったよ。	
教師	課題1で、もう1つの方法使ったよね。なんだっけ。	・反応がない時には、前に使った方法を連想させる。(e)
生徒	「乗法公式」。	
教師	そう「乗法公式」使ったよね。「乗法公式」を使えないかな。	
生徒	前の問題は2つの文字で、この問題は3つの文字。	
教師	そうだよね。どうしたら、「乗法公式」使える。	・キーワードで別解を確認する。(b)

	生徒	この問題も2文字だったら使える。	
	教師	そうだよね。3文字を2文字に変えるにはどうしたらいい。	
	生徒	1つ減らせばいいから、2つの文字を1つの文字に変えればいい。	・X=a+bと置くことをすぐに説明するのではなく、$(a+b)^2$との違いに着目させ、どのようにすれば、既習事項を活用できるかを対話を通して考えさせる。(c)
	教師	2つの文字を1つの文字に「置き換え」るんだね。(キーワードの「置き換え」を板書して)具体的にどうするの。	
	生徒	a+bをXにすれば、$(X+c)^2$になる。	・キーワード「置き換え」を提示する。(b)
	教師	この式の形だったら前の問題と同じだよね。文字は違うけどね。「乗法公式」が使えるかな。やってみて。	
	教師	(しばらくしてから。「乗法公式」を使った方法を黒板に書いて説明する)これで、終わりですか。	
	生徒	Xを元に戻さないとダメ。	・説明が足りない場合には、具体的に説明させる。(e)
	教師	そうだね。これで終わりではないよね。Xを元に戻さないといけないよね。これよく忘れるんだよね。ではXを元に戻して最後まで展開を完成させて。	
	教師	この問題は「分配法則」でも展開することができたし、「置き換え」て文字を減らすことで「乗法公式」を使って解くこともできました。いろいろと工夫することで、複雑な整式も展開することができました。	・本時の3つのキーワード「分配法則」「置き換え」「乗法公式」をもう1度板書しながら、意味を確認する。(b)
終結		課題3 $(a+2b-c)^2$を展開せよ。	・課題3を提示する。②
	教師	課題3を解いて見よう。	
	生徒	「分配法則」でも、「乗法公式」でもいいの。	
	教師	どっちの方法でも、いいけど。できたら、両方の解き方でやってみて。やってみて、分からない人や疑問に思うことがあったら、周りの人に聞いてもいいし、先生に質問してもいいからね。	・机間支援しながら、何をXと置いたかを確認する。(e)

生徒	（各自で問題に取り組む）	
教師	○○君と○○君、黒板に書いて、説明して。	
生徒	（各自で板書した解答と答え合わせをする）	
教師	できましたか。練習問題は課題にします。次回までやってきてください。生徒　はい。分かりました。	・本時の内容を振り返る課題を宿題とする。②
練習問題	①　$(a+b+3)^2$　　②　$(x+2y-z)^2$	

4．「対話型アクティブ・ラーニング」による数学指導の短期的効果と長期的効果

(1) 「対話型アクティブ・ラーニング」による数学指導の実践校の状況

　「対話型アクティブ・ラーニング」による数学指導を実践している高校（全日制総合学科）の状況を把握するために、検証授業を依頼する学級の担任を対象にインタビュー調査を平成27年度と平成28年のそれぞれ4月と12月に実施した。このインタビュー調査によって、①対象学級の高校が所在する県で実施している数学基礎学力調査の結果、②中学校からの申し送り事項のある生徒の人数と内容、③校内において支援が必要であるとされた生徒の人数、④障害のある生徒の人数と障害名について把握した。本論では、平成28年度に実施したインタビュー調査の結果について述べる。実践校の状況は、平成27年度のインタビュー調査の結果（中村ら、2016）もほぼ同様であった。

　①対象学級（平成28年度、第1学年B組、在籍生徒数33名）の高校が所在する県で実施している数学基礎学力調査（全県調査69校、高校1年生9,162名、特別支援学校5校13名を含む、平成28年4月実施、中学校の学習内容）では、対象学級の平均正答率は35.6%（N=33）と県平均65.6%（N=9,162）より低い。対象学級と県平均の正答率を比較するために直接確率計算をおこなった。その結果、県平均正答率65.6%を母比率として、その偶然確率はp=0.0000（片側）であり、有意水準1%で有意に低かった。また、県全体で正答率が50%未満の生徒の割合は24%であるが、対象学級は75.8%（25名）の生徒が正答率50%未満であった。図7-2は、対象学級の正答率を箱ひげ図（最小値：11、

Q1：22、中央値：31、Q3：47、最大値67）で表したものである。対象学級の生徒の3/4が中学校数学の学習内容を十分に身につけていない状況といえる。

②対象学級は、入学当初に中学校からの申し送り事項があった生徒は20名（60.6%）であった。申し送りの内容は「集中力に欠ける」「学習態度が良くない」「数学の支援が必要」「提出物を出さない」「かけ算はできるが割算はできない。ノートをとるのがやっと」「学力が低い」「欠席が多く、学習が定着していない」「不登校もあり、自分から質問できない」「授業に集中できない」などであった。また、③校内において発達障害等の診断の有無を問わず特別な支援が必要とされた生徒は18名（54.5%）であった。④障害のある生徒（LD、ADHD、不安神経症）も3名（9.1%）在籍していた。本論では、「特別な支援が必要な生徒」を「①中学校までの学習内容を十分に身に付けていない生徒、②学習態度や学習習慣に課題のある生徒、③発達障害等の診断の有無を問わず特別な支援が必要とされた生徒、④障害のある生徒」と捉える（**表7-2**）。このように対象学級には特別な支援が必要な生徒が多く在籍しており、学習面、生活面ともに支援が必要であり、数学指導においても指導の工夫や支援が必要な状況である。

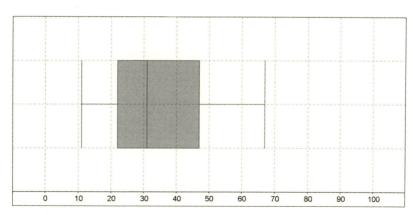

図7-2　対象学級の数学基礎学力調査の結果（N=33）

表 7-2 特別な支援が必要な生徒の状況（N=33）

特別な支援が必要な生徒	割合(％)	人数（人）
①中学校までの学習内容を十分に身に付けていない生徒〔基礎学力調査の正答率が 50% 未満の生徒〕	75.8	25
②学習態度や学習習慣に課題のある生徒〔中学校からの申し送り事項のあった生徒〕	60.6	20
③発達障害等の診断の有無を問わず特別な支援が必要とされた生徒〔校内で支援が必要とされた生徒〕	54.5	18
④障害のある生徒〔LD, ADHD, 不安神経症〕	9.1	3

(2)「対話型アクティブ・ラーニング」の短期的効果

「対話型アクティブ・ラーニング」による数学指導が、特別な支援が必要な生徒が多く在籍する学級でどのような有効性があるかを検討するために、実践校において、対象学級（平成 27 年度　第 1 学年 A 組、在籍数 34 名）を設定し、「対話型アクティブ・ラーニング」の検証授業を 1 時間行い、その授業の前後でテスト調査および質問紙調査をおこなった。この検証授業による効果を短期的効果と記す。

① 検証授業及びテスト調査及び質問紙調査の実施日時：
　1. テスト調査及び質問紙調査（欠席者 7 名）：2016 年 1 月 29 日（金）1 校時
　2. 検証授業（欠席者 3 名）：2016 年 2 月 1 日（月）5 校時
　3. テスト調査及び質問紙調査（欠席者 3 名）：2016 年 2 月 1 日（月）5 校時終了後
② 単元名：起こり得る場合（小中学校の復習）
③ 指導者：対象学級の数学指導担当者
④ 検証授業で取り上げた題材：
　検証授業では、表 7-3 に示す①から⑨を題材に、順列と組み合わせにつ

いて「対話型アクティブ・ラーニング」の授業を行った。この検証授業の展開過程の詳細は、中村ら（2016）で示した。

表7-3 検証授業で取り上げた題材

①サッカーシュートの問題（テスト調査の問①）	⑥道順の問題
②大小2個のサイコロの問題（テスト調査の問②）	⑦ゲームの攻撃方法の問題
③大中小3個のサイコロの問題	⑧バレーボールの問題
④赤青の2組のトランプの問題	⑨大中小の4面サイコロの問題
⑤バスケットボールの問題（テスト調査の問③）	

⑤　テスト調査（短期的効果）の結果と考察

表7-4のテスト調査（短期的効果）の事前テストと事後テストの問①から問③の正答数と不正答数（誤答数と無答数の合計）について直接確率計算をおこなった結果、その偶然確率は、問① $p=0.1706$（片側）、問② $p=0.0328$（片側）、問③ $p=0.1673$（片側）であり、問①と問③は有意な差はなく、問②が有意水準5%で有意であった（表7-5、図7-3～7-5）。したがって、問②は指導後に正答を得ることができた生徒が増え、問②の理解に検証授業の効果があったと考えられる。但し、問②は授業でも取り上げ、事前と事後のテストも全く同じ問題である。問①と問③は授業で取り上げてはいるが、事後テストは問題の数値を変えている。問②ができた生徒が増えたのは、通常の学級であれば、授業でも扱い、事後テストでも数値が同じであれば当然と考えられるが、特別な支援が必要な生徒が多く在籍する学級においては、授業で学んだことそのものが理解できない場合が多い。実際、このことは、夏目（2008）や雪田（2014）の実践研究の結果からも示唆される。このように特別な支援が必要な生徒が多く在籍する学級では、通常の学級で効果がある指導をそのまま適用するだけではうまくいかないことが多くある。このことを考えると、特別な支援が必要な生徒が多く在籍する学級において、授業で扱った内容（数値が同じ問題）ができるようになったことは、授業内容（数値が同じ問題）の理解や記憶、保持という点で一定の効果と考えることができる。そのことは学習内容の定着やさらなる理解への一歩でもある。問①と問③については、有意差までは

得られなかったが、できるようになった生徒の割合は、それぞれ確かに増加しており（図 7-3、図 7-5）、個別事例的には少なからず効果があった可能性がある。このことについては、更なる詳細な研究が必要である。

表 7-4　テスト調査（短期的効果）の問題

事後テストは、事前テストの問題文と同じで、下線部のみを〔　　〕内の数字に変更した。
問① サッカー選手の A 君が左足で蹴る蹴り方が 3 通り〔4 通り〕、右足で蹴る蹴り方が 4 通り〔2 通り〕あるとします。このとき、A 君の「蹴り方」は全部で何通りあるでしょうか？
問② 大小 2 つのサイコロを投げるとき、大のサイコロは目の出方が 6 通り、小のサイコロは目の出方が 6 通りあります。2 つのサイコロを同時に投げると、「目の出方」は全部で何通りあるでしょうか。
問③ バスケット選手の B 君は、ドリブルを使った攻め方が 3 通り〔2 通り〕、シュートの仕方が 2 通り〔3 通り〕あります。ボールを持ってからドリブルで攻めて、シュートを決める決め方は全部で何通りでしょうか。

表 7-5　テスト調査（短期的効果）の結果（単位：人）

テスト調査の問題		正答	誤答	無答
問①サッカーシュートの問題	前	21	4	2
p=0.1706 ns（.10<p）片側	後	28	2	1
問②大小 2 個のサイコロの問題	前	17	6	4
p=0.0328 *（.05>p）片側	後	27	2	2
問③バスケットボールの問題	前	14	5	8
p=0.1673 ns（.10<p）片側	後	21	5	5

前は 27 名、後は 31 名である。＊は 5% 有意、＊＊は 1% 有意、ns は非有意を示す。

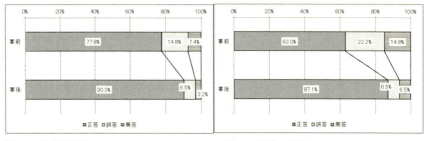

図 7-3　問①の結果　　　　　図 7-4　問②の結果

第7章 特別な支援を必要とする生徒への「深い学び」の授業実践とその教育効果　175

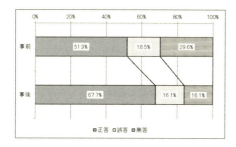

図7-5　問③の結果

⑥　質問紙調査（短期的効果）の結果と考察

　質問紙調査（短期的効果）として、検証授業の事前と事後にテストの問①から問③の問題（表7-4）について『「なぜその式になるか」ちゃんと理解した上で解くことができましたか』を質問した。事前と事後の「はい」と「いいえと無答」の人数について、直接確率計算をおこなった結果、その偶然確率は、問① p=0.0009（片側）、問② p=0.0000（片側）、問③ p=0.0000（片側）であり、すべて有意水準1%で有意であった（表7-6、図7-6〜7-8）。したがって、問①から問③が理解できたと考える生徒が検証授業後に増えており、生徒の理解感の向上に効果があったといえる。テスト調査（短期的効果）の結果（表7-5、図7-3〜7-5）と合わせて考えると、実際には各問で正答を得ていないが、理解できたと感じている生徒がいることになる。つまり、誤った理解感を持った生徒がいたことになる。しかし、特別な支援を必要とする生徒は、数学学習においてもできないことの積み重ねがあり「どうせやってもできない」「分かるはずがない」「やるだけ無駄だ」などの数学学習に対する否定的な感情を持つことも少なくなく、自己肯定感が低い（山本、2013）。理解感の向上は、数学学習に対する否定的な感情の改善（「やればできる」「分かるかも」といった感情を持つ機会となる）や自己肯定感の向上にも繋がる可能性がある。

　また、問②と問③では、検証授業後に無答の生徒の割合が共に増加しており（図7-7、図7-8）、理解したかどうかが分からない（曖昧な理解の状態の）生徒、或いは今までの理解の誤りに気付いたが正しい理解まで達していないために

無回答であった生徒などがいることが推察される。これらについては、今後さらに詳細な検討が必要である。また、検証授業終了後に『今日の授業で「和の法則」「積の法則」を扱いましたが、どんなことが分かりましたか』を自由記述で回答を依頼した。主な記述内容（図7-9）からは、教師が対話の中で示したキーワード「同時に起きる」や「同時に起きない」「連続して起きる」をもとに「和の法則」と「積の法則」の計算の意味を理解できたことが読み取れる。

表7-6　質問紙調査（短期的効果）の結果（単位：人）

質問紙調査の項目		はい	いいえ	無答
問①の理解感	前	15	11	1
p=0.0009 ** (.01>p) 片側	後	29	1	1
問②の理解感	前	9	18	0
p=0.0000 ** (.01>p) 片側	後	28	1	2
問③の理解感	前	5	21	1
p=0.0000 ** (.01>p) 片側	後	23	4	4

前は 27 名、後は 31 名である。＊は 5% 有意、＊＊は 1% 有意、ns は非有意を示す。

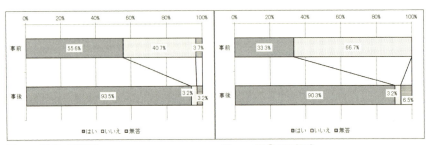

図7-6　問①の理解感　　　図7-7　問②の理解感

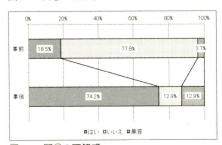

図7-8　問③の理解感

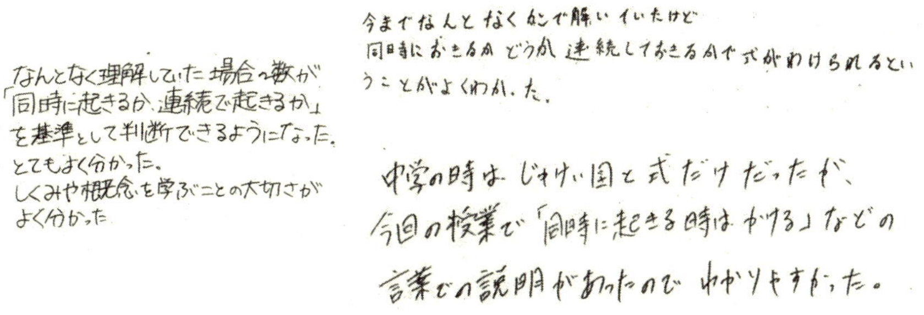

図7-9 主な自由記述の内容

(3) 「対話型アクティブ・ラーニング」の長期的効果

　「対話型アクティブ・ラーニング」による数学指導の有効性を検討するために、実践校において、対象学級（平成28年度　第1学年B組　在籍数33名）を設定し、「対話型アクティブ・ラーニング」の授業を行う前の4月と、「対話型アクティブ・ラーニング」の授業を継続して行った後の12月に、質問紙調査とテスト調査を行った。この調査による有効性を長期的効果と記す。長期的効果の検証授業は平成28年度に、短期的効果の検証授業は平成27年度におこなっており、異なる学級である。しかし、対象学級の状況調査の結果から、短期的効果と長期的効果の対象学級について、特別な支援を必要とする生徒の在籍状況等はほぼ同様であり差はなかった。

① 質問紙調査（長期的効果）の概要

　質問紙調査（長期的効果）は、生徒の数学に対する好意度（好き、楽しい）と理解感（得意、分かる）、有用感（役に立つ）、参加意欲に対する「対話型アクティブ・ラーニング」の効果を検討するためのものである。調査は、生徒を対象に高校入学当初の平成28年4月20日（水）と入学後約8か月後の平成28年12月16日（金）に、テスト調査（長期的効果）の直前の10分間で行った。質問紙調査（長期的効果）の内容は以下の6項目と自由記述からなる（表

7-7)。事前調査（4月）では中学校を、事後調査（12月）では高校を想定し記入するように依頼した。自由記述以外は、4件法（①はい、②どちらかと言えばはい、③どちらかと言えばいいえ、④いいえ）による。

表7-7 質問紙調査（長期的効果）の内容

a	数学は好き。	b	数学は得意。
c	数学は楽しい。	d	数学は分かる。
e	数学は役に立つ。		
f	数学の授業に積極的に参加している。		
g	数学や数学の授業について、感じていることを自由に書いてください。		

表7-8 テスト調査（長期的効果）の問題

1　比の問題〔平成27年数学A1（1）〕
　12：9と等しい比を、下のアからエまでの中から1つ選びなさい。
　ア　3：4　　イ　4：3　　ウ　9：6　　エ　9：12

2　負数の問題〔平成27年数学A1（3）〕
　aが正の数のとき、a×（－2）の計算の結果について、どのようなことが言えますか。下のアからエまでの中から正しいものを1つ選びなさい。
　ア　a×（－2）は、aより大きい。
　イ　a×（－2）は、aと等しい。
　ウ　a×（－2）は、aより小さい。
　エ　a×（－2）は、aより大きいか小さいか決まらない。

3　気温の問題〔平成27年数学A1（4）〕
　ある日の最低気温は－3℃でした。これは前日の最低気温より2℃高い気温です。前日の最低気温を求めなさい。

4　割合の問題〔平成27年数学A2（2）〕
　赤いテープと白いテープの長さについて、次のことがわかっています。赤いテープの長さはa cmです。赤いテープの長さは白いテープの長さの3/5倍です。白いテープの長さは何cmですか。aを用いた式で表しなさい。

5　垂直の問題〔平成27年数学A5（1）〕

> 下の図の直方体には辺CGに垂直な面がいくつありますか。そのうちの1つを選んで書きなさい。（図略）
> 6　図を書く問題
> 　四角形ABCDは、AD∥BCの台形です。辺ABの中点をEとし、Eから辺BCに平行な直線をひき、BD、CDとの交点をそれぞれF、Gとします。この文章にあう図を書きなさい。

② テスト調査（長期的効果）の概要

　テスト調査（長期的効果）では、数学の基礎的な知識・技能の習得に対する「対話型アクティブ・ラーニング」の効果を検討するためのものである。そのため、全国学力・学習状況調査の平成27年度数学のA問題からいくつかを選択した（表7-8）。A問題は、主として知識に関する問題で「身に付けておかなければ後の学年等の学習内容に影響を及ぼす内容や、実生活において不可欠であり常に活用できるようになっていることが望ましい知識・技能など」である（国立教育政策研究所教育課程研究センター、2015）。特別な支援が必要な生徒にとっても、高校数学を学習する上で、あるいは社会参加や自立するうえでこれらを習得することが必要と考えたからである。高校数学の授業内容そのものではないが、高校の授業を通して着実に身に付けてほしい内容と考え、これらの問題を調査問題とした。テスト調査（長期的効果）の問題は授業では直接は扱っていないが、必要に応じて小中学校での学習内容を補うように授業が進められているため、間接的にはテスト調査の問題と同じような内容を扱っている。したがって、授業を通して、テスト調査のような基本的な問題が解けるようになることが期待される。また、数学の文章題の読み取り能力の変容を見るために、文章を読み取り、図を書く問題6を加えた。テスト調査（長期的効果）は、事前テストを高校入学当初の平成28年4月20日（水）に、事後テストを入学後約8か月後の平成28年12月16日（金）に、質問紙調査の直後に40分間で行った。

③　長期的効果を検証するための「対話型アクティブ・ラーニング」による授業

　対象学級の週5時間の数学の授業〔数学Ⅰが3単位、基礎数学Ⅰ（学校設定科目）が2単位〕において、基本的には毎時間、「対話型アクティブ・ラーニング」の授業を実施した。つまり、ほぼ毎時間、第3節で示した「対話型アクティブ・ラーニング」の授業展開例のように授業設計を行い、授業を行った。授業内容は、数学Ⅰは教科書（実教出版『高校数学Ⅰ』）の内容で、事後テストまでに数と式、二次関数、三角比（図形と計量）までの学習を終えている。基礎数学Ⅰは教科書にそった問題集(実教出版「ステップノート数学Ⅰ」)を使い、数学Ⅰの内容を補う内容である。授業者は、対象学級の数学指導担当者である。

④　質問紙調査（長期的効果）の結果と分析

　質問紙調査（長期的効果）の結果は表7-9の通りである。図7-10～図7-15は、それぞれaからfの結果をグラフにしたものである。肯定的回答数（①はい、②どちらかと言えばはい）と否定的回答数（③どちらかと言えばいいえ、④いいえ）について直接確率計算を行った。その結果、事前と事後で「a数学は好き」「c数学は楽しい」「d数学は分かる」「f数学の授業に積極的に参加している」は、有意水準1%で、「b数学は得意」でも有意水準5%で肯定的回答が多くなった。対象学級の多くの生徒は、「対話型アクティブ・ラーニング」の授業により、数学は好き、楽しい、分かる、得意と捉えるようになり、数学の授業にも積極的に参加するようになったことがわかる。また、「e数学は役に立つ」は事前と事後で有意差はなかった。以上より、「対話型アクティブ・ラーニング」は、数学に対する好意度（好き、楽しい）を促し、数学の授業への参加意欲を高めることが明らかとなった。また、理解感（得意、分かる）が向上していることより、授業での数学の学習内容の理解を促進していることが示唆される。一方で、「対話型アクティブ・ラーニング」は、数学に対する有用感の向上には至っておらず、その育成について課題であるといえる。

表 7-9 質問紙調査の結果（単位：人）

質問紙調査の項目		①	②	③	④
a 数学は好き	前	4	2	13	14
$p=0.0001**$ （$.01>p$）片側	後	6	15	6	4
b 数学は得意	前	2	3	3	25
$p=0.0171*$ （$.05>p$）片側	後	6	7	8	10
c 数学は楽しい	前	2	8	12	11
$p=0.0000**$ （$.01>p$）片側	後	13	13	2	3
d 数学は分かる	前	2	6	14	11
$p=0.0000**$ （$.01>p$）片側	後	15	10	4	2
e 数学は役に立つ	前	9	12	11	11
$p=0.1758$ ns （$.10<p$）片側	後	8	16	6	1
f 数学の授業に積極的に参加している	前	2	11	11	9
$p=0.0063**$ （$.01>p$）片側	後	9	14	7	1

〔①はい、②どちらかと言えばはい、③どちらかと言えばいいえ、④いいえ〕
前は33名、後は欠席者2名のため31名である。＊は5%有意、＊＊は1%有意、ns は非有意を示す。

「g 数学や数学の授業について、感じていることを自由に書いてください」と自由記述で解答を依頼した。事前と事後の主な記述内容は、それぞれ表 7-10 と表 7-11 の通りである。表 7-10 と表 7-11 の S は生徒を表し、同じ番号は同じ生徒である。事前調査（表 7-10）では、数学の授業に対する不安（S2）や心配（S9）、困難感（S7、S15、S32）や否定的な捉え方や態度（S18、S32）が記述にみられる。しかし、事後調査（表 7-11）では、おもしろい（S2）、分かりやすい（S11）、好き（S15）、楽しい（S19）、できる（S28）、頑張りたい（S5）などの肯定的な記述がみられ、数学や数学の授業に対する捉え方や態度に変容がみられたことがわかる。実際、表 7-10 と表 7-11 の S2 と S15 は同じ生徒である。これらのことは先の a から d の結果とも一致するものであり、「対話型アクティブ・ラーニング」は、特別な支援が必要な生徒の数学や数学の

授業に対する捉え方と態度を好意的に変容させる効果があることが示唆された。また、表 7-11 の S5 や S20 のような有用感に関する否定的な記述もあり、このことは e の結果とも一致する。

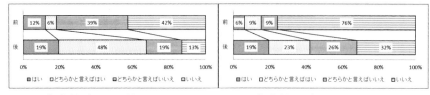

図 7-10 「a 数学は好き」の結果　　図 7-11 「b 数学は得意」の結果

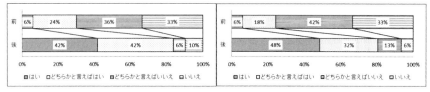

図 7-12 「c 数学は楽しい」の結果　　図 7-13 「d 数学は分かる」の結果

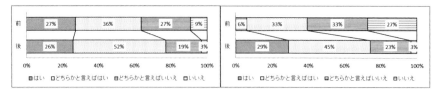

図 7-14 「e 数学は役に立つ」の結果　　図 7-15 「f 数学の授業に積極的に参加している」の結果

表 7-10　g 自由記述の主な内容（事前）

S2：数学についていけるか不安。
S7：むずかしいし訳が分からないもの。
S9：数学は得意じゃないから心配。
S15：何をやればいいか、わからない。
S18：めんどくさい。
S32：難しい、つまらない、計算ばかり。

表7-11　g自由記述の主な内容（事後）

> S2：難しいし、よく分からないこともあるけれど、式の決まりを分かったりすると、なかなかおもしろい。
> S5：本音は将来役に立つとは思っていないが、やっていると楽しいので頑張りたい。
> S11：中学の時よりは解けている感じがするし、分かりやすくなったなと感じます。
> S13：数学には、理論が大事なんだなと思いました。
> S15：中学はきらいだったけど、今はとても好きになりました。もっともっと、がんばりたいです。
> S19：数学ほんと苦手で、できなくて授業が苦痛だったけど、今すごく楽しいと思える。
> S20：数学は将来的に本当に必要なのかと不思議に思う。
> S28：中学のころに理解できなかった内容でも、いまは、できるようになってきている。

⑤　テスト調査（長期的効果）の結果と分析

　テスト調査（長期的効果）の結果は表7-12の通りである。事前と事後の正答数と不正答（誤答と無答）数について直接確率計算を行った。その結果、1から6について、事前と事後で有意差はなかった。図7-16～図7-21は、1から6について、正答率、誤答率、無答率をグラフに表したものである。6以外は、全国学力・学習状況調査結果の正答率、誤答率、無答率の全国平均も同時に示した。1から5の問題の事前調査の正答数と不正答数について、全国平均を母比率として直接確率計算を行った。その結果、2負数の問題（有意水準 5%）、3気温の問題（有意水準 1%）、4割合の問題（有意水準 1%）は、全国平均より有意に低かった（2は$p=0.0358$、3は$p=0.0006$、4は$p=0.0075$、すべて片側）。1比の問題と5垂直の問題では、全国平均との有意差はなかった。1の問題のように全国平均が94%と正答率が高い問題は、対象学級の生徒も高い正答率であった。一方、2や3の問題のように全国平均が76%の問題や、4の問題のように全国平均が24%の問題については、習得に課題があるといえる。しかし、5の問題は全国平均が48%と比較的難易度が高いといえるが、

中学校の全国平均と有意差はなかった。これは 5 が図形問題であり、視覚的に理解しやすかったものと考えられる。1 から 5 の問題の事後調査の正答数と不正答数について、全国平均を母比率として直接確率計算を行った。その結果、3 の問題が有意（有意水準 1%）に低かった（p=0.0027、片側）。

以上より、「対話型アクティブ・ラーニング」は、授業前後において正答率に有意差はなく、授業後でも全国平均と有意差がある問題が有るなど、数学の基礎的な知識・技能の習得に課題があることが示唆される。また、生徒の正誤を個別的にみると、事前で誤答であった問題が事後に正答になっている生徒がいる一方で、逆に事前で正答であった問題が事後に誤答になっている生徒もおり、その原因について更なる調査と分析が必要である。

また、6 図を書く問題では、回答数（正答数と誤答数）と無答数について、直接確率計算を行った。その結果、その偶然確率は p=0.0061（片側）であり、有意水準 1% で有意差があった。無答である生徒が減少したといえる。

事前調査では、無答の生徒は何も書かない状態であったが、事後調査では、無答の生徒のなかには、図 7-22 の S6 の生徒のように、「わからないので、教えてほしい」などの記述がみられた（このような回答は無答に数えた）。事後調査の回答欄にこのような記述をしている生徒は 7 名（22.6%、N=31）であった。もちろん、事後調査において、このような記述をするような教示はしていない。また、誤答の生徒の中には、図 7-22 の S23 や S24 の生徒のように、解答の途中まで書いて、その後がわからないことを明記する解答がみられた。このような生徒は、4 名（12.9%、N=31）であった。6 以外の問題でも、誤答や無答の解答欄にはこのような記述が見られた。このような記述は、自分の理解度を理解し記述しているものであり、メタ認知といえる。つまり、「対話型アクティブ・ラーニング」は、メタ認知の発揮と育成の支援となり得る可能性がある。

表 7-12 テスト調査問題の結果（単位：人）

テスト調査の問題		正答	誤答	無答
1　比の問題	前	31	2	0
p=0.5238ns（.10<p）片側	後	30	1	0
2　負数の問題	前 *	20	10	3
p=0.3697ns（.10<p）片側	後	21	7	3
3　気温の問題	前 **	16	16	1
p=0.5000ns（.10<p）片側	後 **	16	12	3
4　割合の問題	前 **	2	17	14
p=0.1878ns（.10<p）片側	後	5	17	9
5　垂直の問題	前	13	16	4
p=0.4154ns（.10<p）片側	後	14	14	3
6　図形を書く問題	前	2	7	24
p=0.1878ns（.10<p）片側	後	5	14	12

(* と ** は、全国学力・学習状況調査の全国平均とそれぞれ 5% と 1% で有意差があること、ns は非有意を示す）前は 33 名、後は欠席者 2 名のため 31 名。

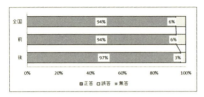

図 7-16 「1 比の問題」の結果

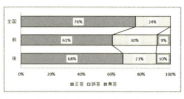

図 7-17 「2 負数の問題」の結果

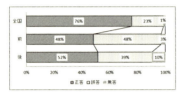

図 7-18 「3 気温の問題」の結果

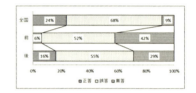

図 7-19 「4 割合の問題」の結果

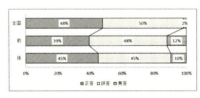

図 7-20 「5 垂直の問題」の結果

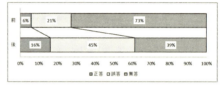

図 7-21 「6 図形を書く問題」の結果

(S6)

ぜんぜん分からない。
どうやるのか
教えて欲しい。

(S23)

Eから辺BCに平行な直線を
ひくところまで分かった。

(S24)

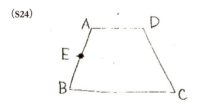

ここまでは、わかった。
そのあとが、言ってることが
わからなかった。

図 7-22 解答欄の記述例

5．「対話型アクティブ・ラーニング」による数学指導の有効性

　小貫（2016）は、発達障害のある生徒を含む通常学級での学びの階層モデルとして〈参加〉〈理解〉〈習得〉〈活用〉の4つの階層を提案している。この学びの階層モデルは、授業のユニバーサルデザインを考えるためのモデルである。「対話型アクティブ・ラーニング」は、特別な支援が必要な生徒が多く在籍する学級の全ての生徒のための指導を目指しており、授業のユニバーサルデザインの考え方と共通するものである。そこで、学びの階層モデルで使われている〈参加〉〈理解〉〈習得〉〈活用〉の4つを、特別な支援が必要な生徒が多く在籍する学級に対する「対話型アクティブ・ラーニング」の有効性を考察するための視点として活用する。これら4つの視点は、特別な支援が必要な生徒以外にとっても重要な視点となるものである。特に、この4つの視点を用いることにしたのは、〈参加〉〈理解〉〈習得〉〈活用〉には段階があり、特別な支援が必要な生徒にとっては、この4つの順序で支援することが特に重要と考えたからである。まずは、生徒の授業への〈参加〉を支援し、授業に参加できるようになった段階で学習内容の〈理解〉を支援する。次に、学習した内容が理解できたら学習内容の〈習得〉を支援する。学習内容を習得したらさらに習得した内容が〈活用〉できるように支援することが大切であり、「対話型アクティブ・ラーニング」がどの段階まで支援できているのか（現状と限界）を考察するための視点とするために活用することとした。そこで、本論では、〈参加〉〈理解〉〈習得〉〈活用〉の4つの視点を、以下のように捉えることとする。

　〈参加〉の視点は、対象学級生徒が授業へ参加できるようになったかどうかを考察するためのものである。特別な支援を必要としない生徒にとっては授業へ参加することは当たり前のことであるが、特別な支援が必要な生徒は、数学の授業への参加そのものに困難がともなう。実際、対象学級の高校では、「対話型アクティブ・ラーニング」が行われる以前の数学の授業では、生徒の離席、居眠り、私語、妨害など授業が成立しない状況があった。特別な支援が必要な生徒にとっては、数学の授業に参加し、教師の話を聞き、発言す

ることが1つの目標となる。〈理解〉の視点は、授業の内容がわかったかどうかを考察するためのものである。〈習得〉の視点は、理解した学習内容が定着したかどうかを考察するためのものである。習得していなければ、理解したことにならないという考え方もあるが、特別な支援が必要な生徒の場合は、その場では理解できても、時間が経過したり問題場面が変わったりするとわからなくなることがよくある。そのため、特別な支援が必要な生徒の支援を考えるときには、学びの階層モデルのように理解と習得を分けて考えた方がよいと考えた。このことは、短期的効果の分析において、授業で学習した内容を理解したとしても、同じ問題場面でも数値が変わると解けなくなることが明らかとなったことからも分かる。〈活用〉の視点は、習得し身に付けたことが、発展的な或いは応用的な場面でも使えるようになったかどうかを考察するためのものである。つまり、「対話型アクティブ・ラーニング」では、特別な支援が必要な生徒が多く在籍する学級のすべての生徒が、授業に参加でき、学習内容を理解するとともに、その内容が定着し活用できることを目指すものである。以下では、この4つの視点で、「対話型アクティブ・ラーニング」の有効性を考察した結果、次の点が明らかとなった。

①「対話型アクティブ・ラーニング」は、対象学級生徒の授業への参加を支援することができたと考えられる。なぜなら、特別な支援が必要な生徒の多くは、中学校では授業についていけず、「数学がつまらない」「嫌い」など数学に対する嫌悪感がある場合が多く、授業への参加も消極的であるが、「対話型アクティブ・ラーニング」により、数学に対する好意度が向上し、参加意欲が増したことからである。

②「対話型アクティブ・ラーニング」は、対象学級生徒の学習内容の理解を支援できたことが示唆される。特別な支援が必要な生徒の多くは、「数学はどうせやってもわからない」「難しい」などの苦手意識をもって高校に入学してくる。しかし、「対話型アクティブ・ラーニング」を通して、「できた」「わかった」という感覚を持てたこと(理解感の向上)より、実際の授業で数学の学習内容を理解できたことが推察される。

③特別な支援が必要な生徒の数学に対する有用感（役に立つ）を育てることは課題である。特別な支援を必要とする生徒は、「なぜ数学を勉強しているのかわからない」や「将来、数学なんて役に立たない」と考えていることが少なくない（たとえば、表 7-11 の S5 や S20）。そのような意識では、たとえ、数学的な知識や技能を理解しても、習得し活用するまでには至らない。学習内容の習得や活用を支援するためには、数学に対する有用感を持たせるような支援が必要である。

④「対話型アクティブ・ラーニング」は、対象学級生徒の学習内容の習得のための支援とはなり得ていない。なぜなら、「対話型アクティブ・ラーニング」の授業の前後（長期的効果）において、どの問題も正答率は増加しているものの、正答数に有意差がみられず、数学の基礎的な知識・技能の習得には効果があるとはいえないからである。このことは、雪田（2014）の実践研究の結果からも示唆されるものである。

⑤「対話型アクティブ・ラーニング」は、特別な支援が必要な生徒のメタ認知の発揮と育成の支援となり得る可能性があることが示唆された。テスト調査（長期的効果）において、事前調査の無答の問題では、何も書かない空欄の状態であったが、事後調査ではわかったところまで解答し、それ以降はわからない旨の記述が見られる（図 7-22 の S23 と S24）など、授業後には自分の理解の状態を理解している状況が推察された。実際、特別な支援が必要な生徒における学習の躓きの重要な要因の 1 つがメタ認知であるといわれており（菅野、2012）、メタ認知を促進するための支援が近年重要視されている。

中央教育審議会教育課程部会総則・評価特別部会（2016）では、アクティブ・ラーニングの視点として、(1)深い学び、(2)対話的な学び、(3)主体的な学びの 3 点を述べている。「(a) 具体化による動機付け」と「(e) 適切な形成的アセスメントの実施」により、教師が生徒の理解の状態を把握しながら発問し、生徒はそれを聞き応答することが継続的に成立し、(2)の対話的な学びの過程が実現されている。「(a) 具体化による動機付け」と「(b) キーワードによる

考え方の強調」により、生徒は課題に取り組みやすくなり自分の考えを主体的に述べることができ、(3)主体的な学びの過程が実現されている。「(c) スモールステップの対話による段階的な内容の理解」と「(d) 拡張を意識した学び直しの設定」により、小中学校の内容を段階的に学び直すことで、数学的な概念や意味の拡張（高校数学の内容の理解）を目標に、(1)深い学びの過程が実現されている。「対話型アクティブ・ラーニング」は、教師の発言が多く、生徒の発言はどれも短い。これは、生徒の言語能力を配慮し、短い言葉でのやり取りの方が成立しやすいことを対象学級の高校の教員は経験則として体感していることが考えられる。事実、検証授業の数学指導担当者も、意図してそのように指導していたことを、後日質問によって確認した（2016年4月16日）。しかし、生徒の発言は短くとも、生徒は教師の発話を真剣に聞き、それに反応している。つまり、それは、教師の発話が生徒の思考を活性化し、課題に対して主体的に取り組んでいる証拠となるものである。これは、「対話型アクティブ・ラーニング」が、まさにアクティブ・ラーニングの3つの視点である(1)深い学び、(2)対話的な学び、(3)主体的な学びの体現に成功しているといえる。

6．おわりに

　本論では、特別な支援が必要な生徒が多く在籍する高校の数学指導でおこなわれている「対話型アクティブ・ラーニング」の概要を述べ、検証授業による短期的効果と長期的効果を分析することを通して、その有効性（現状と課題の一端）を明らかにした。また、特別な支援が必要な生徒の在籍状況調査からは、高校によっては文部科学省の調査で示されている数値よりも特別な支援が必要な生徒が多く在籍している状況があり、特別な支援が必要な生徒に対する指導の工夫と支援の在り方の検討は喫緊の検討課題であることがより明らかになった。さらに、学びの階層モデル（小貫 2016）の〈参加〉〈理解〉〈習得〉〈活用〉の視点において、「対話型アクティブ・ラーニング」は授業への〈参加〉と学習内容の〈理解〉はある程度支援できていても、数学

の基礎的な知識・技能の〈習得〉と〈活用〉の支援は課題であり、さらなる指導の工夫と支援が必要であることが明らかとなった。柘植（2011）は、通常学級における授業のユニバーサルデザインが何に有効で、何が限界かがよくわかっていないことを指摘している。このことは、特別な支援が必要な生徒が多く在籍する高校での数学指導の工夫や支援についても同様にいえることである。本論の結果は、その指摘に対する1つの応えでもある。

　本論は、1つの高校の数学指導での支援のあり方（「対話型アクティブ・ラーニング」）に焦点を当て考察したものである。他の高校の数学指導でおこなわれている支援についても、その支援のあり方や効果について調査する必要がある。平成30年度から、高校においても通級による指導の制度の運用が開始された。「対話型アクティブ・ラーニング」は、特別な支援を必要とする生徒への「一斉指導における学級全体への支援」であり、授業のユニバーサルデザインの1つの方法であり、基礎的環境整備の1つともいえる。今後は、さらに「対話型アクティブ・ラーニング」と「個別の支援」との連携を視野に入れた支援のあり方を検討していくことが課題である。

謝辞：
　検証授業にご協力いただきました先生方および生徒の皆さんに感謝いたします。

付記：
　本論での研究は、科学研究費補助金「基盤研究（C）」課題番号 15K04397 及び 18K02650 の支援を得ている。

参考文献

上戸綾子（2016）「長崎玉成高等学校における特別支援教育とキャリア教育」、『LD研究』25（2）、172-178頁。
小貫悟（2016）「アクティブ・ラーニングと授業のユニバーサルデザイン――アク

ティブ・ラーニング自体をUD化するための〈視点モデル〉と〈授業設計基本フレーム〉の提案──」『LD研究』25（4）、423-430頁。
高等学校における特別支援教育の推進に関する調査研究協力者会議（2016）『高等学校における通級による指導の制度化及び充実方策について』、http://www.mext.go.jp/b_menu/ houdou/28/03/__icsFiles/afieldfile/2016/03/31/1369191_02_1_1.pdf
国立教育政策研究所教育課程研究センター（2015）『平成27年度全国学力・学習状況調査解説資料、一人一人の生徒の学力・学習状況に応じた学習指導の改善・充実に向けて、中学校数学』、http://www.nier.go.jp/15chousa/pdf/ 15kaisetsu_chuu_suugaku.pdf
佐々木全・小田島新・中村好則（2016）「高等学校の数学における「「対話型アクティブ・ラーニング」」授業の効果──生徒による「授業評価アンケート」の分析から──」、『岩手大学教育学部教育実践総合センター研究紀要』15、275-286頁。
菅野泉（2012）「特別な支援を必要とする児童のメタ認知を促すための支援手立てに関する実践的研究」、『発達支援研究』16、4-6頁。
柘植雅義（2011）「通常における授業ユニバーサルデザイン──その有効性と限界を巡って──」『特別支援教育研究』652、4-6頁。
中央教育審議会（2015）『特別支援教育の現状と課題、初等中等教育分科会教育課程部会教育課程企画部会資料3-3（平成27年4月28日）』、http://www.mext.go.jp/b_menu/shingi/chukyo/chukyo3/053/siryo/__icsFiles/afieldfile/2015/05/25/1358061_03_03.pdf
中央教育審議会教育課程部会総則・評価部会（2016）『アクティブ・ラーニングの視点と資質・能力に関する参考資料』（平成28年2月24日資料2-1、2-2）、http://www.mext.go.jp/b_menu/shingi/chukyo/chukyo3/061/siryo/1368746.htm
東京都教育委員会（2007）『新しいタイプの高校における成果検証検討委員会報告書（平成19年4月）』、http://www.kyoiku.metro.tokyo.jp/pickup/p_gakko/seikakensho_tominishikichosa/seikakensyou.pdf
特別支援教育の推進に関する調査研究協力者会議高等学校ワーキング・グループ（2009）『高等学校における特別支援教育の推進について高等学校ワーキング・グループ報告（平成21年8月27日）』、http://www.mext.go.jp/b_menu/shingi/chousa/shotou/054_2/gaiyou/1283724.htm
内閣府（2013）『障害を理由とする差別の解消の推進に関する法律について（平成25年9月30日）』、http://www8.cao.go.jp/shougai/suishin/law_h25-65.html
中村好則・佐々木全・小田島新（2019）「高校数学科における特別な支援が必要な生徒が多く在籍する学級での指導の工夫〜「対話型アクティブ・ラーニング」による支援〜」『数学教育学会　数学教育学会誌』57（1・2）、103-112頁。
中村好則・佐々木全・小田島新（2019）「特別な支援が必要な生徒が多く在籍する高校での数学指導に関する調査研究──「対話型アクティブ・ラーニング」による支援の現状と課題──」『岩手大学教育学部研究年報』78、1-21頁。

夏目保男（2008）「特別支援の視点を取り入れた高校の授業とは～「数学Ⅰ」一斉授業での試み～」、さいたま教育文化研究所窓外児教育研究委員会編『どうする？！高校における「特別支援教育」』、15-19頁。
南一也（2016）「佐賀県立太良高等学校における発達障害のある生徒への学習及び就労支援の実際」『LD研究』25（2）、169-172頁。
文部科学省（2018）『高等学校学習指導要領解説 数学編 理数編（平成30年7月）』、http://www.mext.go.jp/component/a_menu/education/micro_detail/__icsFiles/afieldfile/2018/07/17/1407073_05.pdf
山本葉子（2013）『生徒の自己肯定感を高める高校数学の取り組み』、http://www.pref.kochi.lg.jp/soshiki/310101/files/2013052000247/2013052000247_www_pref_kochi_lg_jp_uploaded_life_104626_398565_misc.pdf
雪田聡（2014）「高等学校数学 定時制高等学校におけるユニバーサルデザインによるわかる授業の検討」、「青森県総合学校教育センター研究報告 2013 CD-ROM」『特別支援教育長期研究講座報告』3。
（上記URLはすべて平成30年7月現在）

第8章　算数・数学科における「深い学び」と授業改善の視点

立花　正男

1．はじめに

　2017（平成29）年3月に告示された学習指導要領の最大のキーワードは、「主体的・対話的で深い学び」である。そのなかでも筆者は、「深い学び」が最も重要であると考える。そこで、本稿では、子どもたちの学びを「深い学び」にするためには、どのような指導をすることが必要かを考えることとする。最近の学校現場では、次期の学習指導要領で「深い学び」という言葉が強調されているので、「深い学び」とはどのような学びなのかということが話題にされることが多い。しかし、その理解が共通しているとはいえない状況もある。このことは、平成20年1月の中教審答申「幼稚園、小学校、中学校、高等学校及び特別支援学校の学習指導要領等の改善について（答申）」で、理念を実現するためのこれまでの手立ての5つの課題の1つ目として「『生きる力』の意味や必要性について、文部科学省による趣旨の周知・徹底が必ずしも十分でなく、学校関係者・保護者・社会との間に十分な共通理解がなされていなかったこと。」と同じ状況が生じていることも考えられる。だからこそ、今一度「深い学び」とは何か、どのような子供の姿であるのかを、具体的に考えることが極めて重要になる。つまり、どのような状態を「深い学び」と捉えるのかを明確に示していくことがいま一番大事なことである。そのことなくして、深い学びを実現することはあり得ないと考える。

2．深い学びとはなにか

　深い学びについて文部科学省がどのように考えているかについて確認する。中学校学習指導要領（平成29年告示）解説（数学編）の、「第4章　指導計画

の作成と内容の取扱い　1指導計画作成上の配慮事項　(1)主体的・対話的で深い学びの実現に向けた授業改善」には深い学びについて次のように記述されている。

> (1)単元など内容や時間のまとまりを見通して、その中で育む資質・能力の育成に向けて、数学的活動を通して、生徒の主体的・対話的で深い学びの実現を図るようにすること。その際、数学的な見方・考え方を働かせながら、日常の事象や社会の事象を数理的に捉え、数学の問題を見いだし、問題を自立的、協働的に解決し、学習の過程を振り返り、概念を形成するなどの学習の充実を図ること。

　このことに関して解説には、「主体的・対話的で深い学びの実現に向けた授業改善を進めるにあたり、特に『深い学び』の視点に関して、各教科等の学びの深まりの鍵となるのが『見方・考え方』である。各教科等の特質に応じた物事を捉える視点や考え方である『見方・考え方』を、習得・活用・探究という学びの過程の中で働かせることを通じて、より質の高い深い学びにつなげることが重要である。（下線は引用者による）」とあり、算数・数学の教科における見方・考え方をベースに深い学びにしていく必要があることが示されている。

　深い学びを実現するためには、子どもが学びに主体的に関わることは必要不可欠なことである。しかし、子どもが主体といっても、子どもだけに任せるだけの学習では深い学びにならないことも事実である。つまり、深い学びを実現するためには、授業をおこなう教師の頑張りは欠かせないのである。このことに関連して、平成20年1月の中教審答申で、理念を実現するためのこれまでの手立ての5つの課題の2つ目として、「子どもの自主性を尊重する余り、教師が指導を躊躇する状況があったのではないかと指摘されていること（下線は引用者による）」としていることでもわかる。平成29年12月の中教審答申では、「『主体的・対話的で深い学び』の実現とは、特定の指導方法のことでも、学校教育における教員の意図性を否定することでもない。人間の生涯にわたって続く『学び』という営みの本質を捉えながら、教員が

教えることにしっかりと関わり、子どもたちに求められる資質・能力を育むために必要な学びの在り方を絶え間なく考え、授業の工夫・改善を重ねていくことである。(下線は引用者による)」と書かれている。このことから、子どもの主体性と、教師の指導のバランスはどのようにとることが必要かを検討していくことが求められている。

3．算数・数学の授業の問題点

　ある大学生に算数・数学の授業の思い出を尋ねたとき、「数学の先生は頭がいいので、理解することができない生徒の気持ちを分かってくれません。数学の先生で好きだった先生は、数学が苦手で一生懸命勉強して『あ！、なんだ簡単だ』というように思わせてくれる先生でした。」という回答をした。このことを踏まえて、私たちがこれから算数・数学の深い学びを考えるうえで第1に取り上げたいのは、現在の算数・数学の授業において、「教室での学習活動の中に、児童・生徒と教師の間に考え方にズレがあるのではないか。」ということである。たとえば、「三角形の高さ」、「見取図の見方」、「ある点がグラフを通るとはどのようなことか」などについては、教師にとって常識であるので、特別に取り上げて指導していないことも考えられる。また、指導があったとしても取り上げ方によっては、教師が教えた（覚えてほしい）ようには理解していないことがある。それは、獲得する情報の質は、受け取る側の質であるといわれるように、児童・生徒は、そのときの自分の知識で解釈するので、「児童・生徒が『うろ覚え』、『うそ覚え』、『思い込み』の状況になっている」こともある。

　深い学びを実現するためには、基礎的な内容についての本質を理解していることが必要である。しかし、教材に難易度の認識が教える側の教師と、学習者である児童・生徒にずれがあれば、それはうまくいかないことになる。ここで、我々教師が一番留意しなければならないことは、その教材の内容が簡単かどうかを誰が判断するのかということである。算数・数学を教える教師にとっては、当たり前で、自明であると思われる内容は、児童・生徒にと

っては自明ではないことも考えられるという認識が教師に足りないのではないだろうか。このことについて、座標の概念や表し方を教える場面を例として考えてみる。これまでの座標の指導が、「知識を指導して終わってしまっていることはないだろうか。」という視点で自分の指導を振り返ってもらいたい。

座標の生徒の理解について、平成30年度の全国学力・学習状況調査の結果から検証したい。

平成30年7月31日に文部科学省では、平成30年度の全国学力・学習状況調査の結果を発表した。

岩手日報では、翌日の8月1日の朝刊で、岩手県の中学生生徒のできのよくなかった問題として座標の問題の結果を取り上げている。この問題は、座標$(-2, 3)$が示され、その点を座標平面上に書く問題である。この問題の岩手県の正答率は57.1％（全国69.9％）である。この記事を書いた記者にとっても、この問題の正答率が岩手県で6割に達していないことが驚きであったようである。研究室に取材に訪れた記者から開口一番、「なぜ、こんな簡単な問題がわからないのか、先生方はこのことをどのように教えているのか」という質問を受けた。それに対して筆者は、「教員は簡単に解けるだろうと思っても、生徒側は学びがうろ覚えの状況で正確に理解していないことも考えられる。先生は生徒とのズレを意識していないこともある。」と回答した。具体的な問題、解答類型およびその結果を次頁に示す（図**8-1**、表**8-1**）。

198　第2部　各論編：「深い学び」による授業実践とその教育効果の検討

1. 解答類型と反応率

問題番号	解答類型	反応率(%)	正答
13			
	1　下の図のように、(−2, 3)の位置に印をつけているもの。	70.6	◎
	2　(3, −2)の位置に印をつけているもの。	4.6	
	3　(2, 3)の位置に印をつけているもの。	1.0	
	4　(−2, −3)の位置に印をつけているもの。	1.1	
	5　(2, 3)の位置に印をつけているもの。	0.3	
	6　直線をかいているもの。	1.0	
	7　下の図のように、x軸、y軸にそれぞれ1つずつ印をつけているもの。	5.5	
	99　上記以外の解答	13.1	
	0　無解答	2.9	

図 8-1　解答類型とその結果

表 8-1　東北六県の結果

		1	2	3	4	5	6	7	8	99	無解答	正答率
A	秋田県	72.5	4.9	1.3	1.4	0.4	1.1	4.4		12.7	1.4	72.5
A	青森県	68.7	4.4	1.0	1.3	0.3	1.3	5.2		14.5	3.3	68.7
A	山形県	67.1	5.1	1.1	1.1	0.3	1.0	5.6		15.9	2.7	67.1
A	宮城県	66.0	5.4	1.1	1.1	0.3	0.6	7.7		15.0	2.7	66.0
A	福島県	63.8	5.5	1.0	1.2	0.4	1.4	6.6		16.7	3.4	63.8
A	岩手県	57.1	6.2	1.0	1.1	0.3	1.8	9.9		17.5	5.1	57.1
A	全国公	69.9	4.7	1.0	1.1	0.3	1.0	5.6		13.5	2.9	69.9

　この問題について、岩手県の正答率は57.1%である。また、東北6県の結果をみると、一番正答率の高い秋田県でも72.5%の正答率である。岩手県より、15.4ポイント高いが、秋田県でも4分の1の生徒は間違っていることになる。このように、この問題を生徒が不注意で間違っていると解釈していて

は、何の解決にもならないし、この学習の改善にもつながらない。実は同種の問題が平成24年の全国学力・学習状況調査に出題され、岩手県の正答率は54.8%（全国61.0%）であったことも念頭に指導方法について考える必要がある。

　このような座標の理解の状況では、次の学習に進んでも、深い理解にすることは期待できないのである。基礎的な内容についての知識がなければ考える力は付かないので、基礎的な内容はしっかり教えて暗記させる必要があるという議論は、一面正しいようにみえるが、基礎的な内容にも、数学的な見方・考え方が存在するのであるから、それをともなった理解をするような指導をしないと、教え込みの指導になり、生徒の学習は受動的な学習になり、主体的な学習にならないため、その内容を後の学習で活用できなくなる。

　「愚行とは、全く同じことをしていながら、違う結果を期待すること。」であるといわれている。教師は、同じ指導を繰り返し、よい結果を求めるのではなく、これまでの指導を真摯に振り返り、学習の裏に隠れている教材の本質を顕在化し、それを生徒が意識できるようにしていくことが必要である。

　学習内容の指導について考えるとき、私は、次の2つのことが頭に浮かぶ。第1は、H. M. エンツェンスベルガー著（岡本和夫訳）「数学者は城の中？」の本の扉で引用している、「大数学者は数学を初心者がわかるように語らない。他人の頭も自分と同じだから基礎的な説明は必要ないと思うのか？数学がわかるはずもない凡人に語るのは時間の無駄だと思うのか？それとも、単純すぎる話だから語る気にならないのか？（下線は引用者による）」という言葉である。第2は、池上彰が、「〈わかりやすさ〉の勉強法」の中で「新聞記者は担当分野や業界の専門家です。そのために、読者にとって何がわからないのか、わからなくなってしまいがちです。結果的に、読者にわかりにくい記事になってしまうのです。書いている本人には、自明のことばかりですから、読者にはどこがわからないだろうかという想像が働いていないように思えます。（下線は引用者による）」と書いていることである。この2つのことを数学の教師と生徒に置き換えて読んでみると、現在の数学の授業を反省する視点が見えてくると思われる。

4．座標の学習における深い学び

　ここでは、全国学力・学習状況調査の結果、基礎的な問題でありながら岩手県では4割強の生徒が間違えた座標の学習を取り上げ、深い学びについて考えたい。座標は数学が得意な先生方にとっては、非常に単純で、どうして間違うのかを疑問に思うような内容である。この学習を深い学びにつなげるためにどのような見方・考え方を顕在化させる必要があるかを考えてみたい。

　座標については、中学校第1学年で学習するのであるが、その素地の学習は小学校第1学年から始まっている。小学校第1学年（東京書籍）では、教室の自分のロッカーの位置を表す学習を設定している。ここでは、ただ単に自分の位置を言葉で表して終わるのではなく、どのように表現したら、他の人のロッカーと区別できたかを考えさせる必要がある。つまり、右から何番目で、次に、上から何番目というように「右から」という観点と「上から」という<u>2つの観点によって位置が決定することを理解させることが重要である</u>。

　ここでの数学的な見方・考え方は、自分のロッカーの位置を的確に説明するためには、まず、「<u>①　基準にするところを決める</u>。たとえば、左上すみ」をもとにして、「<u>②　左から3番目の列で、上から4番目の場所</u>」というように、<u>座標の考えを用いるということ</u>を指導者側が理解し、それに基づいた指導をすることが必要である。

　座標の考えとは、平面上の点が順序付けられた数の対、いわゆる順序対 (a,b) と1対1対応していることを利用した数学的なアイディアのことである。

　さらに小学校第4学年では、位置の表し方を学習する。このときも、位置を表すことができたのは、縦と横という2つの観点を示したからであることをしっかり指導することが、中学校での座標の学習につながる。

　このように小学校第1学年、小学校第4学年において、座標に考えにつながる位置の表し方について学習している。しかし、この段階では、子供たちには、点を表したという認識はあまりないと思われる。しかし、教師は座標の知識があるので、座標を理解したものと思い込んでいることも考えられる。

このような小さなズレが、大きなズレにつながっていくのではないかと考える。教師が考えているようには、児童・生徒が理解しているとは限らないのである。子どもたちが、どのように分かっているかを知ることが重要である。子どもたちが分かったというときには、正解と誤解があるということを常に念頭に置き、基礎的で簡単だと教師が考える内容の指導においても、見方・考え方を顕在化するような指導をおこないたい。

　一般に教師は、自分が話したり伝達したこと（ことばによる発信）は子どもが聞いているし、受理している（受信）と思いがちである。しかし、発信した情報はそのままは受信されないことである。これは、情報の「非対称性」といって発信情報と受信情報とは対称ではないということである。つまり、発信者（教師）の意図がそのまま受信者（児童・生徒）に伝達されるとは限らないのである。子どもたちは、先生が教えたようには理解していないことがある。

　座標の指導に戻りたいと思う。小学校での学習を受けて、中学校では座標として点の区別の仕方を学習する。この座標の概念は前述もしたが、教える教師にとっては、簡単なことであるため、知識としての座標の書き方、読み取り方を教えて、すぐにグラフの書き方に入っていることが予想される。十分座標の考え方を理解していない生徒は、グラフについても理解が不十分になることが考えられ、関数領域の理解が深い学びにたどり着かないことがある。

　座標とは、点の表現方法である。生徒は点を表すのは、数直線の時にすでに学習済みである。数直線の時の点の表し方と、平面上の点の表し方との相違について生徒に考えさせることは重要であるが、教師にとってこの違いは自明であるがため、この違いについて指導することはまれである。この学習では、点を区別するという目的をまず明確にする。そのためにどのように表現することが必要か、また、どのような条件を書くと点を区別できてるかなどをグループ学習で生徒に議論させ、整理させることが必要である。

　生徒が次のようなまとめをできるような展開をしたい。

> 「点を区別するために、数値を使って点を表す」ときの考え方
>
> 1 　数直線では、1つの数値で点を区別することができた。
> 2 　しかし、平面になると、1つの数値だけでは、点を区別することができない。
> 3 　したがって、平面上の点を区別するために、2つの数値（2つの条件）を書く。
> 4 　数直線と、平面での点の表し方の共通点は、基準を決めていることである。
> 　　その基準は、数直線では0で、平面では（0、0）である。
>
> 　このようにして、小学校で学習してきた、場所の区別するときに、横とたてという2つの条件を用いたことと関連付けて、指導することが必要である。

　小中学校で、児童・生徒が一人の力で、算数・数学の問題を解くことはあまり期待できない。また、もし問題を解けたとしても、その解き方が数学的に質の高いものとは限らない。なぜなら、「自分が得ている情報の質は自分の質である」といわれるように、私たちはすでにもっている知識を使って構造を見いだしていくからである。もし教師の指導がなければ、児童・生徒の数学的に考える力の質が高まることはあまり期待できないのである。

　だからこそ、知識の伝達に終わる授業ではなく、その教材の本質に触れることができるような指導を目指すことが必要である。

5．見取図の読み取りについての調査

　ここでは、教師と生徒の問題に対する認識のズレの例として、見取図の読み取りについて調査した結果を示すこととする。

(1)　見取図についての過去の調査結果

　見取図の見方の状況をみるための問題は、平成13年度の教育課程実施状況調査、平成15年度の教育課程実施状況調査、全国学力・学習状況調査においても出題されている。そのときに、見取図の見方について課題を指摘し

ている。また、全国学力・学習状況調査の平成22年度の中学校においては、平成13年度、15年度の問題を改題し、次のような問題を出題している。この問題の趣旨は、「立方体の見取図をよみとり、2つの線分の長さの関係について、正しいものを選ぶ」となっている（図8-2）。

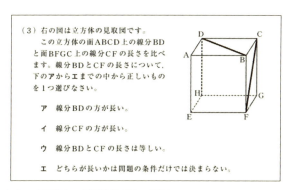

図8-2 平成22年度 全国学力・学習状況調査の問題

結果は表8-2のようになっている。

表8-2 H22年 全国調査の結果

		全国	岩手県
1	アと解答	2.2	2.6
2	イと解答	17.0	20.2
3 ◎	ウと解答	53.6	49.3
4	エと解答	26.1	27.1
9	上記以外の解答	0	0
0	無解答	1.1	0.8
	正答率	53.6	49.3

全国調査の結果から、児童・生徒のイメージは数学的論理で見取図等の平面図形に表現されたものから、空間図形をとらえることに大きな課題があり、その課題が改善されているとはいえない状況にあると考えられる。

平成13年度の教育課程実施状況調査の結果を受けて立花（2003）は、「上

の問題で、ウと答えた生徒が 19.2％いたが、これらの生徒の立場になって考えると、生徒は、頭の中では等しいということが分かっていたのではないかとも考えられる。しかし、改めて質問されると解答する段階で自分に自信が持てずに、見た目の長さを解答しているのでないだろうか。見取図の学習をするときはどのようにすることが必要であるかを理解していないための間違いでないだろうかと考えられる。(下線は引用者による)」と述べた。さらに、「実施状況調査の結果から推察されることは、先生が常識だと思いこんで、意識的には指導をしていないことが、生徒が学習内容を理解できない原因になってのではないだろうかということである。(下線は引用者による)」と指摘している。また、立花（2016）は、空間概念の育成する指導Ⅱの論文において、「調査の結果をみると、ある問題に対する回答として教師が求めていることと、児童・生徒が答えようとしている内容に齟齬がある可能性がみいだされた。例えば、角度を求める問題等で、空間図形では、90度であるが、それを平面図形に書かれた図の角の大きさを答えているなどである。」とした。

(2) 見取図の読み取りについての調査

① 調査の目的

この調査の目的は、見取図の読み取りについて、2003年に筆者が指摘した、「生徒は、頭の中では等しいということが分かっていたのではないかとも考えられる。しかし、改めて質問されると解答する段階で自分に自信が持てずに、見た目の長さを解答しているのでないだろうか。見取図の学習をするときはどのようにすることが必要であるかを理解していないための間違いでないだろうか。」と 2006 年に指摘した「ある問題に対する回答として教師が求めていることと、児童・生徒が答えようとしている内容に齟齬がある可能性がみいだされた。」の２点について調査を行うことによって検証することである。

② 調査対象及び調査期日

公立 K 中学校第２学年　５クラス 154 名

平成 28 年 2 月

③ 調査方法

> 全国調査の問題を参考に作成した空間図形の問題9題を試験する。問題は2種類あり、上記の対象を2グループにわけ、それぞれのグループに1種類の問題を試験し、2つのグループの結果を比較する。
> ④ 調査問題
> 調査問題として、問題の最初に「見取図(平面図形)は、立体(空間図形)の関係を考えるためのものです。見取図を見て、実際の立体図形の関係を答えることが必要です。」という文をいれた調査問題と、これまでのようにそのままの調査問題を2種類を作成した。調査問題は下記の通りである。

これらの調査問題(図8-3)は、空間図形について問う問題である。9問を内容で分類すると表8-3のようになる。

表8-3 中学校調査問題の類別

辺と辺の関係	1(1)→平行、1(2)→垂直
	1(7)→ねじれの位置
辺と面の関係	1(3)→平行、1(4)→垂直
	1(5)→垂直の調べ方
見取図の見方	1(6)→空間の角度の読み取り
	2(1)→見取図の長さの保存
	2(2)→見取図の形の保存

(3) 調査結果

公立K中学校第2学年に比較群、実験群のそれぞれの平均と標準偏差は次頁の表8-4である。

1 下の図のような直方体があります。AC は長方形 ABCD の対角線です。

このとき、次の問いに答えて下さい。

(1) 辺 BC に平行な辺を書いて下さい。

(2) 辺 BC に垂直な辺を書いて下さい。

(3) 辺 BC に平行な面を書いて下さい。

(4) 辺 BC に垂直な面を書いて下さい。

(5) 辺 BF が面 EFGH に垂直であるかどうかを調べます。どの角を調べればいいですか。調べる必要がある角をすべて書いて下さい。

(6) ∠ACG の大きさは何度ですか。角度の大きさを答えて下さい。

(7) 辺 BC とねじれの位置にある辺をすべて書いて下さい。

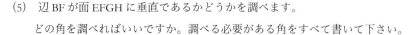

2 下の図のような立方体があります。次の問いに答えて下さい。

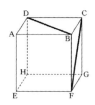

(1) 上の立方体の見取図をみて、立方体の関係を答えて下さい。

　　この立方体の面 ABCD 上の線分 BD と面 BFGC 上の線分 CF の長さについて、下のアからエまでの中から正しいものを１つ選んで下さい。

　　　ア　線分 BD の方が長い。

　　　イ　線分 CF の方が長い。

　　　ウ　線分 BD と線分 CF の長さは等しい。

　　　エ　どちらが長いかは問題の条件だけでは決まらない。

(2) 立方体の見取図をみて、ゆうとさんは「立方体には正方形と平行四辺形の面がある」と言っています。このことについてあなたはどのように考えますか。ゆうとさんの考えに賛成か反対かに○をつけ、その理由を書いて下さい。

図 8-3　調査問題

表8-4 公立K中学校第2学年の比較群と実験群

問題提示の違い	AE組（比較群）補助説明無			BCD組（実験群）補助説明有		
問題種類	辺と辺	辺と面	見取図	辺と辺	辺と面	見取図
人数	62	62	62	92	92	92
平均	1.40	0.52	0.98	1.52	0.55	1.45
標準偏差	0.71	0.67	0.96	0.79	0.71	1.00

分散分析をおこなった結果、交互作用について有意差がみられた $F_{(2,304)}=3.55$ $p<.05$）。

また、見取図の問題について、群の効果に有意差があった（$F_{(1,152)}=8.02$ $p<.01$）。

辺と辺の3問と辺と面の3問の合計では、群の効果に有意差はなかったが、見取図の問題の3問では群の効果に有意差があった。

⑷ 調査の考察

この調査では、問題に補助説明があることが、テスト結果に影響するかについて確かめた。調査結果をみると、補助説明の有無が少なからず結果に影響しているといえる。したがって、今後は、この補助説明にあたる部分を授業においてどのように指導するかを検討することが必要である。これまでは、解答の仕方等が暗黙の了解事項とされ、指導さえることが少なかったと思われる。つまり、「見取図は平面図形であり、空間図形の情報をすべて正しく表すことができない。しかし、答えるときは、自分で情報を補正し、平面図形の関係を答えるのではなく、実際の空間図形の関係を答える必要がある。」ということを児童・生徒のきちんと指導することが大切であると思われる。このことは、見取図に限ったことではないと考える。たとえば、問題で「2つの角が60度の三角形はどんな三角形か？」という問題があったとき、答えは、「正三角形」である。このとき、「二等辺三角形」と答える生徒も出てくる。このような生徒に対してどのような指導をすることが必要であるのか。数学の学習の場合、「与えられた条件の中で最大限言えるところまで限

定して答える」というのが、暗黙の約束事である。しかし、この約束事は先生だけが理解していることとなっていないだろうか。そのような数学の答え方、勉強の仕方を生徒にしっかり指導することも大切になる。

この暗黙の約束事項を授業において顕在化し、それに基づいて答えることを児童・生徒に体験させることが必要であることが今回の調査からみえてくることである。

6．深い学びの授業の実践例

(1) 平方根の加法の実践

ここでは、これまでのことを踏まえ、数学の授業をどのように展開することが深い学びになるのか実践に基づいて考えたい。

算数・数学の授業の現在の課題は、授業が問題の答え探しになって、答えを求めることがゴールになっていることである。数学の授業を深い学びにするためには、まずもってこの授業観を次のように転換することが必要である。

---
① 答えは授業のゴールではない
② 答えを得てもそれに満足しない
③ 問題の答えは、学習の通過点である
④ その答えにたどり着いた過程で使った見方・考え方を確認する
⑤ 学習の振り返りで、思考の進め方（学び方）を確認する

つまり、授業の中心を、答えを出した後の④、⑤に置くことによって学習が深い学びになるのである。この段階で、見方・考え方を顕在化させ、さらに算数・数学の学び方を指導して、それらを汎用的な知識にすることが必要である。④と⑤は、学習が深い学びにする必須条件であると考える。

学び方の指導について考えるとき、次のことを心にとめておきたい。それは、イスラエルやアメリカなどで言われている「おなかをすかした子どもに一匹の魚を与えれば、その日だけの食べ物にしかならない。しかし、魚のと

り方を教えれば、一生の食べ物を与えたことになる。」という諺である。つまり、「一匹の魚」にあたる一時間単位の細切れな知識を覚えることより（一瞬ものの学力）、「新しい知識を獲得するために必要な知識や能力を身に付けることが（一生ものの学力）、生涯生きていく上で重要である」ということだと思う。

　具体的な授業の例として、中学校第3学年の平方根の加減の実践例を示すことにする（図8-4）。

　東京書籍の教科書では次のような問題設定が提示されている。この問題をよみ、生徒は、題意を理解し、問題の解決に向けて思考をスタートさせる。

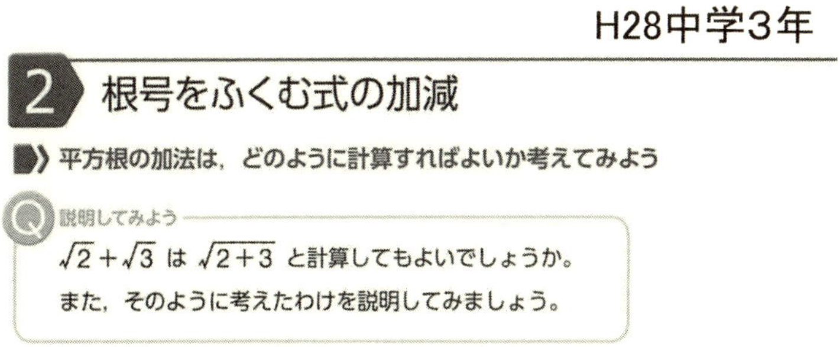

> **H28中学3年**
>
> **2 根号をふくむ式の加減**
>
> ▶ 平方根の加法は、どのように計算すればよいか考えてみよう
>
> Q 説明してみよう
> $\sqrt{2}+\sqrt{3}$ は $\sqrt{2+3}$ と計算してもよいでしょうか。
> また、そのように考えたわけを説明してみましょう。

図8-4　平方根の加減の問題（東京書籍3年）

　この問いに対して、生徒は何をすればよいのか。また、「教師はここで何を評価しようとするのか」は、教師の指導観に依存することになる。まず、この教材の指導を通して、数学の学び方を指導するという指導観で授業を構想したい。

　生徒にこの問題を提示すると、生徒はまず何をするだろうか。学び方を身に付けていれば、生徒はこの問題をみて、まずこの問題の答えを予想するだろう。（このとき、どのように学習を進めるか、教師は見取り、学び方を身に付けているかどうかを評価し、適宜指導を加える必要がある。）

　予想するとき、生徒は「既習の学習内容で似ているのものはないか。」と

考えることが必要である。そのように思考を進めることが学習の進め方であることを指導すること必要である。これが学び方に指導である。もし、学び方を身に付けていれば、先生に指示されなくても生徒が主体的に活動するだろう。したがって、生徒が自らそのような活動をするかを教師は確認し、できていないときは、学び方として指導することが必要である。

実際の授業では生徒は、まず直近の学習で、平方根の乗除の学習をしたことを想起するだろう。想起しない場合は、先生がその方向に導くことが必要である。

1　根号をふくむ式の乗除

平方根の乗法はどのように計算すればよいか考えてみよう

調べてみよう

$\sqrt{a}\times\sqrt{b}$ は $\sqrt{a\times b}$ と計算してもよいでしょうか。

次の方法で調べてみましょう。

㋐　$\sqrt{4}\times\sqrt{25}$ と $\sqrt{4\times 25}$ を比べる。

㋑　$\sqrt{2}\times\sqrt{3}$ と $\sqrt{2\times 3}$ の近似値を比べる。

図 **8-5**　平方根の乗法の問題（東京書籍３年）

どんな正の数 a，b についても，$\sqrt{a}\times\sqrt{b}=\sqrt{ab}$ となる。

このことを $a=2$，$b=3$ として，確かめてみよう。

$\sqrt{2}\times\sqrt{3}$ を２乗すると

$$\begin{aligned}(\sqrt{2}\times\sqrt{3})^2 &= (\sqrt{2}\times\sqrt{3})\times(\sqrt{2}\times\sqrt{3})\\ &= (\sqrt{2})^2\times(\sqrt{3})^2\\ &= 2\times 3\end{aligned}$$

となるから，$\sqrt{2}\times\sqrt{3}$ は 2×3 の平方根である。

また，$\sqrt{2}$，$\sqrt{3}$ は正であるから，$\sqrt{2}\times\sqrt{3}$ は正である。

したがって，$\sqrt{2}\times\sqrt{3}$ は 2×3 の正の平方根であるから

$$\sqrt{2}\times\sqrt{3}=\sqrt{2\times 3}$$

となる。

図 **8-6**　平方根乗法の説明（東京書籍３年）

この学習から、$\sqrt{a} \times \sqrt{b} = \sqrt{a \times b}$ であることを学習済みであるので、このことから類推すると、$\sqrt{a} + \sqrt{b} = \sqrt{a+b}$ ではないだろうかと予想する。ここで予想した根拠を次のように言わせるようにする必要がある。

> 子供たちの考え方を整理すると
> $\sqrt{a} \times \sqrt{b} = \sqrt{a \times b}$ だったので、$\sqrt{a} + \sqrt{b} = \sqrt{a+b}$ になるだろう。

　上記のような予想がでることが考えられる。このとき、教師は、<u>このように考えることは類推といって、このように予想することは正しい思考の進め方であること</u>を生徒に伝える必要がある。
　ここで、危惧されることは、<u>考えの進め方が正しいことと、内容が正しいことを混同すること</u>である。このこと、教師はこの違いをはっきりしているが、生徒はこの違いがわからないことが多い。ここが教師と生徒の認識のずれが生じる場面であるが、見落としがちであるので、教師は、<u>類推で予想した内容は常に正しいとは限らないので、正しいかどうかを確認する必要があること</u>を指導することが必要である。
　次に教師は、「どのようにして確認することができるか」を発問することが必要である。これに対して生徒がどのように回答するかは、学習の進め方を評価することができる場面でもある。予想の時に根拠にした平方根の乗法のときにどのようにして確認したかを想起して、説明の手順を答えることができるかを確認するのである。

> $\sqrt{a} \times \sqrt{b}$ と $\sqrt{a \times b}$ が等しいときにどのようにして確認したのかを生徒が想起できるか。
> ①　数値を代入して等しいかどうかをみた。
> 例えば、a=4, b=9 のときは、
> 左辺 $= \sqrt{a} \times \sqrt{b}$ 　　　　　右辺 $= \sqrt{a \times b}$
> 　　　$= \sqrt{4} \times \sqrt{9}$ 　　　　　　　　$= \sqrt{4 \times 9}$
> 　　　$= 2 \times 3$ 　　　　　　　　　　$= \sqrt{36}$

> ＝6　　　　　　　　　　＝6
> 左辺＝右辺になったので、成り立ちそうである。

これで説明が終わりではなく、この関係がいつでも例外なく成り立つことについて確認する必要があることについて指導が必要である。

> 　ここの証明で必要な考え方で、教師と生徒のズレが生じることは以下の関係である。下記の①～④は教師は同じこととして捉えているが、生徒にとっては、別々のものとして考えていることもある。この4つのことについて統合して捉えることができように指導をしていくことが必要であり、それがこの知識を活用できることにつながる。
>
> 平方根が等しいということについて
>
> ①　　　　　　　　②　　　　　　　　③　　　　　　　　④
>
> $a = b$　　　　　$a^2 = b^2$　　　　$a = b$　　　　　$\sqrt{a} = \sqrt{b}$
> $\downarrow$　　　　　　$\downarrow$　　　　　　　$\downarrow$　　　　　　　$\downarrow$
> $a^2 = b^2$　　　$a = b$　　　　　$\sqrt{a} = \sqrt{b}$　　　$a = b$
>
> 左辺の$\sqrt{a} \times \sqrt{b}$と右辺の$\sqrt{a \times b}$が等しいかを調べるために、それぞれを2乗し、それを比較することとする。
>
> $(\sqrt{a} \times \sqrt{b})^2$　　　　　　　　$(\sqrt{a} \times \sqrt{b})^2$
> $= (\sqrt{a} \times \sqrt{b}) \times (\sqrt{a} \times \sqrt{b})$　　$= \sqrt{a \times b} \times \sqrt{a \times b}$
> $= \sqrt{a} \times \sqrt{a} \times \sqrt{b} \times \sqrt{b}$　　　　$= a \times b$
> $= a \times b$
>
> 2乗した結果が等しいので、$\sqrt{a} \times \sqrt{b} = \sqrt{a \times b}$である。
> 　このように、文字式によって、いつでも成り立つことを示すことが必要である。

さて、$\sqrt{a} + \sqrt{b}$と$\sqrt{a + b}$が等しいかという問題に戻る。

第8章 算数・数学科における「深い学び」と授業改善の視点　213

　最初に乗法の時におこなったように、数値を代入してみることにする。この数値を代入して両辺を比較するという学習行為を、自らおこなうか、教師の指示でおこなうかが学び方を身に付けているかどうかを評価する場面にもなる。

左辺 $= \sqrt{a} + \sqrt{b}$　　　　　　右辺 $= \sqrt{a+b}$
　　　$= \sqrt{4} + \sqrt{9}$　　　　　　　　$= \sqrt{4+9}$
　　　$= 2 + 3$　　　　　　　　　　$= \sqrt{13}$
　　　$= 5$

「5と $\sqrt{13}$ は等しくないので、$\sqrt{a}+\sqrt{b}$ と $\sqrt{a+b}$ は等しくない。」という結論を出すと、「エッ！」という表情する生徒がいる。

これは、乗法のときに、いつでも等しいことを証明するために、文字式を使って説明したことを記憶している生徒はそのように考える。

　ここでは、数学的な見方・考え方として命題が正しいときと、正しくないときにどのような説明が必要かを生徒が十分理解していないことから生じる疑問である。ここで教師は、中学校2年生の時に学習したことについて、振り返り数学で「正しい」、「正しくない」と判断するのはどのような時であったのかを確認することが必要である。

「正しい」　　──1つの例外もなく全ての場合に成り立つ場合。
　　　　　　　だから、いつでも成り立つことを証明する必要がある。
　　　　　　　全てのは、どのような変域で問題にしているのかも確認する必
　　　　　　　要がある。
「正しくない」──1つでも正しくない例がある場合。その例を「反例」という。
　　　　　　　だから、正しくないことを示すのは、反例1つを示すだけで良い。

　先ほどの証明では、a=4 と b=9 の例が反例になっているので、$\sqrt{a}+\sqrt{b}$ と $\sqrt{a+b}$ は等しくないと言ってよい。

しかし、この証明に納得しない生徒もいるので、そのような場合には、文字式を使って証明させてもよい。

次に $\sqrt{a}+\sqrt{b}$ と $\sqrt{a+b}$ は等しくないことが分かった後に、生徒はどのような問いを持つだろうか。ここで、それを知識として受け入れるだけでは、深い学びをする生徒とはいえない。ここで、「それでは、平方根の加法はできないのか？、やるとしたらどのように計算するのか？」などの疑問を持つような生徒にしたい。

そこで、算数・数学でこれまで、加法をどのようにおこなってきたのかに整理することが求められる。

小学校では、整数、小数、分数の加法を以下のように学習している。

① $2+3=5$

② $20+30$　　10 が $(2+3)=5$　　$10\times(2+3)$

③ $0.2+0.3$　　0.1 が $(2+3)=5$　　$0.1\times(2+3)$

④ $\dfrac{2}{7}+\dfrac{3}{7}$　　$\dfrac{1}{7}$ が $(2+3)=5$　　$\dfrac{1}{7}\times(2+3)$

中学校では、文字式の学習と共通因数をくくり出す因数分解を学習している。

⑤ $2a+3a=a\times(2+3)$

⑥ $xa+ya=a\times(x+y)$

これまで、このような加法の勉強をしている。

このことを踏まえると、$2\sqrt{7}+3\sqrt{7}$ の計算をどのようにすれば良いかについて、生徒が自ら考えるような授業設定にしたい。ここで、グループ学習を取り入れることも考えられる。そして、この計算が今までの計算と同じ仕組みであることに気付くようにしたい。また、足し算がすべて、⑥ $xa+ya=a\times(x+y)$ の共通因数のくくり出す、因数分解の考えであることについて確認することが必要である。

> $2\sqrt{7} + 3\sqrt{7}$
> $= \sqrt{7} \times (2+3)$

　この学習の後には、<u>もし共通因数がなかったらどうするのかという問いを生徒が持ち、問いを発展させることが理想である</u>。このよう、次から次に問いをもって、問題を発展させることが深い学習になるのである。ここでは、$\sqrt{18} + \sqrt{8}$の場合はどうするかが次なる課題となる。

　$\sqrt{18}$と$\sqrt{8}$は基準が違うので計算できない。基準が違うときに計算したことはこれまでになかったかを探すことが生徒に求められる。

> 基準が違うときの計算をした例として
> 　$\dfrac{2}{7} + \dfrac{3}{5}$の異分母分数の足し算は通分することによって基準をそろえ計算した。

　したがって、$\sqrt{18}$と$\sqrt{8}$の2つも基準をそろえることはできないのかと考え、既習を生かして$3\sqrt{2}$と$2\sqrt{2}$とすることで計算できるということを生徒が発見するようにしたい。
　ここで示したように、<u>平方根の計算の仕方を、表面的に教えるのではなく、その進める過程でどのような考え方を使っているかを、顕在化させ、それを次にいかせる</u>ようにしていくことが、深い学びにつながるのである。

この学習過程で使った考え方をまとめると
①既習の乗法の知識から、加法の方法の類推する。
②類推したことが正しいかどうかを確認することが必要である。
③確認の方法は、文字に数値を代入してみる方法がある。
④平方根の加法とは直接関係はないが、数学における「正しい」と「正しくない」かの判断の仕方の確認をする。
⑤整数が等しいことと、平方根が等しことの確認をする。
⑥これまでの足し算が、共通因数をくくるという考え方を使っていたという

⑦平方根の計算の仕方を生徒自ら作り出す。
⑧基準がそろっていなければ、そろえることができないかを考える。
（異分母分数のときに通分したことは、基準をそろえたことであったことの学び直し）

　今までの授業は、上記の⑦の部分が中心であり、その背後にどのような学び方があり、どのように思考を進めるかについて確認していないことが多かった。
　これから、深い学びを進めるためには、この数学的な見方・考え方や学び方を顕在化し、それを教師も生徒も確認することが大切になる。

(2) 線分の中点の軌跡についての実践
　平方根の加法の実践例をもとに、学び方としてどのようなことを児童・生徒に指導するのかをまとめる以下のようになる。これが、生徒の問題解決の際の基本的な思考過程である。

> ①問題をよみ、題意を理解する。
> ②答えを（直感、直観で）予想したり、答えの見通しをもったりする。
> ③予想したことを実験などで確かめる。
> ④なぜ、そうなるか、いつでもそうなるのかを数学的に説明する。
> ⑤この学習はどのような見方・考え方と使ったか、
> 　どのような手順で学習が進んだかを確認する。

　この児童・生徒の思考過程にそって授業を展開した場合の実践例を示すこととする。
　この問題は、問題の題意を理解するのに時間がかかる生徒がいるので、実際に実演して題意を説明すること必要である。（問題をよみ、題意を理解する段階）
　実演した後に、ア、イ、ウを示して中点はどのように移動するかを質問す

ると、半数以上の生徒はアを選択する。(答えを予想する段階(直感、直観))

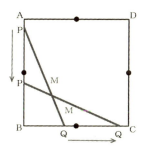

figure 8-7 線分の中点の問題

数学者のポアンカレは「直観はいかにして我々をあざむくのか?」と言ったといわれているが、この問題もまさしく直観で判断して間違いやすい問題である。

アと予想する生徒がいるので、ここで、すぐに答えをだすのではなく、実際に確かめてみることが必要である。(予想を実験などで確かめる段階)

ここでは、2枚の折り紙を使い、簡単にそれぞれの生徒が実験をすることができる。

図 8-8 解答の3つの選択肢

一枚の折り紙の1辺を線分として、題意にそって動かし、中点をかいていくと、自分たちの予想が間違っていたことに気付く。

最初は、生徒は実験した結果を疑うことがある。このように考えることも

大切なことである。しかし、実験が間違っていないことをわかると、直観で予想したことを裏切るようなことがあることを実感する。そうなると、これはなぜだろうと追求したくなる（追求したくなる生徒に育てる必要がある）。

　生徒は、自分たちの直観は不安定で、正確でないことを自覚することになる。（ここでも教師のその方向への導きが必要であることは言うまでもない。）そこで、数学的な証明を用いて考える必要があることを自覚し、証明することになる（なぜ、そうなるか、いつでもそうなるのかを数学的に説明する段階）。この証明には、直角三角形の斜辺の中点は、この三角形の3つの頂点から等しい距離になるという定理を使って証明する。

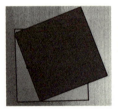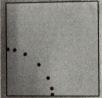

図 8-9　2枚の折り紙の実践例

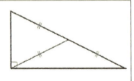

図 8-10　直角三角形の斜辺の中点の性質

　つまり、三角形 PBQ を直角三角形として、PQ の中点 M の移動と問題を数学的に解釈するのである。そうすると、BM の長さは一定であるので、中点の移動は B を中心とした円になるというように解釈できる。

　この学習の振り返りとして、この学習はどのような学習の手順で進んだのかをそれぞれの段階でどのように考えたのかの確認を行い、自らの思考を整理して学習を終了することになる。

7. おわりに

　算数・数学の授業においては、児童・生徒が問題からどのような問いをもち、どのような思考の手順で学習して、まとめにたどり着いたかについて、振り返りをおこない、教師が学習の価値付けをしたい。それによって、児童・生徒は知識の再構成をすることが可能になり、質の高い、深い学びをおこなうことができるのである。

　このことを踏まえるとこれからの授業では、生徒たちに、解決すべき必要性や必然性のある問題を提供し、その問題を解決する過程で、類推的な考え方や帰納的な考え方を活用することで解決する達成感を感じるようにすることが必要である。また、考えを深める段階では、演繹的な考え方で、これまでと矛盾がないように論を進めることなどを意識させ、数学の問題ではどのように考えることが必要であるかという考え方、勉強の仕方を意識した指導に心がけることが必要である。

　多様な能力や資質をもつ生徒に対して、<u>教師は学び方などの適切なアドバイスを与え、生徒自らが問いをもち、自力で解決する力を育成するような知的さまよいのある授業を目指したい</u>。知的さまよいのある授業とは、生徒自らが数学的な問題を発見して、「なぜなんだ、疑問だ、こんな時はどうなるのか」などといった思いがわき上がるような授業をおこなう必要がある。<u>「教師は、『教え』がいらなくなるようにするために、『教え』なければならない。」</u>と言われるように、<u>教師が教えたことをもとにすれば、生徒が自分でできるようになることを目指して教えることが大事である</u>。そのためには、何をどのように教えて理解させておけば、教えないことでもわかるようになるかということを教師は常に考えて指導することがなによりも大切である。

　そのときに、自分自身について次のように問いたい。私は「子どもたちの質問をしっかり聞き、きちんと対応する習慣がついているだろうか。」、「知らずに尊大な態度をとっていたのではないか。」、「気が付くと、つい『そんなこともしらないのか』という態度をとっていないだろうか。」などである。これらのことを振り返り、生徒の学びが真に深い学びになるように授業を構

成していきたい。

参考・引用文献

池上彰（2010）『〈わかりやすさ〉の勉強法』講談社現代新書。
エンツェンスベルガー, H. M. 著・岡本和夫訳（2003）『数学者は城の中？』日本評論社。
国立教育政策研究所（2003）『平成 13 年度　小中学校教育課程実施状況調査報告書──中学校数学──』ぎょうせい。
国立教育政策研究所（2010）「平成 22 年度　全国学力・学習状況調査〔中学校〕調査結果概要」
国立教育政策研究所（2012）「平成 24 年度　全国学力・学習状況調査〔中学校〕報告書」。
国立教育政策研究所（2018）「平成 30 年度　全国学力・学習状況調査報告書（中学校数学）」。
立花正男（2003）「平成 13 年度小中学校教育課程実施状況調査にみる授業の改善について」『愛知教育大学数学教育学会誌』46、13-20 頁。
立花正男（2012）「空間概念を育成する指導」『岩手大学教育学部附属教育実践センター研究紀要』11、127-135 頁。
立花正男・山本一美・佐藤真・菊池信夫・藤井雅文・佐々木亘（2016）「空間概念を育成する指導（Ⅱ）」『岩手大学教育学部附属教育実践センター研究紀要』15、89-99 頁。
立花正男（2016）「児童生徒の空間概念の把握についての一考察」『日本数学教育学会　第 49 回秋期研究大会発表集録』、245-248 頁。
立花正男（2017）「見取図の読み取りの児童の実態と指導の改善〜パイプグラムの有効性〜」『日本数学教育学会　第 50 回秋期研究大会発表集録』265-268 頁。
藤井斉亮ほか（2014）『あたらしいさんすう 1 下』東京書籍。
藤井斉亮ほか（2014）『新しい算数 4 下』東京書籍。
藤井斉亮ほか（2015）『新しい数学 1』東京書籍。
藤井斉亮ほか（2015）『新しい数学 3』東京書籍。
文部科学省（2008）『中央教育審議会「幼稚園，小学校，中学校，高等学校及び特別支援学校の学習指導要領等の改善について（答申）』。
文部科学省（2016）『中央教育審議会「幼稚園，小学校，中学校，高等学校及び特別支援学校の学習指導要領等の改善及び必要な方策等について（答申）』。
文部科学省（2018）『中学校学習指導要領（平成 29 年告示）解説　数学編　日本文教出版株式会社』。

コラム3　学びを深く
―― 9年間の学部GPによる授業研究から見えてきたこと

山崎　浩二

　平成22年度より9年間、本学の学部GPを通して県内の算数・数学の授業実践を積み重ねてきた。特に、「数学的活動の充実」をテーマに、毎年県内外の多くの先生がたにご協力をいただきながら、より豊かな算数・数学の授業の実現を目指して、授業研究や調査研究、さらには授業研究会などを継続的に進めてきた。その結果、この数学的活動をより顕在化することで、次のようなことが期待できることが示されてきている。

(1) 算数・数学の学習に対する子どもの主体的な取り組みを促す
(2) 算数・数学の学習内容の意味や必要性を理解し、実感する
(3) 数学的に考える力がついていく
(4) 数学的に表現すること、考え合うことを大切にする

　授業者は、このような授業をつくり出すためには、より深い教材研究や子どもたちの実態把握などが欠かせず、数学的活動をより質の高いものにしていく工夫も必要であることも実感している。具体的には、「問い」や「やり取り」の工夫、子どもたちの学力・学習状況に即して活動の内容を調整する工夫、集団思考を高めるための工夫、数学的活動の成果を積み上げていく工夫、算数・数学が苦手な子どもに対する指導の工夫、などであろう。

　たとえば、「問い」や「やり取り」については、学習内容の意味や必要性を意識させたりしたり、根拠や理由を明らかにすることまで学習内容を深めたり、あるいは子どもの興味・関心を高めたりするような、問いかけややり取りを工夫することが必要であると考えている。もちろん、それは教科書の問題を用いてもできることでもある。大切なのは、教師が学習内容の必要性と意味とその本質まで弁え、「問うべきことを問えるか」どうかである。

　また、集団思考については、授業研究では、様々な説明し伝え合う活動が見られた。

コラム3　学びを深く

「数学的な表現を用いて、みいだしたものや判断したこと他者に伝えるもの」、「他者の説明を理解し、自分の言葉で再構成し、表現するもの」、「既習事項を短時間に他者と相互に確認するもの」、「他者と協同で解決方法をつくりあげるもの」など、その目的や内容は多岐にわたっている。その形態も、ペアによるものから、グループなどの小集団、さらには一斉によるもの、など多様である。考え合うことの意味を顕在化し、集団思考を高めていくことは、つねに算数・数学の授業においては欠かせないものではあるが、それをいかに上手く舵取りするかが授業者の悩ましいところでもあった。

ここ4年間は、授業研究会を通してつねに「深い学び」について考えてきた。算数・数学の学びは、よりよい方法を探ったり、多様な考えを共有し伝え合ったり、問題を発展し統合したりするなどの数学的活動を通して深まる。問題の持つ本質や学ぶことの意義もそこからみえてくる。「なぜだろう」「もっと上手い解き方ができないか」「もし…だったら」など、生徒が自らに問いかけていけるよう、時間をかけて育むことが大切である。そうした学びをきちんと振り返り、問題意識に照らし、数学的に価値づけることが次の学びの原動力ともなる。

算数・数学の苦手な子どもたちは、問題文にある必要な数量の関係が取り出せず、解決できない生徒が少なくない。ならば、問題の条件が浮き出るよう、言い換えさせたり、図をかかせたり、条件や数値を易しいものに置き換えたり、既習を振り返ったりするよう示唆する。事柄が複雑であればとりあえず簡単な場合で考えたり、似たような場面に置き換えてみたりすることで、解決の糸口をとりあえずはつかむことができる。困った時にどうすればよいのかに寄り添い、知識だけでなく解決に向かう「知恵」をも身につける。その安心感が自ら学ぶ体力を育む。算数・数学の学習では、そのような態度も養うとともに、それらをきちんと顕在化させることも学びの深みとなろう。

幸い、毎回の授業研究会の参加者は150名を超え、そのほとんどの方々から「ふだんの授業に役立てたい」「ぜひ自分の学校の先生がたにも伝えたい」といった好意的なご意見をいただく。これからの研究の推進に背中を押していただいている想いである。

第9章　国語教育における「深い学び」による授業改善の視点
　　　――古典教材『竹取物語』の教科書表記から考える

田中　成行

1．はじめに

　国語科における「深い学び」を実現するためには、実に基本的なことであるが、その授業を実践する授業者が、まず教材の原文をしっかり読み込むことが大切であると考える。

　次期学習指導要領の目指す「主体的・対話的で深い学び」。その学び合いは、まず作者が創った作品の正確な原文の確認と、それを学習者が共有したうえで成り立つのである。そして、共に学ぶ友とのその作品の熟読、味読、精読により、深い学び合いにたどり着くものといえよう。そして原文の作品自体を、最新の研究成果までをふまえて追究する作品研究を元に、さらにそれを児童生徒の実態に即してよりわかりやすく噛み砕いて教材化する教材研究へと進めていくのである。

　そのために、まず原文自体を丁寧に読み込む意義を、「伝統的言語文化」としての古典を近現代文学と同じ作者の創作した文学作品、芸術作品として捉えて、『枕草子』の課題を導入として、『竹取物語』の原文の具体的な表現に注目しつつ考察したい。

　学習指導要領に「伝統的な言語文化に関する事項」が入り、小学校段階から「古典に親しむ教育」が始まっているが、課題も多い。東京学芸大学の石井正己氏は2017年4月10日『毎日新聞』夕刊の寄稿に、「名著の真意問い採択を――小学校からの古典教材――」の見出しで、「古典教材の系統化が成されていない」問題の典型的な例として『枕草子』の初段「春はあけぼの」の採択に注目している。小学校の学習活動として「自分流の『枕草子』を作って、友達と読み合いましょう」と働きかけ、見本として「夏は空。」「冬はこたつ。」の例文を挙げて作文を書くという、「春はあけぼの」の内容理解よ

りも、それを踏まえて作文を書くことが目標になっており、結局小学校で「春はあけぼの」の形式にならって作文を書き、中学校になって、その内容を把握するという基礎より応用が先になるプロセスの転倒があるとして、「古典は後になって理解できればいい、とする考え方があろう」と、「古典に親しむとはどういうことか」を改めて問うている。

　中学校の学習活動でも「自分流『枕草子』を書こう」という活動は多く、「言葉の意味を正確に捉えながら、筆者の思いを想像する」という内容理解が目標ではあるが、小中高で同じ「春はあけぼの」を学習することになる無責任さを指摘している。さらに「春はあけぼの」の季節観の『古今和歌集』以来の美意識にない斬新さを理解する文学史に対する認識の必要性をあげ、名著の真意を問わず、よく知られた古典を採択しておけばいい、とする安易な姿勢があり、学校種別教科書検定ゆえ他の学校種に無関心でいられるとして「今、子どもたちの立場に立った古典教材の系統化が急務である」と主張された。大いに共感するものである。

　実際『枕草子』が初段の「春はあけぼの」だけだと思っていた学生も少なくないが、実は諸本に内容の違いがあるものの、それぞれ三百段近くあり、「～は」「～もの」という類聚(るいじゅ)的な章段だけでなく、日記的な段や物語的な段等、多様な内容をもつ随筆なのである。

　まず『枕草子』という随筆を生み出した作者清少納言の、独自の価値観と多様な側面の理解が必要である。つまり、平安時代の貴族の一員であり、貴族社会における宮中に勤めるための宮廷生活や文化を支える和歌や漢文の知識が身についているキャリアウーマンとしての女房であること。そして「にくきもの」の段の「しのびて来る人見知りてほゆる犬」や「暁(あかつき)に帰らむ人は」の段にある男女の朝の後朝(きぬぎぬ)の別れのさまざまな姿で描かれる妻問婚や通い婚の恋愛生活や結婚生活の制度のなかでの大人の女性としての理解である。さらに、妻として、そして幼い子ども達をあたたかく見守り育てる母としての一人の貴族の女性としての理解である。それを前提とすれば、「春はあけぼの」も、暁に恋人や夫を見送った後の恋の名残の風景とも読めるのである。それぞれの場面での立場を思いやりつつ三百段近い内容を一つ一つ丁寧に読み解

いてゆく作品研究と教材研究が必要なのである。

2．古典教材『竹取物語』の原文引用の課題と意義

(1) 新学習指導要領をふまえて

　先に石井正己氏による「小学校からの古典教材」である『枕草子』が小中高で同じ初段の「春はあけぼの」を繰り返し学習することと、古典教材の系統化が成されていないという課題の御指摘を引用した。

　その課題をふまえて、中学校1学年の古典の定番教材である『竹取物語』の学習の現状と、教材としてのあるべき取り組み方を以下に考察したい。

　『竹取物語』は古典の代表として様々な研究者や作家によって現代語訳され、絵本やアニメなど多様なメディア（媒体）によっても表現され、鑑賞されている。なかでも、日本でのＳＦ・掌編小説（ショートショート）の確立者とされる作家星新一氏が現代語訳に取り組んでいることが注目され、

> 『竹取物語』では、超自然的な発想はひとつだけで、あとは人間的なドラマである。だから、すなおに面白い。そのノウハウを知っていて書いたのだから、この作者はなみなみならぬ人物だ。しかも、前例となる小説がなかったのだから。（角川文庫『竹取物語』解説（1987））

と、古い本・古文としてだけの古典ではなく、時代を超えて多くの人が感動できる普遍的な魅力を持った不朽の名作としての古典として評価している。「すなおに面白い」とあるように、魅力ある一つの文学作品なのである。

　また『伊豆の踊子』や『雪国』などの作者でノーベル文学賞を受賞した作家川端康成氏は、

> また藤岡（作太郎）博士の云ふやうに、それは人生活寫の Novel ではなく、傳奇滑稽を主とし Romance といふことにもなつて、結局は竹取物語は童話文学だといふことにもなるのであるが、しかし私は必ずしもさうとばかりは思はないの

である。竹取物語には、もつと深いなにものかがある。そしてそれが、竹取をして單にわが國最初の物語であるといふだけではなく、作品としても高く價値づけてゐると、さう思ふのである。さういふ見方をしたものに、和辻哲郎氏の「日本精神史研究」中の「お伽噺としての竹取物語」がある。けれども和辻氏も、やはり結局はこれをお伽噺として見てゐるのである。私は更に、一歩それを押し進めて、これを立派な小説として見たいのである。(『竹取物語他二篇』(現代語譯國文學全集第三巻序文、昭和12（1937）年、八月十五日、非凡閣刊)

　という。その小説としての、文学作品としての魅力に注目しつつ論を進めたい。
　小山進治氏は「主体的・対話的で深い学びのある小学校古典学習」(『アクティブ・ラーニング時代の古典教育』(2018))で、「平成20（2008）年告示の学習指導要領から、各学年年間数時間ではあるが、古典学習は小学校からおこなわれている」とし、「特に以前は中学校の古典学習の導入教材として扱われていた『竹取物語』『平家物語』『枕草子』の冒頭部分が小学校高学年の親しみやすい古文の教材として定着してきた。これらの教材は扱う場面は違うにしても中学校や高校の古典学習でも幅広く扱われ、発達段階を考えた様々な実践が行われている。中学校や高校の古典学習を充実させるうえでも、小学校古典学習は古典教育の要となっており、教材配列の検討も含め、どのように古典との出合いをするかという学び方の工夫がさらに必要とされている」と指摘している。そのうえで「平成28（2016）年12月の中央教育審議会答申の「・・・我が国の言語文化を享受し継承・発展させる態度を育てること」などを受けた実践が以下のように報告されている。
　小学校1年生では、昔話の「かぐやひめ」の絵本を読み聞かせたところ、「関心が高かった場面は冒頭の「かぐやひめが竹から生まれるところ」と最後の「月に帰るところ」で、二つの場面に共通している不思議さが印象に残ったようである」という。
　5年生では、教材は光村図書教科書教材五年「古典の世界（一）」で、言語活動は音読を中心とし、『竹取物語』等の冒頭部分を中心とした教材であり、親しみやすい古文を扱う学習として音読のみに終わらせずに、ICT活用によ

って内容の理解を促す解説を加えて、古典への関心を高める実践を試み、「冒頭部分を読んで心ひかれた古典作品とその理由」として、

「『竹取物語』
　・竹取物語のほうがふじのくすりを1番高い山でもやしたことが、富士山の由来になったところがおもしろいと思ったからです。
　・この物語は千年も昔なのに読める言葉があるというのがいいなと思ったからです。月に帰るという現実にないこともおもしろかったです。」

という理由が挙げられている。1年生も5年生も、冒頭と最後の竹から生まれ月に帰る不思議さに心ひかれ、不死の薬を焼いた天に最も近い一番高い山の富士山の名前の由来の起源譚に関心を持っている。小学校ではこのような実践が、中学校、高校、大学での学びを深めるために、まずは楽しく新鮮な出合いをすることを目指して行われているのである。

　「子どもたちが発達段階に合った学習活動で古典に出会うことで、中学校へとつながる緩やかな学びが成立し、その学びが高校や大学での専門的な古典学習への発展になるのではないか」と小山氏はいう。

　つまり中学校では、これら小学校での工夫と努力の試行錯誤の実践をふまえて、その成果を継承し既習事項として活用することが必要なのである。

　『竹取物語』は、中学校1学年の古典の入門の定番教材となっている。その作品にどのように取り組ませるかを、「中学校学習指導要領（平成29年告知）解説　国語編」（49頁）でみると、「〇伝統的な言語文化」の小学校から中学校への学習の流れとつながりがわかる表があり、「小学校第5学年及び第6学年」のアが「親しみやすい古文や漢文、近代以降の文語調の文章を音読するなどして、言葉の響きやリズムに親しむこと。」とあって、それが中学校第1学年のアでは「音読に必要な文語のきまりや訓読の仕方を知り、古文や漢文を音読し、古典特有のリズムを通して、古典の世界に親しむこと。」となっている。

　ある研究会で、大切な場面の原文を引用して内容の理解をさせる提案をし

たところ、若い中学校の先生から、「中学1年ではリズムに親しめばいいのではないですか？」と質問されたことがある。しかしリズムは小学校から読み聞かせや音読、暗唱で親しんでいる。だから、そのうえで、先ほどの5年生の実践で「千年も昔なのに読める言葉があるというのがいいなと思った」とあるように、読めて意味が分かることが大切なのであり、楽しいのである。

　すなわち「古典の世界に親しむこと」とは、「古典特有のリズム」つまり「原文の独自の息づかい」独特のリズムを通して伝える「意味」がわかることで、さらに理解が深まりその作品の魅力に親しむこともできるのである。

　同じく「小学校第5学年及び6学年」のイは「古典について解説した文章を読んだり作品の内容の大体を知ったりすることを通して、昔の人のものの見方や感じ方を知ること。」とあり、中学校第1学年のイは、作品のその内容を理解してふまえたうえで「古典には様々な種類の作品があることを知ること」になるのであるといえよう。

　それゆえ、中学校第2学年のイの「現代語訳や語注などを手がかりに作品を読むことを通して、古典に表れたものの見方や考え方を知ること」を、第1学年でも原文のリズムを味わいながら実践すべきであると考える。古典に親しむためといいながら、冒頭部分だけを暗記して、リズムを味わうだけの教材で終わらせてはならないのである。

　その時代だけの価値観を表した独自性と、あらゆる時代に通じる価値観を表した普遍性とをもち、千年の時空を越えて共感し感動できる不朽の名作としての古典。その古典の入門教材が『竹取物語』である。中学1年時の定番教材でもあるこの作品を、原文通読した経験のある人は意外に少ない。

　理由は、幼い時代に絵本を通して読み聞かせられて子ども向けにアレンジされた形で知っている場合や、中学1年時に教科書を通して原文の一部と粗筋だけを読んでそれ以後は通しては読んでいない場合が多いようだ。

　かつて中学生だった大学生に感想を聞くと、原文を通読している学生は少ない。そして、ほとんどの学生が、竹取の翁が竹の筒の中に小さな子（後のかぐや姫）を見つける冒頭と、最後のかぐや姫の月への昇天の場面を覚えてはいるが、あまり感動はしなかったと言う。さらに、最後に育ての親である

竹取の翁と嫗がかぐや姫との別れを悲しむのはわかるが、帝が最後に歌を詠んだり不死の薬を焼いたりする意味がわからなかったという学生もいた。

また、文庫本の現代語訳で通読したという数少ない学生に感想を聞くと、特に感動はしなかったという。それでは『竹取物語』には古典としての魅力がないのであろうか。

小学校、中学校、高等学校、大学と、その発達段階に応じて作品研究を教材研究に深めるためには、現代語訳を読みつつも、まず原文を通読し、時代背景をふまえてその表現の魅力を丁寧に正確に読み取ることが大切である。『源氏物語』絵合巻に「物語の出で来はじめの親なる竹取の翁に」とあるのにはそれなりの理由があるはずである。『源氏物語』にも影響を与え引用されるだけの文学としての価値のある文学作品であり、芸術作品であることを、もう一度確認したい。

作品の魅力を追究する読解を通して、我が国を代表する古典であり文学作品としての伝統文化の独自性と普遍性を理解し、人にとって千年変わらず大切なことを学び合い実感し合いたい。全文は難しくても、冒頭と終わりだけを読んで、話の筋がよくわからぬまま終わるのではなく、『竹取物語』の魅力を理解するために必要な部分の原文を、精選して引用し、具体的に味わわせたい。

現行の中学校の教科書5社の引用文を比較するとき、現代語による要約や現代語訳と、原文の引用の違いによって内容の理解が大きく変わる。そのことを、後半の帝とかぐや姫の「歌と手紙による三年間の文通」の前後の表現に注目して考察し、現行の5社の教科書に引用されていない原文引用にふさわしい表現を具体的に提案したい。

(2) 教材『竹取物語』の価値理解のための課題と提案

今までさまざまな大学で、教員を目指す学生に『竹取物語』に対する感想を聞くと、多くの学生が冒頭と最後しか覚えていないという。つまり、冒頭の竹林でのかぐや姫の発見と、かぐや姫が月に帰る時の翁と嫗と帝との別れの場面を覚えており、また印象に残っているといい、さらに、かぐや姫から

出された難題に対する五人の貴公子の失敗談の一つか二つを断片的に覚えているという者が多かった。しかも、多くの学生が、竹から「生まれて」不思議だとは思ったが特に感動をした場面はなかったといい、最後に帝がなぜ歌を詠んで、富士山で不死の薬を焼いてしまうのかがよくわからなかったという感想が多かった。それはなぜか。

　学校によっては課題図書として角川のビギナーズ・クラシックス等の文庫本が与えられ、なんとか読み通したという学生も少しはいるが、ほとんどの学生が通読、つまり全文を読み通した経験がないことがわかった。ダイジェスト版で粗筋をたどったり、インターネットで感想意見を目にすることはあっても、原文をじっくり鑑賞する機会が少ないのである。

　『竹取物語』自体は短編であるが、『竹取物語』に限らず、教科書にある教材作品の全文を教科書に載せ、読み通すことは難しい。しかしだからこそ、指導する教員、そして将来子ども達と共に作品に取り組む教員志望の学生は、教科書に引用され載っているところだけを読むのではなく、全文を丁寧に読み通し、自らこの作品を心から感動できるまで読み込んだうえで授業に臨む、丹精こめた教材研究の実践を重ねてゆくことが大切なのである。

　しかし周知の如く、学校現場の忙しさは実に深刻であり、部活時間等の改善策も徐々に試みられてはいるが、教員自らが教材作品を心から読み込み、熟読、精読する絶対的な時間と余裕、「ゆとり」を生み出すことは実に困難であるといえよう。

　ましてや古典は、原文の諸本があり、解釈の諸説があるなど精読のための準備の時間がさらに必要であるため、教員自身の苦手意識や抵抗感がますます増えることが心配されるのである。そして、だからこそ、教材を熟読し味読精読し合える「読書会」や「輪読会」、「研究日」「研究時間」が、教員、そして将来教員となる学生には必要なのである。その「時間」と「場」の実現のためにできることを一つひとつ提案してゆきたい。

　まず、今できることとして、教科書での全文引用ができない代わりに、教科書の新たな引用箇所を、教科書の内容比較から以下に提案したい。

　過去４年間、学生と共に教科書が出典としている小学館『新編日本古典文

学全集』(片桐洋一訳)の『竹取物語』の原文を、さまざまな学者や作家などによる各種の現代語訳との違いを比較しつつ、全文通読を実践している。岩波『新日本古典文学大系』(堀内秀晃訳)、講談社学術文庫(上坂信男訳)、新版角川ソフィア文庫(室伏信助訳)など、作家は川端康成、星新一、田辺聖子、江國香織、森見登美彦等の訳を比較した。

① 生徒、学生の質問から得た課題と提案

　生徒が教科書を読んだ後の初発の感想や、かつて教科書で学んだ学生の素朴な疑問や質問で多いのは、「かぐや姫との別れの場面で、育ての親である翁や嫗が悲しむのはわかるが、帝がせっかくもらった不死の薬を富士山で焼く理由が分からない」というものと「なぜ最後に、翁や嫗と一緒に、帝が歌ったり悲しんだりするのかがわからない」というものであった。

　「帝は結婚できなかったけれども、地上の最高権力者だからか…？」と言いつつ腑に落ちていない意見も多かった。

　つまり、かぐや姫の育ての親として深い関わり合いのある翁と嫗のような、帝とかぐや姫との深い関わり合いが理解できていないのである。

　では、帝とかぐや姫の深い関わり合いは、どこにどのように描かれているのか。原文を『新編日本古典文学全集』で通して読むと、五人の貴公子の求婚の後の、六人目の求婚者としての帝の登場の場面にそれがある。そこでは帝は狩をよそおい、かぐや姫の家に入り、光に満ちた素晴らしい人をみて、

　「これならむと思して、逃げて入る袖をとらへたまへば、面をふたぎてさぶらへど、初めよく御覧じつれば、類なくめでたくおぼえさせたまひて、「ゆるさじとす」とて、率ておはしまさむとするに、かぐや姫答へて奏す。「おのが身は、この国に生まれてはべらばこそ、使ひたまはめ、いと率ておはしましがたくやはべらむ」と奏す。帝、「などかさあらむ。なほ率ておはしまさむ」とて、御輿を寄せたまふに、このかぐや姫、きと影になりぬ。　はかなく口惜しと思して、げにただ人にはあらざりけりと思して、「さらば、御供には率て行かじ。元の御かたちとなりたまひね。それを見てだに帰りなむ」と仰せらるれば、かぐや姫、元のかたちになりぬ。」

と、逃げて家の奥に入ろうとするかぐや姫の袖を帝はつかまえて、逃げることを許さないぞといい、連れて行こうと御輿を寄せると、かぐや姫はきっと影（光）のように消えてしまった。それゆえ帝は連れて行かないから元の姿になってくださいと頼んだのでかぐや姫は元の姿に戻った、ということがあり、それが二人の出逢いであった。

　つまり帝はかぐや姫の袖をつかんで、そのまま連れ去ろうとしたのである。しかしかぐや姫が姿を消したので帝は連れて行かぬから元の姿に戻っておくれと頼み、歌を交わしてさらに感動し、皇居に帰っても、ただ一人で暮らして、

　「かぐや姫の御もとにぞ、御文を書きてかよはせたまふ。御返り、さすがに憎からず聞えかはしたまひて、おもしろく、木草につけても御歌をよみてつかはす。かやうにて、御心をたがひに慰めたまふほどに、三年ばかりありて、春のはじめより、かぐや姫、月のおもしろういでたるを見て、つねよりも、物思ひたるさまなり。」

と、「帝は、かぐや姫にだけ手紙を書いて送り、かぐや姫の返事も、帝の強引な求婚があったとはいうものの、心をこめてやりとりなさり、帝は味わい深い季節毎の木や草につけて歌を詠んで手紙をかぐや姫にとどけられた。このようにして、お心をお互いにお慰めになられるうちに、三年ほどたって、春のはじめからかぐや姫は月が美しく出ているのを見て、いつもより物思いにふけっているようである」とある。

　つまり、帝は季節毎の木や草を添えて歌を詠んだ手紙をかぐや姫に送り、かぐや姫も心を込めて返事をするうちに、心が通い合い、そんな三年間の文通の後に、心をお互いに慰め合うまでになったというのである。

　先の五人の貴公子の求婚者もそれぞれ三年間だが、三年間の使い方に大きな違いがある。

　それは、帝がかぐや姫の袖を捉え力ずくで連れ去ろうとした挫折の後の、歌と手紙を通しての二人の心の交流の三年間であり、物をさがす三年間では

なくて、大切なお互いの心の発見があることである。

② 『竹取物語』における「慰（なぐさ）む」
　ここで、「御心をたがいに慰めたまふ」の「慰め」の意味とは何か。『竹取物語』には「慰む」が二箇所出てくる。まず、

> 「この児（ちご）のかたちの顕証（けそう）（別本：けうら）なること世になく、屋（や）の内は暗き所なく光満ちたり。翁、心地悪しく苦しき時も、この子を見れば苦しきこともやみぬ。腹立たしきことも慰み（自マ四）けり。」

と、翁は、一日最大1m生長する竹が三か月ほどで生長するように、三か月で大人の大きさに成長した「この女の子（後のかぐや姫）を見ると、気分が悪く苦しい時も苦しみがなくなり、腹立たしいことがあっても慰められて気分が晴れる」その「慰む」である。次が、

> 「かぐや姫の御もとにぞ、御文（おほんふみ）を書きてかよはせたまふ。御返り、さすがに憎からず聞えかはしたまひて、おもしろく、木草につけても御歌をよみてつかはす。かやうにて、御心をたがひに慰め（他マ下二）たまふほどに、三年ばかりありて、春のはじめより、かぐや姫、月のおもしろういでたるを見て、つねよりも、物思ひたるさまなり。」

とあり、帝とかぐや姫が、歌と手紙という韻文と散文の言葉の力を活かしつつ三年間文通を続けるなかで、お互いに相手の心を慰められるようになったのである。
　その「慰め」は、翁が「腹立たしきことも慰みけり」とあるように、帝とかぐや姫も、お互いの手紙と歌によって、腹立たしいこと辛いことも慰められることがあったであろう。
　そして、「木草につけて」という季節毎の植物を添えて詠む歌は、『源氏物語』「蓬生巻」に描かれた「…同じ心なる文（ふみ）通はしなどうちしてこそ、若き人

は木草につけても心を慰めたまふ」の「若き人」のような二人の初々しい歌のやり取りのなかで、かぐや姫も帝を「あはれ」と慕う「深き心」が、この三年間のうちに竹のように生長し育っていったのではないか。

　春のはじめからの月を見てのもの思いも、育ての親である翁と嫗への人の子としての別れのかなしみであり、さらには三年の間に育った帝への人の女性としてのかなしみ、つまり、愛しさ、恋しさによるものではなかったか。平安時代以後の和歌の本質論や価値観の基準とされる『古今和歌集』仮名序の冒頭の、

「やまとうたは、人の心を種（たね）として万（よろづ）の言（こと）の葉（は）とぞなれりける。世の中にある人、ことわざ繁（しげ）きものなれば、心に思ふことを、見るもの聞くものにつけて言ひ出（いだ）せるなり。花に鳴く鶯（うぐひす）、水に住む蛙（かはづ）の声を聞けば、生きとし生けるもの、いづれか歌をよまざりける。力をも入れずして天地（あめつち）を動かし、目に見えぬ鬼神（おにがみ）をもあはれと思はせ、男女（をとこをんな）の中をも和（やは）らげ、猛（たけ）き武士（もののふ）の心をも慰むるは歌なり。‥‥〈以下略〉」

に注目すると、「やまとうた」つまり和歌によってこそ「人の心」は表せるという宣言と共に、「猛き武士の心をも慰むるは歌なり」と表された和歌。敵という人の命を、奪い奪われる人の情けを捨てて戦わねばならぬ荒々しい武士の心をも慰めることができるという和歌。その和歌の力によって、帝とかぐや姫の心は互いに慰め合えたという。

　地上の最高権力者であり時には二千人の兵士をも派遣する帝と、月の都の人であり不思議な力と魅力があり命をも失わせるかぐや姫は、「天地」の代表であり、「鬼神」のような特別な力をもち、命を奪い合う非情な「武士」のように、時には非情であり慢心もあったであろう。しかし同時に「男女」である帝とかぐや姫の「心」を、互いの和歌、歌によって「慰め合えた」と考えたい。

③　かぐや姫の結婚観「深き心ざし」

　かぐや姫は、結婚を勧める翁に対して、

「よくもあらぬかたちを、深き心も知らで、あだ心つきなば、後くやしきことも
あるべきを、と思ふばかりなり。世のかしこき人なりとも、深き心ざしを知らで
は、あひがたしとなむ思ふ」

と、「深き心（ざし）」つまり「深い愛情を知ってこそ結婚します」と宣言する。
「どんなに素晴らしい身分の高い方でも、「深き心」がなければ結婚しません」
というこの考え結婚観は、身分を大切にして家のために結婚することの多い
平安貴族にとっては驚くべき考えであった。それゆえ『源氏物語』の「絵合」
ではかぐや姫のその考えが敗因の一因とも考えられ、逆に通読した現代の生
徒や学生から共感される普遍的な結婚観でもある。

そんなかぐや姫だが、はじめの五人の求婚者には物を通して求めた「深き
心ざし」であった。しかし、その後帝がかぐや姫の袖を捉え、力ずくで連れ
去ろうとして「きと影になりぬ」となって挫折した。その後に、季節の植物
を共に愛で歌い、共に心も開いて心を通わせ合い慰め合う「御心をたがひに
慰めたまふ」という「三年間の歌と手紙による文通」を通して、帝と共に互
いに「深き心ざし」を育むことができたと考えたいのである。その二人の「深
き心ざし」ゆえに、かぐや姫は月に帰る時、不死の薬を添えた手紙に帝への
歌を詠んでいる。

『源氏物語』「蓬生巻」の末摘花は「‥‥かぐや姫の物語の絵に描きたるを
ぞ時々のまさぐりものにしたまふ」と、そのような『竹取物語』を読んでお
り、光源氏を信じて待ち続ける「深き心」が重なると言えよう。

④　かぐや姫の「あはれ」

かぐや姫の出した難題の子安貝を自ら捜し、古糞を掴んで落下して腰骨を
折り大けがをした石上の中納言に見舞いの歌を送った後、中納言が遂に亡く
なったことを知ったかぐや姫が、「これを聞きて、かぐや姫、すこしあはれ
とおぼしけり」とある。この「すこしあはれ」が、「すこし気の毒」とか「す
こしかわいそう」に思ったというような同情の意味に訳されることが多いが、

ここはまさに命懸けで難題に挑み亡くなった石上の中納言の人生とその命への、人としての理屈抜きの感動、人としての「心のふるえ」の現れであり、それを実感できる人に成りつつあるあかしの表現といえるのではないか。その「あはれ」という人としての感動「心のふるえ」が三年間の帝との文通で育ち、

　〽今はとて天の羽衣着るをりぞ君をあはれと思ひいでける

の歌の中に、帝を「あはれ」と慕うかぐや姫の「深き心」が結晶化したのだといえよう。
　かぐや姫の歌の「あはれ」と、『古今和歌集』仮名序の「…この歌、天地の開け始まりける時より出で来にけり。〈天の浮橋の下にて、女神男神となりたまへることをいへる歌なり。…〉」の古注に歌の始まりとして示された男女神、伊耶那岐命と伊耶那美命の結婚と国生みのときの言葉を、『古事記』から引用すると、

　「阿那邇夜志（あなにやし）、愛袁登売袁（えをとめを）」（ああなんていとしい乙女なんだろう）
　「阿那邇夜志（あなにやし）、愛袁登古袁（えをとこを）」（ああなんていとしい男なんでしょう）

とあり、率直にお互いの魅力を讃え、呼び交わす心の叫び「阿那邇夜志愛（あなにやし）」がこの「あはれ」と重なるのではないか。
　別れの最後に帝に対して「君をあはれと思ひいでける」と、歌によって、しみじみとした心の通い合いと深い愛情をまっすぐに告白している。
そのかぐや姫の「深き心」を受けて帝は、

　〽あふこともなみだにうかぶ我が身には死なぬ薬も何にかはせむ

と、「かぐや姫にもう二度と逢うことの無いかなしみの涙に身を浮かべる我が身にとって、不死の薬も何になろうか何にもなりはしない（愛するあなたに逢えるからこそ長生きしたいのだ）」と詠み、その歌を書いた手紙を、かぐや姫のいる天に最も近い富士山頂で、かぐや姫にもらった不死の薬と共に焼き、煙として天に伝えている。
　そしてかぐや姫と心を深く通わせ合ったゆえに、別れのかなしみを、翁と媼は「血の涙を流して惑」うことで「血の涙」という「質」で表し、帝は「涙に浮かぶ我が身」として「身を浮かべる大量の涙」という「量」で表したと読めるのである。
　さらにかぐや姫がこの最後の歌を詠んで昇天したのが、旧暦の八月十五夜の名月の日であることに注目したい。つまり太陰暦と太陽暦の違いで30日から50日プラスした新暦の九月末から十月初めの野分の頃、台風シーズンなのである。それゆえ空気中の塵が強風と雨に飛ばされ流されて空気が澄み渡り、一年中で一番美しく近く月が見えて、雲の流れも速いのでかぐや姫の乗る「雲の飛ぶ車」もふさわしい日なのである。このように新暦と旧暦の違いを理解することは古典解釈の大切な要素であることも、この「作者の工夫」で実感できるのである。

3．中・高の教科書の内容の比較と原文引用箇所の提案

(1) 現行の中学校の5社の教科書の内容比較

　2016年に改訂された現行の中学校1学年の教科書5社の該当部分の内容を比較してみよう。
　①光村図書は、「くらもちの皇子」の失敗談の語りを引用し、他の四人も、「求婚は全て失敗に終わった」とまとめた後、粗筋で、

> 「このように人々の心を奪うほどの美しさを備えたかぐや姫を、時の帝は、ぜひ宮中に迎え入れたいと、たびたびお召しになったが、かぐや姫はそれに応じようとしない。そうしているうちに、さらに三年の月日がたった。その春の初めから、

かぐや姫は、月を見ては嘆き悲しむようになる。」

とあり、帝がかぐや姫の袖を捉え連れて行こうとしたことも、その後の「三年間の歌と手紙の文通」や、二人の最後の歌など、二人の具体的な心の交流は描かれていない。

②教育出版は、原文は引用せずに、求婚する「特に熱心な五人の貴族の若者」も、難題で「誰も果たすことができませんでした」とまとめた後、粗筋で、

「その後、帝からも求婚されましたが、かぐや姫は辞退しました。それから三年ほどたった年の春頃から、…」

と、ここでも、連れて行こうとしたことも、その後の「三年間の歌と手紙との文通」や二人の最後の歌など、二人の具体的な心の交流は描かれていない。

③三省堂は、「多くの男性が求婚し」「なかに、夜昼となく、雪が降り氷張る日も、また、雷が鳴ろうがやってくる貴公子が五人いた」「その熱心さに」とあるように「深き心ざし」を表すこの五人に対して結婚を断り切れず、条件として「この世に存在しないものばかり」提示し、五人の貴公子の失敗談のあらすじを並べた後、「こうして、誰一人果たせず、求婚は全て失敗に終わった」とまとめ、粗筋で、

「かぐや姫のうわさは帝の耳に入り、宮中に呼び入れようとする。しかし、姫はそれにも応じない。やむなく帝は、姫と手紙のやり取りをする。そんな月日が三年ほど続いた頃、姫は月を見てもの思いにふけり、泣きさえするようになる。」

とあり、連れて行こうとしたことは書かれておらず、帝はかぐや姫が求婚に応じないので、「やむなく」かぐや姫と「手紙のやり取りをする」「そんな年月が三年ほど続いた頃」と、「三年間の二人の文通」は記されているが、「御

心を互ひに慰めたまふ」というその時の歌を通しての二人の心の交流については触れられていない。

　しかし、二人の大切な「深き心」を表す最後の歌は、本文に現代語訳が載り、下の注に「参考」として原文が載せられている。

　④東京書籍は、「かぐや姫は、求婚者の中で、誰がいちばん熱心で誠実なのか確かめたいと言って」と、「熱心で誠実」つまり「深き心ざし」を表す五人の失敗談のあらすじを江戸時代の「竹取物語絵巻」と共に欄外に並べて、「五人の貴公子たちは、皆失敗してしまいます」とまとめた後、粗筋で、

　　「ついに帝がかぐや姫のうわさを聞き、宮中に召そうとしますが、かぐや姫はこれにも応じません。幸い、その後、手紙を取り交わすことになって、帝はこれを心の慰めとしました。こうして、また三年たちました。かぐやひめは美しい月を見ては嘆き悲しむようになりました。」

とあり、帝が「宮中に召そうとしますが、かぐや姫はこれにも応じません」とあるが、どのように召そうとしたか、つまり、帝が袖を捉えて連れて行こうとしたことは書かれておらず、「幸い、その後、手紙を取り交わすことになって」とあって、文通することになったことは書かれている。しかし、何があって「幸い」そうなったのかは書かれておらず、また「帝はこれを心の慰めとしました」とあって、帝だけが慰められたように書かれている。しかし原文は「御心をたがひに慰めたまふ」とあり、帝だけではなく「たがひに」とあるように、文通相手であるかぐや姫も心の慰めとしたのであるから、「帝とかぐや姫の二人の心が互いに慰められた」とすべきであろう。さらにかぐや姫が昇天する前に「いみじく閑かに、朝廷に御文奉りたまふ。あわてぬさまなり」の帝に手紙を書いた原文は載せているが、そこで詠んだ最後の歌とその後の帝の歌は載っていない。

　⑤学校図書は、三つの問いを出し、「物語の全体を注意深く読み直す必要

があります」として通読を勧め、さらに読書によるいくつもの問いの発見は「見ぬ世の人」と出会い、友として対話することだという。筆者はこの考えに大いに共感するものである。

　ここで『竹取物語』の粗筋として「かぐや姫は五人の貴公子に求婚されますが、それぞれ難題を課して求婚を退け、さらに、帝の求婚も拒んで」とあり、「求婚を拒み続けていたかぐや姫は、帝の深い愛情に触れて、次第に心を開いていきます」
とあって、体験した出来事の一場面の引用文は、

　　「帝、かぐや姫を止めて帰りたまはむことを、飽かず口惜しく思しけれど、魂を止めたる心地してなむ、帰らせたまひける。…」

であり、その解釈は「帝は、かぐや姫を置き去りにしてお帰りになることを、不満で残念にお思いになったが、自分の魂を置き去りにしてしまった心持ちがして、お帰りになられた。…」とある。

　しかし、求婚を拒んだところで何があり、どのような理由で置き去りにして帰ることになったのか、つまり帝がかぐや姫の袖を捉えて連れて行こうとしたことが、書かれていないのである。それが書かれているのが以下の原文である。

　　「これならむと思して、逃げて入る袖をとらへたまへば、…〈中略〉…帝、「などかさあらむ。なほ率ておはしまさむ」とて、御輿を寄せたまふに、このかぐや姫、きと影になりぬ。はかなく口惜しと思して、げにただ人にはあらざりけりと思して、「さらば、御供には率て行かじ。元の御かたちとなりたまひね。それを見てだに帰りなむ」…」

　そしてその後の、帰り道で、帝はかぐや姫に歌を贈り、かぐや姫も返歌を返して、その歌に帝はさらに感動して帰りたくないまま帰ったところの原文が引用されているのである。

第9章　国語教育における「深い学び」による授業改善の視点　243

　さらにその後の「帝の深い愛情に触れて、次第に心を開いていきます」の内容説明として、

> 「御殿に帰った帝はかぐや姫のことが忘れられず、しきりに手紙を送ります。帝の求婚を拒んだかぐや姫も、その心の籠もった便りに心を動かされ、やがて返事を送るようになります。そうして二人は、四季折々の思いを歌に詠み交わす、心の友となっていきました。」

とあり、先の内容説明の、「帝の深い愛情に触れ」について、「(帝の)心の籠もった便りに(かぐや姫は)心を動かされ、やがて返事を送るようになり」「そうして二人は四季折々の思いを歌に詠み交わす、心の友となっていきました」と説明している。
　「なぜかぐや姫との別れの最後に帝も歌を詠むのか」がわかる、わかりやすい説明である。だが、だからこそさらに、この部分が本当にそういう内容なのかを伝える具体的な原文が引用されるべきであろう。それは原文の、

> 「かぐや姫の御もとにぞ、御文を書きてかよはせたまふ。御返り、さすがに憎からず聞えかはしたまひて、おもしろく、木草につけても御歌をよみてつかはす。かやうにて、御心をたがひに慰めたまふほどに、三年ばかりありて、…」

に当たるが、この心通わす文通が具体的に三年間続いたことも、この原文から伝わるのである。
　ここで残念なことは、「そうして二人は四季折々の思いを歌に詠み交わす、心の友となっていきました。」とあり「思いを歌に詠み交わす心の友」となっていったとあるのに、最後の別れの時、かぐや姫が「また、帝には、別れの手紙と不老不死の薬の入った壺を形見として贈りました」とあるが、手紙とともに詠んだかぐや姫の最後の歌と、帝の最後の歌が載せられていないことである。その二人の歌は、二人の三年間の歌と手紙による心の交流によって育まれた集大成であり、成果でもあるのだから。

⑥中学校5社の比較のまとめ

　以上の中学校の5社の内容を比較すると、5社とも、帝がかぐや姫の袖を捉えて連れて行こうとして「きと影に」なられ、連れて行かぬからもとの姿になってくださいと頼み、あきらめて帰ったことが、訳文でも原文でも書かれていないことが注目される。

　是非とも原文を引用し、原文のリズムと共に、その息づかいと意味を実感したい。

　原文の「きと影になりぬ」の、「きと」は、文庫本等で「ぱっと」等と現代語訳したものもあるが、『竹取物語本文集成』（2008）で15本の諸本のなかで國學院大學図書館蔵『竹とり物語』（近世初期写）のみ「ふと」とある。他は全て「きと」とあって、擬態語、オノマトペの「き」の、急な、瞬間的な、きっぱりとした、厳しい、毅然としたイメージで、かぐや姫の影（光）となって消えてしまう様子を的確に表しているのである。

　そのことがあったからこそ、帝は力ずくでなく、「深き心ざしを知らでは、あひがたし」というかぐや姫に、「深き心」を表す「歌」を「木草につけて」詠み続けて、3年間文通し、「御心をたがひに慰めたまふ」までに心の交流ができたのである。

　また、「きと影（光）になりぬ」によって、帝に「げにただ人にはあらざりけり」と思わせ、冒頭の「もと光る竹なむ一すぢありける。あやしがりて、寄りて見るに、筒の中光りたり。それを見れば、三寸ばかりなる人、いとうつくしうてゐたり。」と、竹を伐ったとは書いてないのに光のなかに現れる「ただ人」ではない登場の仕方の不思議さがつながり、腑に落ちるのである。

　原文の「おもしろく、木草につけても御歌をよみてつかはす。かやうにて、御心をたがひに慰めたまふほどに、三年ばかりありて、・・・」も、「おもしろく」の「く」が「き」であるのが4本あるが、「御心をたがひに慰めたまふ」等、他の表現は15本同じである。

　学校図書は、「そうして二人は四季折々の思いを歌に詠み交わす、心の友となっていきました」と実に詳しいのだが、それゆえに、「御心をたがひに

慰めたまふ」なか、是非この部分の原文を引用したい。
　そうした歌の力で三年間心を通わせ合った二人だからこそ、三省堂のみ載せている二人の最後の歌を是非引用してほしい。まずかぐや姫の、

　〽今はとて天の羽衣着るをりぞ君をあはれと思ひいでける
　（今という天の羽衣を着で天に昇るときに、あなた様をしみじみ愛（いと）しいと思っております）

という心からの愛情を「係り結び」で強調して表す歌に結晶化している。それに対して帝は、

　〽あふこともなみ（無み）にうかぶ我が身には死なぬ薬も何にかはせむ
　（もうかぐや姫と逢うことも無いかなしみの涙、その無限に湧き出づる涙に身を浮かべる我が身には不死の薬も何になろうか（あなたがいるからこそ長生きしたいんだ））

と「掛詞」、「係り結び」を使い、人は何のために生きるのか。愛する人がいるからこそ生きるのだという、一つの答え、決意を詠み上げている。三年間「御心をたがひに慰めたまふ」「深き心」の交流によって深まった二人の心の結晶化の歌まで是非生徒達に味わわせたい。
　さらに、光村図書の中学３年の教材として、『古今和歌集』仮名序の「やまとうたは‥‥」の冒頭が「音読を楽しもう」として載っているが、音読だけではなく「うたとは何か」を「人の心を表すものだ」と宣言している内容の読解も、１年時の『竹取物語』と共に是非学ばせたい。

⑵　高等学校の教科書の、「きと影になりぬ」の場面と、その後の帝とかぐや姫の歌と手紙での三年間の文通による「御心をたがひに慰めたまふ」場面に注目した比較

① これまでの高等学校の教科書の内容比較
1. 第一学習社
　・「高等学校　国語総合」（平成二五年）、
粗筋は、「・・・貴公子たちは、それぞれに課せられた難題に挑戦するが、次々と失敗する。帝の求婚にも、かぐや姫は応じようとしない。こうして三年の月日が流れた。・・・」と、「きと影になりぬ」の場面も、「御心をたがひに慰めたまふ」三年間の文通の話もない。

　・「高等学校　標準古典Ａ　物語選」・「高等学校　古典Ｂ　古文編」（平成二六年）

　　「「帝の求婚」　帝、にはかに日を定めて、・・・〈中略〉・・・逃げて入る袖をとらへ給へば、・・・〈中略〉・・・このかぐや姫、きと影になりぬ。・・・〈中略〉・・・（帝とかぐや姫の和歌）・・・帰らせ給ひぬ。」

と、帝がかぐや姫の袖を捉えかぐや姫が「きと影になりぬ」の場面はあるが、「御心をたがひに慰めたまふ」三年間の二人の文通の話はない。最後のかぐや姫の「今はとて・・・」の歌のみで帝の歌はない。

　・「高等学校　標準古典Ｂ」（平成二六年）

　　「五人の貴公子たちは、みな難題にこたえる事ができなかった。かぐや姫のうわさを聞いた帝も求婚するが、かぐや姫はそれさえも退け、手紙のやりとりだけのつきあいにとどめる。帝との出逢いから三年ほどがたち、かぐや姫は、月を見てしきりにもの思いに沈むようになった。・・・」

と、「手紙のやりとりだけのつきあいにとどめる」とあり、その手紙による「御心をたがひに慰めたまふ」二人の心の交流は書かれず、かぐや姫の「今はとて・・・」の歌のみで、帝の歌はない。

第9章 国語教育における「深い学び」による授業改善の視点

2. 明治書院
・「高等学校　国語総合」（平成二五年）

> 「かぐや姫の嘆き・・・皆失敗に終わる。さらにかぐや姫は、帝からの求愛にも応じなかった。ただし、姫と帝との間には三年にわたる手紙のやり取りが続く。その後、かぐや姫は月を見てもの思いに沈むようになるが、翁たちにはその理由が分からなかった。」

と、求婚には応じなかったが、二人の「三年間にわたる手紙のやり取りが続く」とあるが、その後の「御心をたがひに慰めたまふ」という心の交流は書かれていない。

・「高等学校　古典Ｂ」（平成二六年）

> 「「帝の求婚」　帝、にはかに日を定めて、・・・〈中略〉・・・逃げて入る袖をとらへ給へば、・・・〈中略〉・・・このかぐや姫、きと影になりぬ。・・・〈中略〉・・・（帝とかぐや姫の和歌）・・・帰らせ給ひぬ。」

と、帝がかぐや姫の袖を捉えかぐや姫が「きと影になりぬ」の場面はあるが、「御心をたがひに慰めたまふ」三年間の二人の文通の話はない。最後のかぐや姫の「今はとて・・・」の歌のみで帝の歌はない。

3. 東京書籍
・「精選国語総合」（平成二五年）・「新編古典Ｂ」（平成二六年）

粗筋は、「・・・帝もかぐや姫の出仕を求めるが、姫は応じようとしなかった。やがて三年ほど過ぎた頃、・・・」と、「御心をたがひに慰めたまふ」二人の文通はなく、かぐや姫の「今はとて・・・」の歌のみ。

4. 筑摩書房
　・「国語総合」（平成二五年）
粗筋は、「・・・ついに、帝までが求婚するものの、かぐや姫はそれを拒否して手紙のやり取りで心を通わせる。・・・」
　「きと影になりぬ」の場面はないが、「手紙のやり取りで心を通わせる」によって、「御心をたがひに慰めたまふ」の二人の心の交流を粗筋で伝えている。

　・「精選　国語総合　古典編」（平成二五年）
粗筋は、「・・・その後、帝からも所望されたかぐや姫だが、それさえも容易に受け入れようとはしなかった。・・・」
　「きと影になりぬ」の場面も、「御心をたがひに慰めたまふ」三年間の文通も、最後の二人の和歌もない。

　・「古典B　古典編」（平成二六年）
粗筋は、「・・・帝の求婚をも拒んだかぐや姫は、やがて自分が月の世界に帰らなければならない身であることを、翁たちにつげる。・・・」と、「きと影になりぬ」の場面も、「御心をたがひに慰めたまふ」三年間の文通もないが、最後の二人の和歌はある。

5. 教育出版
　・「国語総合」（平成二五年）「新編　国語総合　言葉の世界へ」（平成二五年）
粗筋は、「・・・帝もかぐや姫の噂を聞いて求愛したが、姫はそれをも拒み通す。・・・」とあり、かぐや姫の手紙と「今はとて・・・」の歌のみ。
　「学習の手引き」で「2　かぐや姫が帝に宛てた手紙には、かぐや姫のどの様な思いがこめられているか。話し合ってみよう。」とあるが、「きと影になりぬ」や「御心をたがひに慰めたまふ」という三年間の歌と手紙による心の交流があったうえで書かれたかぐや姫の手紙である。そのことをも踏まえた話し合いにしたい。

② これまでの高等学校の比較のまとめ
　以上を比べると、中学校のどの教科書にもなかった「帝がかぐや姫の袖を捉えて連れて行こうとしてかぐや姫が「きと影になりぬ」の場面の原文を、「帝の求婚」として引用した教科書(第一学習社「高等学校　標準古典A　物語選」・「高等学校　古典B　古文編」、明治書院「高等学校　古典B」)があることが注目された。
　しかし粗筋で文通を「手紙のやり取りだけのつきあいにとどめる」(第一学習社「高等学校　標準古典B」)とあり「御心をたがひに慰めたまふ」の心の交流がないものや、粗筋で「手紙のやり取りで心を通わせる」(筑摩書房「国語総合」)と心の交流を表すものもあるが、「きと影になりぬ」と二人の三年間の歌と手紙による心の交流の部分とそれを前提とした最後の二人の歌という、三つの要素を合わせて載せた教科書は、管見では確認出来なかった。

③　平成29年改訂版の高等学校の教科書の内容の変化
　平成29年の改訂で、「きと影になりぬ」の場面は第一学習社の教科書改訂版「標準古典A」「古典B」にも、明治書院「新古典B」にも変わらず載っているが、第一学習社の「高等学校　改訂版　国語総合」に、粗筋が「…帝の求婚にも、かぐや姫は応じようとしない。こうして三年の歳月が流れた。…」と変わらず、いずれも「きと影になりぬ」も、歌と手紙での三年間の文通による「御心をたがひに慰めたまふ」もなく、二人の具体的な交流は引用されていない。
　明治書院の、「新高等学校　国語総合」と「新精選　国語総合　古典編」にも、「きと影になりぬ」はなく、「かぐや姫の嘆き」という題の粗筋で、「…さらにかぐや姫は、帝からの求愛にも応じなかった。ただし、姫と帝との間には三年にわたる手紙のやり取りが続く。その後、かぐや姫は月を見て物思いに沈むようになるが、翁たちにはその理由が分からなかった。」とあるが、その三年間の手紙のやり取りで、「御心をたがひに慰めたまふ」という二人の深い心の交流があったことまでは言及されていない。
　東京書籍、筑摩書房、教育出版は、内容の変化はみられない。
　三省堂の「精選国語総合　改訂版」「国語総合　古典編　改訂版」共に、

冒頭の「かぐや姫の生い立ち」「かぐや姫の成長」のみ。

大修館書店の「精選国語総合　新訂版」「国語総合　改訂版　古典編」、桐原書店の「新探求国語総合　古典編」は、いずれも、冒頭の「なよ竹のかぐや姫」のみ。

数研出版の「改訂版　国語総合　古典編」は、冒頭の「なよ竹のかぐや姫」と、「天人の迎へ」の粗筋で、「かぐや姫は、月を眺めてもの思いに沈むことが多くなった。翁と嫗がその理由を尋ねると、自分は月の世界の者で、八月十五日の夜に迎えが来ると打ち明ける。帝は姫を守るため、兵士たちを翁の家に遣わした。」とあるが、帝とかぐや姫の交流は一切書かれていないから、姫を守るため帝が兵士を遣わす必然性も伝わらない。

⑶　教科書の比較のまとめとして

高等学校の平成29年改訂版でも、「きと影になりぬ」の原文引用はほとんどなく、「御心をたがひに慰めたまふ」の原文も引用されず、二人の「心の交流」の説明もないままである。かぐや姫も翁も嫗も、そして帝も、（さらに五人の貴公子も）物語の中で、さまざまな人と人との交流によって「心」が成長してゆく。その「心の交流」に「歌」が大きな役割をはたす。「なぜかぐや姫との別れの場で帝が歌うのか」を、読者が、生徒が納得する「かぐや姫と帝との交流の場面」を表す原文はどこか。

それはまず、帝が狩をよそおいかぐや姫の家に入り、光に満ちた美しい人を見た後、

「これならむと思して、逃げて入る袖をとらへたまへば、面をふたぎてさぶらへど、初めよく御覧じつれば、類なくめでたくおぼえさせたまひて、「ゆるさじとす」とて、率ておはしまさむとするに、…〈中略〉…帝、「などかさあらむ。なほ率ておはしまさむ」とて、御輿を寄せたまふに、このかぐや姫、きと影になりぬ。はかなく口惜しと思して、げにただ人にはあらざりけりと思して、「さらば、御供には率て行かじ、元の御かたちになりたまひね。それを見てだに帰りなむ」と仰せらるれば、…」

という、帝が一度はかぐや姫の袖をとらえて力ずくで連れて行こうとするが、かぐや姫がきと影（光）となって消えたので、元の姿に戻るように頼んだ場面である。ここを和辻哲郎氏は『日本精神史研究』改訂版（1940）で「最後に帝は自ら翁の家に行幸して、腕力をもって姫を率い行こうとするが、いよいよとなると姫の姿が影となってしまう」とあるように、腕力が通じない場面が描かれているのである。そしてここから帝は変わるのである。

『竹取物語』の特長の一つは、この袖を捉えた場面や、大伴の大納言が龍を弓矢で射殺そうとした場面や、かぐや姫の昇天を阻むため守る二千人の兵が射殺そうとする場面で、腕力、つまり暴力や武力はことごとく通じず、失敗することである。ここを大切にしたい。

もう一つは、その後仕方なく帰る途中にかぐや姫と歌を交わした帝が感動し、皇居に帰った後もかぐや姫のことだけを思い、かぐや姫だけに手紙を書いて、

「かぐや姫の御もとにぞ、御文を書きてかよはせたまふ。御返り、さすがに憎からず聞えかはしたまひて、おもしろく、木草につけても御歌をよみてつかはす。かやうにて、御心をたがひに慰めたまふほどに、三年ばかりありて、⋯」

と、季節の木草の植物を愛でながら歌を詠み交わし、お互いの心を慰め合うまでに「歌で心を通わせ合った二人の三年間の文通」の部分であろう。

この場面は、現代語訳を読んだり、粗筋の説明を読んだりしただけでは伝わらない、文学としての古典の原文の、繊細な表現の力が発揮されているのである。

ロシアの心理学者ヴィゴツキーが、言葉の芸術である文芸・文学を対象とした『芸術心理学』（1925完成、1965出版）で、シェイクスピアの『ハムレット』などの文学作品を引用しながら「心理学者は何よりも物的証拠、つまり芸術作品そのものを取り上げ、それをもとにしてそれに相応した心理を再生せざるをえない」という。この芸術作品である文学の原文の力を大切にしたい。

紅野謙介氏は『国語教育の危機』((2018) ちくま新書) で、大学入試センター試験に代わる「大学入試共通テスト」の読解問題の「資料」が、「国語」において書き手の主観的な限界こそが重要なのに無署名の文章が使われ、駐車場の「契約書」などの「情報処理」に偏っており、思考力判断力は伸びないと主張する。さらに新学習指導要領では高校二年以降の現代文は情報処理系の「論理国語」と「文学国語」に分かれ、多くの高校は入試に備え「論理国語」だけを選び、文学は消滅するだろうと警告している。

　小・中の発展であるべき高等学校で、「言語文化」「古典探求」で扱う古典文学『竹取物語』の大切な原文も削られたままである。だからこそ『竹取物語』も、古い文であるだけではなく、多くの人々に感動され共感されてきた不朽の名作としての古典であり、文学作品であり芸術作品であることをもう一度確認したい。

　そしてこの場面の原文を教科書に載せて学習することと、その心を伝え合うための「歌の力」を理解するために、『古今和歌集』仮名序の冒頭の「やまとうたは・・・〈中略〉・・・猛き武士の心をも慰むるは歌なり。」の学習をすることとを、一緒に合わせて学習することを提案したいのである。

4．『竹取物語』と共に「歌の力」を学ぶ『古今和歌集』仮名序の学習の提案

(1) インターネットの『竹取物語』評の例と歌

　インターネットの「東洋経済オンライン」の 2017 年 5 月 5 日付記事に、イザベラ・ディオニシオ氏の「イタリア女子がはまった日本人の知らない古典の読み方」という連載記事の「「かぐや姫」に隠された恐怖の裏ストーリー「竹取物語」は愛の物語なんかじゃない」に、

> 「かぐや姫は近づく男性に難題を出して破滅に追い込む、冷酷な女だ。そして彼女の周りに群がる男たちは権力や財力はもっているものの、ウソつきだったり、詐欺師だったりする。非情な女の目を通して、人間の欠点や汚点が一つひとつ暴露されていくわけだが、彼らの「敗北」こそ権力に反発しようとしていた不詳の

作者が最も望んできたことなのだろう。

とまとめ、更に一年後の 2018 年 5 月 27 日の記事「男たちを弄んだ「かぐや姫」が犯した本当の罪」では、「かやうにて、御心を互ひに慰め給ふほどに、三年ばかりありて、」の部分の訳を「帝とかぐや姫が文通をはじめてから 3 年の月日が流れた頃だった。」として文通のことは書かれているが、「御心を互ひに慰め給ふ」という、歌と手紙を通して互いに心を慰め合う二人の心の交流の部分の訳がなく、文章全体でも歌のことには一切言及していない。

⑵ アニメの『かぐや姫の物語』との比較と歌

スタジオジブリ作品のアニメに『かぐや姫の物語』がある。昨年（2018）亡くなられた高畑勲氏の原案・脚本・監督で、坂口理子氏脚本によりアレンジされ、徳間書店のアニメージュコミックスペシャルフィルムコミックでも見ることのできるこの作品を、『竹取物語』は読んでいなくても、見た生徒や学生は少なくない。そして世界中に翻訳され配信されている。

このアニメで帝が登場するのは「よもやわたくしの申し出をことわる女がいるとは思わなかった」「造（みやつこ）の家へ忍びまいるのだ」「さあわたくしといっしょに宮中へいらっしゃい」「輿（こし）をこちらへまわせ！」と、かぐや姫を連れて行こうとするが「スッ、スウ……」と姿を消したので「ことを　急いたりして　悪かった」「だから」「どうか姿を　あらわしておくれ」「たのむ……」と謝り、「ひとまず　今日はかえろう」「だが　わたくしのものになることが　そなたのしあわせだと　信じているよ」と言って去る場面と、月に昇天するかぐや姫の一行を宮中から遠く見上げている場面だ。

原文と比べると、ジブリの『かぐや姫の物語』には、帝とかぐや姫の、季節の木草に歌を添えた手紙による三年間の文通が、描かれていない。

その代わりに、高畑氏は幼なじみを登場させて「鳥　虫　けもの　草木　花」を歌った子どもの歌であるわらべ唄を口ずさませる。わらべ唄という庶民に身近な歌謡という文学の魅力を新しく活かした工夫は尊い。そこが高畑氏のねらいであり、氏の作品の魅力でもあるのだが、原作の『竹取物語』の

原文にある五七五七七の和歌は一切はぶかれているのである。
　つまりこの作品で、帝とかぐや姫とが歌と手紙で三年間文通し「御心を互いに慰め給ふ」ことができたという日本の古典の特長の一つである和歌の力が描かれていないのである。
　それゆえ、原文を通読していない人がこのアニメを観れば、帝とかぐや姫が、三年間の季節の木草に歌を添えた文通により「御心をたがひに慰めたまふ」という、二人が深き心の交流をしたことを知ることはできないのである。

⑶　歌の力の自覚のあるなし

　先に紹介した角川文庫の『ビギナーズ・クラシックス日本の古典　竹取物語（全）』(2001)の現代語訳を通読していた学生は、かぐや姫と帝の文通の場面では、かぐや姫が帝に連れ去られそうになった時に影（光）になってしまった罪滅ぼしのために帝の文通に「付き合ってあげている」のではないかと感じたという。
「◆帝、かぐや姫との恋の勝負に敗れる」の見出しの、「きと影になりぬ」の場面の説明で、

　　「✿地上界の最高権力者である帝も、かぐや姫との恋の勝負には敗れた。彼女が異界の人だったからであるが、恋の敗北は、自分が絶対者ではないことを、帝に思い知らせることになった。かぐや姫にも、大きな心の変化が生じた。ほかの求婚者たちには見せなかった自分の正体を、帝には見られてしまったからだ。それは、天上界では経験したことのない女心の芽生えだった。…〈中略〉…あれほど求婚を冷たく拒否したものの、やはり帝のまごころに応えて情のこもった手紙のやりとりをする、とあり、これまでの冷酷な態度とは一変して、あたたかい。…」

「◆かぐや姫、月を見上げて涙にくれる」の見出しの、「御心を互ひに慰め給ふ」場面の訳は、「帝とかぐや姫が、互いに歌や手紙をやりとりして、心を通わすうちに、三年ほどの月日が流れた。」とあり、その説明は、

「✿帝とかぐや姫の文通は三年間続いた。そうして、あれほど男性を拒否したはずのかぐや姫が、人を愛することの歓びと哀しみに目覚めていった。人情というものを解するようになったのだ。・・・」

と、かなり詳しく二人の心の変化を説明しているが、「二人の恋の勝負」というまとめ方や、「歌や手紙をやりとりして、心を通わすうちに」という訳からは「人を愛することの歓びと哀しみに目覚めていった」につながらず、その学生は「付き合ってあげている」と思ったという。

しかし、その後、授業で取り組んだ『古今和歌集』仮名序の内容の理解による「歌の力」の実感や、五人の求婚する貴公子との交流を通してのかぐや姫の心情の変化や心の成長などを踏まえて考えると、二人の三年間の歌を添えた文通は、決して仮初のものではなかったのだと、考えが改まったという。

⑷ 『古今和歌集』仮名序の歌の力をふまえて

ここであらためて提案したいのが、『竹取物語』と共に学ぶ古典教材の作品であり、日本の独自の文化である「和歌（日本の歌）の力」「うたの力」を知ることができる『古今和歌集』仮名序の冒頭文の学習である。

「やまとうたは、人の心を種として、万の言の葉とぞなれりける。世の中にある人、ことわざ繁きものなれば、心に思ふことを、見るもの聞くものにつけて言ひ出せるなり。花に鳴く鶯、水に住む蛙の声を聞けば、生きとし生けるもの、いづれか歌をよまざりける。力をも入れずして天地を動かし、目に見えぬ鬼神をもあはれと思はせ、男女の中をも和らげ、猛き武士の心をも慰むるは歌なり。」

作者が特に大切にして強調したいことがわかる「ぞ〜ける。（強調）」「か〜ける。（反語）」の「係り結び」や「対句」など、「作者の工夫」として古文独自の表現が実にうまく活用されている。

結びの語の活用等をどこまで学習するかが課題だが、頻出して、リズムも

生み出す「ぞ」・「なむ」・「や」・「か」・「こそ」等の働きは、はやく学ばせたい。

『竹取物語』が、中学1年の古典の入門だからリズムだけ学べばいいのではなく、リズムを使って伝えたい大切な内容が何であるのかを、「和歌の力」「歌の力」とは何かを理解し合うことで、さらに作品全体を理解する、より深い学び合いが生まれるのである。

まず、人の「心」は「和歌」でこそ表現できるのだということ。「和歌」は、腕力、暴力を使わずに天地をも動かし、目に見えない霊魂をも「あはれ」としみじみ感動させ、男女の仲をも仲良く和合させ、敵の命を非情な心で奪い合う荒々しい武士の心をも慰め癒すことができるのだということ。

そんな「歌の力」をまず理解し合い共有し合う時、物語の読み方も変わってくるのである。

この仮名序は、国語の二つの大きな表現要素である、詩的文章の「韻文」と説明的文章の「散文」の理解のための基礎ともなるだろう。中学1年時、あるいは小学校の古典の入門時に、「歌とは何か」という学び合いのなかで、伝統的表現の「韻文」であり、修学旅行や運動会等、学校行事の折々に創作する「短歌や俳句」の理解のためにも活用できるだろう。

筆者は東京学芸大学附属小金井中学校での中学1年時の『竹取物語』の学習時にこれを実践していた。

中学校の5社の比較でまとめたように、教科書で解説として要約してまとめられたり、省略されたりしている先にも挙げた次の原文が、是非教科書に補いたい表現である。

まず、かぐや姫の「深き心ざしを知らでは、あひがたし」という結婚観。次に、帝が袖を捉え力づくで連れて行こうとして、かぐや姫が「きと影になりぬ」で叶わず、その後、季節毎に木草を添えた歌と手紙による三年間の文通により「御心をたがひに慰めたまふ」場面、

　　「これならむと思して、逃げて入る袖をとらへたまへば、・・・〈中略〉・・・帝、「などかさあらむ。なほ率ておはしまさむ」とて、御輿を寄せたまふに、このかぐや姫、きと影になりぬ。はかなく口惜しと思して、げにただ人にはあらざりけりと

思して、「さらば、御供には率て行かじ。元の御かたちとなりたまひね。それを見てだに帰りなむ」と仰せらるれば、かぐや姫、元のかたちになりぬ。…」

「かぐや姫の御もとにぞ、御文を書きてかよはさせたまふ。御返り、さすがに憎からず聞えかはしたまひて、おもしろく、木草につけても御歌をよみてつかはす。かやうにて、御心をたがひに慰めたまふほどに、三年ばかりありて、…」

そして、二人の別れの時の最後の歌「今はとて…」と「あふことも…」の二首。
この表現と、「歌の力」を表す『古今和歌集』仮名序である。
これらの原文と内容を生徒達に伝えると、生徒は様々なことに気づきはじめた。たとえば、

・「二千名の兵士を竹取の翁の家に派遣できる権力者でもある帝は、それまで思い通りにならないことはなかっただろうが「逃げて入る袖をとらへたまへば」と、かぐや姫の袖を捕らえ、「率ておはしまさむとするに」と、連れて行こうとすると、かぐや姫は「きと影になりぬ」と、きっと消えてしまわれたので、かぐや姫に頼み、初めて思い通りにはならない経験をし、その後は季節毎の木草に付けて歌を詠み三年間の文通の後の別れの後「あふことも涙（無み）に浮かぶ我が身には死なぬ薬も何にかはせむ」愛するあなたがいるからこそ長生きしたいのだと訴えている。」

・「（能の）「通小町」（の深草の少将）のように、時には命がけで力を尽くす五人の求婚者と交流するかぐや姫は、失敗を喜ぶ冷たい女性に思えたが、自分のために命を落とした石上の中納言を「少しあはれ」と思えるように変わり、三年間の文通の後には「今はとて天の羽衣着るをりぞ君をあはれと思ひいでける」と帝を心から感動して思い出しその愛情を歌に結晶化していることなど、二人は武士と似てる。」

などと気づきを伝え合った。そんな友との学び合いの気づき発見の付箋での伝え合いの中で、授業で発言したHさんの意見に多くの子が注目した。

・「帝とかぐや姫の性格や人柄は鏡のようだ」というHさんの「鏡説」、「文通を「心の通じ合い」としか思っていなかったが、Hさんが「成長」と言い納得」
・「自分には「鏡」や「成長」という考えがなかったので新しい考えの発見」、「仮名序のキーワードが使われていて（あはれ、慰め）やっぱり物語の親だな」

など、教科書に載っていなかった部分を補うことで、生徒一人一人が自分なりに、かぐや姫と帝の最後の歌の意味と意義を考え、学び合い理解し合うことができたといえよう。

　大学の授業で『竹取物語』の原文と現代語訳を通読し、『古今和歌集』仮名序を学び合った学生の多くが、かぐや姫の「深き心ざし」を大切にする結婚観と、「きと影になりぬ」と共に「御心をたがひに慰めたまふほどに三年ばかりありて」を是非引用すべきだと主張する。

・「最後、「帝とかぐや姫が和歌で心を慰め合う」という部分を読むまでは、私もかぐや姫のことを「冷たい人、悪女だ」といった悪い印象をもっていたので、「「帝とかぐや姫」のやり取り」「和歌の力」を取り入れないと、私やイザベラさんのような解釈をしてしまう生徒も生まれかねないと思う。このようなことを考慮すると、やはり「三年間の文通」「和歌の力」「かぐや姫の変化」は教科書に取り入れる必要があると改めて思った。」

と言う一人の学生の意見が、『古今和歌集』の仮名序をふまえて全文読んだ学生の代表的意見といえよう。

・「和歌の印象は当初、高貴な身分の人々の間で、自分の気持ちを相手に伝える手段という単純なものだと認識していた、しかし、伝えるだけではなく、受け取った相手の心を動かすことができるのだ」

という、一方通行ではない歌の力の実感も尊い。歌の力、そして言葉の力の実感だ。

　日々の生活の中での生きる喜びやかなしみ、感動、「あはれ」を、「今」を生きる「一人の作者」として、まず我々自身から素直に率先して「うた」に表現し結晶化してゆきたい。「作者の工夫」によりそう深い学びのために。

　〽「おとおさあん」と施設で母は呼んだと言ふ　父と手握るリハビリと言えば

　「おとおさあん」は筆者の故郷の認知症の母の、夫である父を呼ぶ「うた」である。

5．おわりに

　古典は古い文であるだけでなく、多くの人々に共感されて今に伝えられ続けた、多くの人々の共感と感動の秘められた不朽の名作である。定番の古典教材である『竹取物語』も、古文のリズムに慣れるだけでなく、古典という普遍的な価値のある文学作品、芸術作品として、大切な表現の原文を読み、そのリズムと息吹を実感しつつ、その意味をしっかり読み取り理解して鑑賞し感動し合うことが大切である。

　そのためには、原文の全文通読ができなくても、まずかぐや姫の「深き心ざし」という「深い愛情」つまり心を大切にする結婚観を原文を通して理解させたい。そして『古今和歌集』仮名序の冒頭文で「人の心」を表すことができる「歌の力」を理解し合いたい。その上で、小学校の音読や粗筋等の既習事項をふまえつつ中学校で、帝とかぐや姫の心の交流を描く「三年間の歌と手紙による文通」を表す「きと影になりぬ」と「御心をたがひに慰めたまふ」という場面の原文を引用し、その具体的な原文の読みを共有してこそ生まれる「深い学び」の学び合いを実践してゆくことを提案したい。「深き心」は身分や暴力や武力ではなく、手紙や歌という言葉の力、国語の力によって

生まれたことを。

参考文献

有働裕（2010）『これからの古典ブンガクのために古典教材を考える』ぺりかん社。
王朝物語史研究会（2008）『竹取物語本文集成』勉誠出版。
大井田晴彦（2012）『竹取物語―現代語訳対照・索引付』笠間書院。
小峯和明編（2013）『日本文学史　古代・中世編』ミネルヴァ書房。
河添房江編（2018）『アクティブ・ラーニング時代の古典教育』東京学芸大学出版会。
紅野謙介（2018）『国語教育の危機―大学入試共通テストと新学習指導要領』ちくま新書。
小嶋菜温子（1995）『かぐや姫幻想―皇族と禁忌』森話社。
関根賢司（2005）『竹取物語論』おうふう。
千田洋幸・中村和裕編（2015）『国語科教育』（教科教育学シリーズ①）」一藝社。
田中実・須貝千里編（2001）『文学の力×教材の力』（中学校編（全3巻））教育出版。
田中成行（2010）「古典教材『竹取物語』を学び合いの中で読みを深めるための教師の役割」『東京学芸大学附属小金井中学校研究紀要』46、3-8頁。
谷知子（2012）「『竹取物語』の和歌――不定形なテキストの矛盾」『平安文学をいかに読み直すか』笠間書院、38-64頁。
原國人（2012）『物語のいでき始めのおや――『竹取物語』入門』新典社。
古橋信孝（2015）『文学はなぜ必要か』笠間書院。
柳田国男（1938）「竹取翁」「竹伐爺」『昔話と文学』創元社。

コラム4　社会科教育に関連して
―― 『山びこ学校』から考える

土屋　直人

　アジア太平洋戦争の敗戦から数年後の頃、東北・山形県の山村、旧山元村で、生活綴方を「出発点」とした、中学校「社会科」実践が行われていた。学級文集『きかんしゃ』の作品の一部を収めた、無着成恭編『山びこ学校』(青銅社、1951年3月) の冒頭には、江口江一の作文「母の死とその後」が置かれている。江一は、生活を楽にしようと苦しみ抜き「その貧乏に負けて死んでいった僕のお母さん。」「あんなに働いても、なぜ、暮しがらくにならなかったのだろう。」「あんなに死にものぐるいで働いたお母さんでも借金をくいとめることができなかったものを、僕が同じように、いやその倍も働けば生活はらくになるか」と綴っていた。江一は家計支出と収入・扶助料、借金の金額を調べ計算し、反芻しながらその現実生活の社会的位置 (「三段歩ばかりの畑では、五人家族が生きて行くにはどうにもならなかった」構造的背景) を文に書き綴りながら掴み、「お母さんのように貧乏のために苦しんで生きていかなければならないのはなぜか」をこれからも「しんけんに勉強することを」母に約束していった。学級は、この社会的現実のなかで、両親を失い祖母・弟妹とこれからどう生きていったらよいかを考え綴った文を、ともに読み合い、学びあった。江一は、そして級友らは、互いの励ましと労働の助力、学級全体の協働と連帯の支えを背に、これからの地域と社会を、それぞれが深く考え詰めようとしている。「山びこ学校」の子どもたちは、「なんでも何故？と考えろ」「もっといい方法はないか探せ」(佐藤藤三郎「答辞」) を「合言葉」に、「『自分の脳味噌』を信じ、『自分の脳味噌』で判断」すること、暮らしの事実と感情をありのままに書き綴り、読みあいながら、互いに自分たちを取り巻く社会的現実とこれからの生き方を考えあうことを学び、大切にしていた。そこには、既に生活主体として日々を生きている子どもたちの自力が教師・無着によって励まされながら、無着を含めた集団の対話のなかで考え進めた共同の学び、そして、自分たち自身の暮らしのリアルに立った「社会」の深い学びがあった。

「主体的・対話的で深い学び」といわれるものを、たとえば東北の教育史という角度から考え、捉え返そうとするとき、一つは、この『山びこ学校』の社会科学習、そしてその史的背景にあった、昭和戦前期以来の「北方性教育」の思想・実践の伝統が想起される。それは十五年戦争のさなか、「中央」から「米と女郎と兵士」の供給地とされてきた東北の過酷な地域・社会環境（北方「生活台」）に生きる子どもの「野性」（＝生活者としての主体性）に信頼し、彼ら彼女らが暮らしのなかで見たこと聞いたこと、己の生活それ自身を自由にありのままに書き綴りながら、事実を鋭く掴み、現実社会をリアルに見つめ表現することを励まし、確かな生活認識・社会認識を鍛え育てようとする営みであり、また、学級文集を読みあい、対話のなかから深く現実を学びあい、わかりあう世界を求め、互いの連帯と協働、生活意欲とを高めようとした「生活綴方」教育実践であった。そしてそれは、東北農山漁村の冷厳な生活・社会状況のなかで、自らの教育の仕事を、子どもに寄り添い、その地域に生きる子どもと親たちの生活現実に立ったものへとたて直してゆこうとした、「北方教師」たちの厳しい自己変革（教育変革）への努力の過程でもあった。

あとがき

　本書は、「主体的・対話的で深い学び」による授業改善に関する共同研究の成果として刊行したものである。本書の出発点となったものは、平成29年度の岩手大学研究力強化支援経費事業として採択され、教育学部所属の教員14人が共同で取り組んだ「『主体的・対話的で深い学び』による授業改善に関する総合的研究」であった。

　岩手大学からの研究支援は1年間であったが、共同研究をおこなうだけではなく、その成果を書籍として出版・刊行することによって、学校現場の授業改善に貢献することが、共同研究に参加した教員全員の目標となっていた。この間、「国立教員養成大学・学部、大学院、附属学校の改革に関する有識者会議報告書」（平成29年8月）への対応、平成30年度の教職課程の再課程認定への対応などもあり、多忙を極めた教員も多く、今回の書籍に原稿を出すことが叶わなかった教員もいた。研究論文までは無理な場合には、コラム欄の原稿として、現在の研究関心をまとめてもらう形にした。さらに、テーマによっては、他大学の教員の協力をお願いしたケースもあった。いずれにしても、このような形で、まがりなりにも当初からの目標であった書籍としての出版・刊行が実現できたことを、まずは喜びたいと思う。

　2020年4月の小学校、2021年の中学校と、新しい学習指導要領は順次全面実施され、全国の学校において「主体的・対話的で深い学び」による授業が実施されることになる。本書は、我が国の学校教育の大きな転換期にあって、教員養成学部がその社会的使命を果たす一環として、新学習指導要領の基本理念である「主体的・対話的で深い学び」について、その理論的背景とともに、具体的な授業展開、そしてその教育効果をできる限り分かりやすく解説したものである。本書が、一人でも多くの先生方に活用され、明日の日本と世界を担う子どもたちのために充実した教育実践が展開される一助となることができれば、執筆者一同の心からの願いが叶うことになる。

　最後になったが、厳しい学術出版の状況にもかかわらず、本書の企画を快

く聞き入れ、出版・刊行をお引き受けいただいた東信堂の下田勝司社長に、衷心より感謝申し上げたい。大学と教員養成学部の縮小再編の荒波の中で、本書の刊行は執筆者たちの大きな励みと希望となった。良質の学術図書の普及に強い使命感を持つ下田社長にお礼申し上げ、あとがきとしたい。

2019年3月　　　　　　　執筆者を代表して　　　遠藤　孝夫

索　引

アルファベット

Society5.0 ………………… 19, 37, 81, 152
SSI 教育 ……………………………… 42
STS 教育 ……………………………… 42

あ行

アクティブラーニング ……………… 4,
　　5, 7-8, 14, 16-17, 24-25, 32, 35, 39, 47,
　　50, 53, 72, 104, 108-109, 141
生きる力 …… 8, 14-16, 107, 110, 127, 194
池上彰 …………………………………… 199
石井正己 …………………………… 225, 227
ウィギンズ（Wiggins, G.）……………… 33
ヴィゴツキー（Vygotsky, L. S.）31, 51, 116,
　　251
落ちこぼれをつくらない法 …………… 48
小田島新 ………………………………… 162

か行

科学的探究 … 130-133, 135, 140-141, 148
科学的知識 ……………… 40, 42, 130, 141
学業的援助要請 ……………… 143-145, 147
学習意欲 ……………… 26-28, 159, 163-164
学習の転移 ……………………… 59, 63, 65
学問に基づく教育研究 …………… 39, 40
学力　14-16, 33, 110, 112, 122, 128, 135, 71,
　　209, 222
学力の3要素 ……………………… 16, 33
隠れたカリキュラム …………………… 53
カリキュラム・マネジメント　5, 7, 16,
　　21-23, 35
キー・コンピテンシー …………… 19, 20
教科横断型 ……………………………… 47
協働学習 ……… 7, 39, 47, 51-54, 117-120

協同学習 ……… 7, 28, 39, 47-50, 52-53, 66
原文の確認 ……………………………… 225
構成主義 …………………………… 31, 51
公民権法 ………………………………… 47
『古今和歌集』仮名序 …… 236, 238, 245,
　　252, 255, 257-259
小山進治 …………………………… 228-229

さ行

最近接発達領域（発達の最近接領域）51
作者の工夫 ………………… 239, 255, 259
作品研究 …………………… 225, 227, 231
座標 ………………………… 197, 199-201
自己学習力 …………………… 8, 30, 128
自己肯定感 …………………………… 27, 175
自己調整学習 ……… 73, 128, 143, 144
自己を高める学びの場 ……………… 111
資質・能力 … 5-6, 13, 16-22, 25-26, 32, 34-
　　35, 82-83, 107-109, 111-116, 124-125,
　　127, 130, 133, 159, 161, 195, 196
資質・能力の三つの柱 ……… 20, 32, 34
社会構成主義 ………………………… 31
社会効率主義 ………………………… 49
社会人基礎力 ………………………… 20
社会的に共有された学習の調整 … 143
社会に開かれた教育課程 …… 5, 16-18
就職基礎能力 ………………………… 20
授業のユニバーサルデザイン… 187, 191
状況的学習論 ………………………… 51
情報活用能力 ……………… 21, 82-84
情報教育 ……………………… 19, 81, 101
処理水準 ……………………………… 127
数学基礎学力調査 …………… 165, 170
スプートニク・ショック ……………… 41
生徒の満足度 ………………………… 112
瀬尾美紀子 ……………………… 143-144

全国学力・学習状況調査 … 130, 179, 183, 197, 199-200, 202-203
想起 ……… 7, 58-74, 167, 210, 211, 263
想起効果 …… 59, 60, 63-64, 66-69, 72-74
想起に基づく学習 …………………… 59

た行

太陰暦と太陽暦 ……………… 239
対話型アクティブラーニング ……… 8, 160, 162-164, 170, 172-173, 177, 179-181, 184, 187-191
『竹取物語』 … 225, 227-233, 235, 237, 242, 245, 251-253, 255-256, 258-259
知識基盤社会 ………………… 14, 107
テスト効果 …………………………59
デシ（Deci, E.） …………… 26-27
特別な支援 … 7, 8, 159-163, 171-173, 175, 177, 179, 181, 187, 188-191

な行

人間力 ………………………20

は行

ピアジェ（Piaget, J.） …………… 31, 51
不朽の名作としての古典 227, 230, 252

ブラッフェ（Bruffe, K. A.） …… 52-53
プログラミング教育 7, 8, 81-83, 85-86, 88, 99-101
プログラミング的思考 … 83-95, 97, 100
プロダクション・システム ……… 133
プロダクション・ルール ………… 133
文化再適応 ……………………52
分団式動的教育法 ………………49

ま行

マクタイ（McTighe, J.） ………………33
学びの階層モデル …………187-188, 190
見取図 …………………196, 202-207
メタ認知 ………………… 8, 26, 28-30, 72, 73, 127-128, 131-134, 139-140, 142, 148-149, 184, 189
メタ認知的活動 28, 29, 34, 132, 134-135, 139, 148, 149
メタ認知的コントロール 29, 30, 134, 138
メタ認知的モニタリング … 29, 134, 138
メタ認知的知識 28, 30, 34, 132-135, 138-142, 147-149
問題基盤型学習 ………………… 39, 43

執筆者紹介

遠藤孝夫	岩手大学教育学部教授（教育史専攻）
田代高章	岩手大学教育学部教授（教育方法学専攻）
馬場智子	岩手大学教育学部准教授（比較教育学専攻）
岩木信喜	岩手大学教育学部准教授（教育心理学専攻）
髙橋　功	山陽学園大学総合人間学部准教授（教育心理学専攻）
田中紗枝子	徳島文理大学人間生活学部講師（教育心理学専攻）
山本　奬	岩手大学教職大学院教授（学校臨床心理学専攻）
宮川洋一	岩手大学教育学部教授（技術科教育専攻）
清水　将	岩手大学教育学部准教授（保健体育科教育専攻）
久坂哲也	岩手大学教育学部准教授（理科教育専攻）
中村好則	岩手大学教育学部准教授（数学科教育専攻）
立花正男	岩手大学教職大学院教授（算数数学教育専攻）
田中成行	岩手大学教育学部准教授（国語科教育専攻）
宇佐美公生	岩手大学教育学部教授（倫理学専攻）
名越利幸	岩手大学教育学部教授（理科教育専攻）
山崎浩二	岩手大学教育学部教授（数学科教育専攻）
土屋直人	岩手大学教育学部准教授（社会科教育専攻）

編著者紹介

遠藤 孝夫（えんどう たかお）
1989年に東北大学大学院教育学研究科博士課程単位取得退学。1997年10月から2007年3月まで弘前大学教育学部に助教授・教授として勤務。現在は岩手大学教育学部教授（学部長兼任）。博士（教育学）。専攻はドイツ教育史。

主要著書論文

『近代ドイツ公教育体制の再編過程』（創文社、1996年）、『管理から自律へ　戦後ドイツの学校改革』（勁草書房、2004年）、『新訂版　資料で考える子ども・学校・教育』（共著、学術図書出版社、2003年）、『教員養成学の誕生　弘前大学教育学部の挑戦』（共編著、東信堂、2007年）、「ヴァルドルフ教員養成の公的地位獲得と教員養成の国家独占の否定」（日本教育学会『教育学研究』第80巻第1号、2013年）、『芸術体験の転移効果―最新の科学が明らかにした人間形成の真実―』（翻訳書、東信堂、2015年）。

「主体的・対話的で深い学び」の理論と実践

2019年5月31日　　初　版　第1刷発行　　〔検印省略〕

＊本体価格はカバーに表示してあります。

編著者 ©遠藤孝夫／発行者 下田勝司　　　　印刷・製本／中央精版印刷

東京都文京区向丘1-20-6　　郵便振替00110-6-37828
〒113-0023　TEL(03)3818-5521　FAX(03)3818-5514　　株式会社 東信堂

published by TOSHINDO PUBLISHING CO., LTD.
1-20-6, Mukougaoka, Bunkyo-ku, Tokyo, 113-0023, Japan
E-mail: tk203444@fsinet.or.jp　URL: http://www.toshindo-pub.com/

ISBN978-4-7989-1560-9　C3037　　©Takao Endo

東信堂

学びと成長の講話シリーズ

① アクティブラーニング型授業の基本形と生徒の身体性 溝上慎一 一六〇〇円
② 学習とパーソナリティ——「あの子はおとなしいけど成績はいいんですよね！」をどう見るか 溝上慎一 二八〇〇円

① アクティブラーニングの技法・授業デザイン 安永悟編 一六〇〇円
② アクティブラーニングとしてのPBLと探究的な学習 水野正朗編 一八〇〇円
③ アクティブラーニングの評価 松下佳代編 一六〇〇円
④ 高等学校におけるアクティブラーニング：理論編（改訂版） 石井英真編 一六〇〇円
⑤ 高等学校におけるアクティブラーニング：事例編 溝上慎一編 二〇〇〇円
⑥ アクティブラーニングをどう始めるか 成田秀夫編 一六〇〇円
⑦ 失敗事例から学ぶ大学でのアクティブラーニング 亀倉正彦 一六〇〇円

大学生白書2018——今の大学教育では学生を変えられない 溝上慎一 二八〇〇円

アクティブラーニングと教授学習パラダイムの転換 溝上慎一 二四〇〇円

グローバル社会における日本の大学教育——全国大学調査からみえてきた現状と課題 河合塾編著 三八〇〇円

大学のアクティブラーニング——全国大学の学科調査報告とカリキュラム設計の課題 河合塾編著 三三〇〇円

「深い学び」につながるアクティブラーニング——3年間の全国大学調査から 河合塾編著 二八〇〇円

「学び」の質を保証するアクティブラーニング——経済系・工学系の全国大学調査からみえてきたこと 河合塾編著 二八〇〇円

社会に通用する持続可能なアクティブラーニング——ICEモデルが大学と社会をつなぐ 土持ゲーリー法一 二〇〇〇円

ポートフォリオが日本の大学を変える——ティーチング／ラーニング／アカデミック・ポートフォリオの活用 土持ゲーリー法一 二五〇〇円

ティーチング・ポートフォリオ——授業改善の秘訣 土持ゲーリー法一 二〇〇〇円

ラーニング・ポートフォリオ——学習改善の秘訣 土持ゲーリー法一 二五〇〇円

〒113-0023 東京都文京区向丘1-20-6　TEL 03-3818-5521　FAX 03-3818-5514　振替 00110-6-37828
Email tk203444@fsinet.or.jp　URL:http://www.toshindo-pub.com/

※定価：表示価格（本体）＋税

東信堂

いま、教育と教育学を問い直す——教育哲学は何を究明し、何を展望するか	森田尚人 編著	三三〇〇円
教育的関係の解釈学	松浦良充 編著	三三〇〇円
教員養成を哲学する——教育哲学に何ができるか	下司晶・古屋恵太 編著	四二〇〇円
大学教育の臨床的研究	坂越正樹 監修	二八〇〇円
臨床的人間形成論の構築——臨床的人間形成論第１部	林泰成・山名淳	三六〇〇円
人格形成概念の誕生——近代アメリカ教育概念史——臨床的人間形成論第２部	田中毎実	二八〇〇円
社会性概念の構築——アメリカ進歩主義教育概念史	田中智志	三六〇〇円
空間と時間の教育史——アメリカの学校建築と授業時間割からみる教育における個性尊重は何を意味してきたか	田中智志	三八〇〇円
アメリカ進歩主義教授理論の形成過程	宮本健市郎	三九〇〇円
ネオリベラル期教育の思想と構造——書き換えられた教育の原理	宮本健市郎	七〇〇〇円
マナーと作法の社会学	福田誠治	六二〇〇円
マナーと作法の人間学	加野芳正 編著	二四〇〇円
学びを支える活動へ——存在論の深みから	矢野智司 編著	二四〇〇円
グローバルな学びへ——協同と刷新の教育	田中智志 編著	二〇〇〇円
子どもが生きられる空間——生・経験・意味生成	田中智志 編著	二〇〇〇円
流動する生の自己生成——教育人間学の視界	高橋勝	二四〇〇円
子ども・若者の自己形成空間——教育人間学の視線から	高橋勝	二四〇〇円
文化変容のなかの子ども——経験・他者・関係性	高橋勝 編著	二七〇〇円
アメリカ間違いがまかり通っている時代	高橋勝	二三〇〇円
公立学校の企業型改革への批判と解決法	D.ラヴィッチ著 末藤美津子訳	三八〇〇円
教育による社会的正義の実現——アメリカの挑戦(1945-1980)	D.ラヴィッチ著 末藤美津子訳	五六〇〇円
学校改革抗争の100年——20世紀アメリカ教育史	D.ラヴィッチ著 末藤美津子訳	六四〇〇円
アメリカ公立学校の社会史——コモンスクールからNCLB法まで	W.J.リース著 小川佳万・浅沼茂 監訳	四六〇〇円
〈コメニウスセレクション〉		
地上の迷宮と心の楽園	J.コメニウス著 藤田輝夫訳	三六〇〇円
パンパイディア——生涯にわたる教育の改善	J.コメニウス著 太田光一訳	五八〇〇円
覚醒から光へ——学問、宗教、政治の改善	J.コメニウス著 太田光一訳	四六〇〇円

〒113-0023 東京都文京区向丘1-20-6　TEL 03-3818-5521　FAX 03-3818-5514　振替 00110-6-37828
Email tk203444@fsinet.or.jp　URL:http://www.toshindo-pub.com/
※定価：表示価格（本体）＋税

東信堂

大学の組織とガバナンス——高等教育研究論集第1巻	羽田貴史 著	三五〇〇円
検証 国立大学法人化と大学の責任——その制定過程と大学自立への構想	田中弘允・佐藤博明・田原博人 著	三七〇〇円
文部科学省の解剖	青木栄一 編著	三〇〇〇円
国立大学職員の人事システム——管理職への昇進と能力開発	渡辺恵子 著	四二〇〇円
国立大学・法人化の形成	大崎仁 著	二六〇〇円
国立大学・法人化の行方——自立と格差のはざまで	天野郁夫 著	三六〇〇円
教育と比較の眼	江原武一 著	二六〇〇円
大学は社会の希望か——大学改革の実態からその先を読む	江原武一 著	三六〇〇円
大学の管理運営改革——日本の行方と諸外国の動向	江原武一 編著	三六〇〇円
大学経営・政策入門	東京大学 大学経営・政策コース 編	二四〇〇円
大学経営とマネジメント	新藤豊久 著	二五〇〇円
大学戦略経営の核心	篠田道夫 著	三六〇〇円
大学戦略経営論	篠田道夫 著	三六〇〇円
戦略経営Ⅲ 大学事例集	篠田道夫 著	三四〇〇円
大学戦略経営 中長期計画の実質化によるマネジメント改革	篠田道夫 著	三四〇〇円
カレッジ（アン）バウンド——米国高等教育の現状と近未来のパノラマ	J・J・セリンゴ 著 船守美穂 訳	三二〇〇円
米国高等教育の拡大する個人寄付	丸山文裕 著	四七〇〇円
大学の財政と経営	福井文威 著	四二〇〇円
私立大学マネジメント	（社）私立大学連盟 編	三六〇〇円
私立大学の経営と拡大・再編——一九八〇年代後半以降の動態	両角亜希子 編	三四〇〇円
大学教学マネジメントの自律的構築——主体的学びへの大学創造二〇年史	関西国際大学 編	二八〇〇円
学修成果への挑戦——地方大学からの教育改革	濱名篤 著	二四〇〇円
大学におけるライティング支援——どのように〈書く力〉を伸ばすか	関西大学ライティングラボ・津田塾大学ライティングセンター 編	二八〇〇円
グローバルに問われる日本の大学教育成果	喜始照宣 著	二八〇〇円
長期学外学修のデザインと実践——学生をアクティブにする	加藤真紀 著	二八〇〇円
大学再生への具体像——大学とは何か【第二版】	澤邊潤・松村直樹 著	三三〇〇円
リベラル・アーツの源泉を訪ねて	潮木守一 著	二四〇〇円
「大学の死」、そして復活	絹川正吉 著	二八〇〇円
大学教育の思想——学士課程教育のデザイン	絹川正吉 著	二八〇〇円
大学教育の在り方を問う	絹川正吉 著	二三〇〇円
北大 教養教育のすべて——エクセレンスの共有を目指して	山田宣夫 著 小笠原正明・安藤厚・細川敏幸 編著者	二四〇〇円

〒113-0023 東京都文京区向丘1-20-6
TEL 03-3818-5521 FAX 03-3818-5514 振替 00110-6-37828
Email tk203444@fsinet.or.jp URL:http://www.toshindo-pub.com/

※定価：表示価格（本体）＋税

東信堂

東京帝国大学の真実――日本近代大学形成の検証と洞察	舘昭	四六〇〇円
大学史をつくる――沿革史編纂必携	寺﨑昌男・中別府温和・中野実編著	五〇〇〇円
国立大学・法人化の行方――自立と格差のはざまで	天野郁夫	三六〇〇円
転換期を読み解く――潮木守一時評・書評集	潮木守一	二六〇〇円
大学再生への具体像〔第2版〕	潮木守一	二四〇〇円
フンボルト理念の終焉？――現代大学の新次元	潮木守一	二五〇〇円
新版 昭和教育史――天皇制と教育の史的展開	久保義三	一八〇〇円
近代日本の英語科教育史――職業系諸学校による英語教育の大衆化過程	江利川春雄	三八〇〇円
文字と音声の比較教育文化史研究	添田晴雄	四八〇〇円
空間と時間の教育史――アメリカの学校建築と授業時間割からみる	宮本健市郎	三九〇〇円
アメリカ進歩主義教授理論の形成過程――教育における個性尊重は何を意味してきたか	宮本健市郎	七〇〇〇円
大正新教育の受容史	橋本美保編著	三七〇〇円
大正新教育の思想――生命の躍動	橋本美保・田中智志編著	四八〇〇円
人格形成概念の誕生――近代アメリカの教育概念史	田中智志	三六〇〇円
社会性概念の構築――アメリカ進歩主義教育概念史	田中智志	三八〇〇円
グローバルな学びへ――協同と刷新の教育	田中智志編著	二〇〇〇円
学びを支える活動へ――存在論の深みから	田中智志編著	三八〇〇円
アメリカ 間違いがまかり通っている時代――公立学校の企業型改革への批判と解決法	D・ラヴィッチ著／末藤美津子訳	三六〇〇円
教育による社会的正義の実現――(1945~1980)	D・ラヴィッチ著／末藤美津子訳	五六〇〇円
学校改革抗争の100年――20世紀アメリカ教育史	D・ラヴィッチ著／末藤・宮本・佐藤訳	六四〇〇円
日本の教育史を学ぶ	末藤・佐藤・宮本編著	二六〇〇円
子どもが生きられる空間――生・経験・意味生成	高橋勝編著	二四〇〇円
流動する生の自己生成――教育人間学の視界	高橋勝	二四〇〇円
子ども・若者の自己形成空間――教育人間学の視線から	高橋勝	二七〇〇円
文化変容のなかの子ども――経験・他者・関係性	高橋勝	二三〇〇円

〒113-0023 東京都文京区向丘1-20-6　TEL 03-3818-5521　FAX 03-3818-5514　振替 00110-6-37828
Email tk203444@fsinet.or.jp　URL:http://www.toshindo-pub.com/

※定価：表示価格（本体）＋税

東信堂

書名	著者	価格
若手研究者必携 比較教育学の研究スキル リーディングス 比較教育学 地域研究 ―多様性の教育学へ	山内乾史編著 近藤孝弘編著 西野節男編著	一七〇〇円 三七〇〇円
比較教育学事典	日本比較教育学会編	一二〇〇〇円
比較教育学の地平を拓く	森山肇編著	四六〇〇円
比較教育学―越境のレッスン	馬越徹編著	三六〇〇円
比較教育学―伝統・挑戦・新しいパラダイムを求めて	M・ブレイ編 馬越徹・大塚豊監訳	三八〇〇円
国際教育開発の研究射程―「持続可能な社会」のための比較教育学の最前線	北村友人編著	二八〇〇円
国際教育開発の再検討―途上国の基礎教育 普及に向けて	小川啓一・北村友人・横関祐見子編著	二四〇〇円
ペルーの民衆教育―「社会を変える」教育の変容と学校での受容	工藤瞳	三二〇〇円
アセアン共同体の市民性教育	平田利文編著	三七〇〇円
市民性教育の研究―日本とタイの比較	平田利文編著	四二〇〇円
社会を創る市民の教育―協働によるシティズンシップ教育の実践	大友秀明・桐谷正信編著	二五〇〇円
アメリカにおける多文化的歴史カリキュラム	桐谷正信	三六〇〇円
アメリカ公民教育におけるサービス・ラーニング	唐木清志	四六〇〇円
発展途上国の保育と国際協力	浜野隆編著	三九〇〇円
中国教育の文化的基盤	三輪千明編著	三八〇〇円
中国の職業教育拡大政策―背景・実現過程・帰結	顧明遠著 大塚豊監訳	二九〇〇円
中国大学入試研究―変貌する国家の人材選抜	大塚豊	三六〇〇円
東アジアの大学・大学院入学者選抜制度の比較―中国・台湾・韓国・日本	南部広孝	三二〇〇円
中国高等教育独学試験制度の展開	南部広孝	三二〇〇円
現代ベトナム高等教育の構造―国家の管理と党の領導	関口洋平	三九〇〇円
中国における大学奨学金制度と評価	劉文君	五〇四八円
中国高等教育の拡大と教育機会の変容	王傑	五四〇〇円
中国高等教育の多様化と教育改革	王帥	三九〇〇円
現代中国初中等教育の素質教育と教育機会の平等―都市と農村の小学校の事例を手がかりとして	代玉	五八〇〇円
グローバル人材育成と国際バカロレア―アジア諸国のIB導入実態	李霞編著	三六〇〇円
文革後中国基礎教育における「主体性」の育成	李霞	二九〇〇円

〒113-0023 東京都文京区向丘1-20-6
TEL 03-3818-5521 FAX 03-3818-5514 振替 00110-6-37828
Email tk203444@fsinet.or.jp URL:http://www.toshindo-pub.com/

※定価：表示価格（本体）＋税